공직자의 성공공식

공직자의 성공 공식

"사람들이 성공하지 못하는 이유는
기회가 앞문을 두드릴 때
뒤뜰에 나가 네 잎 클로버를
찾기 때문이다."
- 월터 크라이슬러(Walter Chrysler)

동아일보사

CONTENTS

CONTENTS

제3막
『나』를 위한 삶; 자아(自我) | 301

　나는 강원도 화천 산골 출신이다. 내가 살던 집은 앞뒤, 좌우를 다 둘러봐도 높은 산밖에 보이지 않는 곳이다. 그곳에서 초등학교, 중·고등학교를 어렵게 마쳤고, 대학에 가려고 했지만 어설픈 재수 끝에 진학에 실패했다. 2대 독자로 보충역편입 대상자여서 군대를 안 갈 수도 있었지만 자원해서 3년간 병역의무를 마치고 그 해에 내가 태어난 곳 강원도 춘천에서 공직을 시작했다.

　공직을 시작할 때 나의 이력서에는 시골 실업계 고졸 출신이라는 것 외에는 적을 것이 없었다. 정말 내놓을 것이라고는 아무것도 없는 내가 말단 9급에서 1급 고위공무원까지 올라간 것은 아무리 생각해도 거의 기적에 가깝다는 생각이다. 그 흔한 학연·지연은 물론 혈연이 무엇인지 공직생활 내내 한 번도 경험하지 못했다.

　대학은 48세에, 석사는 54세, 박사는 69세에 마치면서 거의 아들·딸, 손주뻘 젊은이들과 같이 다녔으니 변변한 학연이 있을 리 없고, 33년이라는 짧지 않은 공직생활 동안 사돈의 팔촌이나 뭔가 끄나풀이 될 만한 고향 출신이라고는 단 한 명도 만나지 못했으니 지연이 있을 리 없다. 부모님 모두 이북출신에 아버님은 6·25 동란 중 혈혈단신 월남하신 분이라 의지할만한 혈연이 있을 리 없다. 그래서 나는 어떻게, 무슨 재주로 직업공무원 최고의 직위에 올라갔느냐고 누가 물으면 서슴없이 97%는 관운(官運)이라고 대답한다. 대부분은 지나치게 겸손한 말이라고 하지만 그건 사실이다. 실력 덕분이라고 답하기에는 도저히 설명되지 않는 무수한 고비들이 있었기 때문이다. 다만 나머지 3% 정도는 나의 피나는 노력과 인내, 기회에 대한 끊임없는 준비와 도전의 결과이고, 그것이 97%에 영향을 미쳤을 것이라는 데는 의심의 여지가 없다.

이 책은 33년의 공직, 9년여 로펌 고문, 그리고 이제 곧 4년째 접어드는 작은 회사의 경영자 생활을 통해 얻은 「나의 3%」를 '공직자 인생 3막의 열정, 지혜, 자아'라는 이름을 빌어 기록한 것이다. 아마 어떤 이들은 나와 다른 생각을 갖고 있을지도 모르지만 그것은 내게 그리 중요하지 않다. 왜냐면 나의 그것들이 어떤 보편·타당성에 기반해 답을 내리는 것이 아니기 때문이다. 그렇다고 내가 무척 지혜로웠다는 이야기는 더욱 아니다. 오히려 그렇지 못한 회한이 나로 하여금 이 책을 쓰게 했는지도 모른다.

여기에 적은 모든 것들은 나의 생각의 작은 일부를 옮긴 것에 불과하다. 어찌 공직자가 갖추어야 할 열정과 2막·3막 인생에 필요한 지혜와 자아가 손가락으로 셀 수 있는 정도뿐이겠는가! 지난날을 생각하면 참 아찔함을 느낄 때가 한두 번이 아니다. 그토록 열심히,

성실하게 살기를 다짐했음에도 나 혼자만의 힘과 노력으로 감당하기에는 너무 고통스런 일들이 많았다. 누구나 한 번쯤은 들었을 법한 이야기들에 나의 경험을 섞은 정도로 이해되었으면 한다.

 내가 이런 책을 쓸 자격이 있는 사람인지에 관하여 확신이 있는 것도 아니다. 다만 그동안 내가 얻은 외형적인 것에 대한 일반적인 인식과 평가에 용기를 얻어 '호랑이도 죽어 가죽을 남기듯' 공직자로서의 삶에 대하여 적어 보았다. 내가 무슨 생각으로, 무엇을 했느냐에 관해 자그마한 족적이라도 남기고 싶은 생각으로 나만의 인생철학을 정리해 보았다.

 이제 오늘의 내가 있기까지 격려와 성원과 사랑을 아끼지 않으신 선배·후배·동료들에게 감사하며, 아내 영희, 두 딸과 사위들 경은·진원·현민·기환, 손주들 소정·성민·성현·소윤에게 한없는 고마움과 사랑을 보낸다. 이제 여기에 적은 나의 회한의 기록들이 후배들의 공직과 그 이후의 생활에 조금이라도 도움이 되기를 기원한다.

2023년 4월 저자 송 학 드림

2016년 환갑기념으로 다녀 온 스위스 트레킹 여행 때

해발 3000m 만년설 고지, 바위와 자갈 틈에 핀

한 무더기의 아름다운 야생화를 보고 깊은 경외심에 빠졌다.

미물에 불과한 저 작은 식물도 이 어려운 환경에서 환하게

웃고 있는데, 작은 어려움에도 얼굴 찌푸린 내가 부끄러웠다….

제1막

(공무원 임용~명예퇴직: 33년)

공인(公人)의 삶;

열정(熱情)

성공은 '할 수 있다'라고 말하는 자를 찾아오고,

실패는 '할 수 없다'라고 말하는 자를 찾아온다.

- 샤를 드골(Charles De Gaulle) -

공직자로 살아간다는 것, 공무원을 직업으로 택하고 천직으로 삼는다는 것은 대단한 일이다. 요즘 공무원 되기가 수십 수백 대 일의 경쟁을 뚫어야 할 만큼 하늘의 별 따기라고 한다.

　그런데 공무원이 되고자 하는 젊은이들에게 그 이유를 물어보면 공무원은 안정적인 직업이며, 수입보다는 삶의 여유를 택하기 때문이라는 대답이 많다. 가정이 있는 삶을 살기 위해서 라고도 한다. 전통적으로 우리 사회는 공직을 '철밥통'이라고 칭해 왔다. 나무도 아니고 쇠로 만든 밥통이니 아무리 굴려도 망가질 염려가 없다는 뜻에서 나온 말이리라. 필자의 입장에서는 가장 듣기 싫은 말이지만, 사실이다. 그러나 공직자에게는 특별한 가치관이 요구된다. 흔히 투철한 국가관, 책임감, 사명감 등을 공직관으로 얘기하시지만 나는 무엇보다도 '열정(Passion)'을 꼽는다. 국가와 국민을 위하여 최선을 다해 봉사해야 하는 직업이라는 점에서 통념적·보편적 가치관을 바탕으로 피 끓는 열정이 보태져야 한다.

　열정은 부지런함과는 다르다. 공직자에게 필요한 열정은 많은 시간과 노력을 투입해서 밤새워 일만 하는 그런 허접한 열정이 아니다. 창의적이어야 하며, 개척자적이어야 하고, 인내와 끈기와 강력한 실천 의지가 수반되는 기업가적 열정까지도 포함되는 개념으로 이해되어야 한다.

1.
「첫 모습」을
잘 준비하라.

- 시작이 모든 일의 과정과 끝을 좌우한다 -

아주 흔히 얘기하는 우리나라 속담에 '시작이 반이다'라는 말이 있다. 어떤 목표가 있을 때, 아무리 어렵더라도 일단 시작만 하면 절반은 이룬 것이나 다름없으니 망설이지 말고 우선 시작부터 하고 보라는 의미일 것이다. 서양에도 비슷한 속담이 있다.

"Well begin is helf done."
(잘 시작하면 반은 이룬 것이다.)
"A good beginning is half the battle."
(좋은 시작은 반은 이긴 거나 다름없다.)

언뜻 보기에 우리 속담과 서양 속담이 비슷한 것 같으나 분명한 차이가 엿보인다. 그냥 아무렇게나 저지르는 시작이 아니라 "잘(well)" 준비된 시작이어야 한다는 의미가 훨씬 더 속담의 진의에 가깝다고 생각된다. 역설적으로는 잘 준비된 시작이 아닐 바에는 아예 시작도 하지 않는 것이 낫다는 말이 될 수도 있다.

'처음' 또는 '첫'이라는 말은 그 자체로서 매우 깊은 의미를 가진다. 첫인상, 첫 만남, 첫사랑, 첫 손님, 첫 출근 등…. 이 모두는 가슴을 설레게 하며 무언가 새로운 것에 대한 기대를 한껏 부풀게 만들 뿐만 아니라 때로는 그 순간에 자신이 살아갈 인생이 결정되기도 한다. 이 가운데 공직자로서 첫발을 내딛게 되는 날- '첫 출근'이란, 학교를 막 졸업한 사람이나 직업을 처음으로 가지게 되는 사람에게는 처음으로 경쟁사회와 접하는 희망의 날이며, 직장을 옮기는 사람에게는 새로운 환경에 대한 걱정, 호기심과 도전을 의미하는 날이 된다.

첫 출근

'첫 출근'이 더욱 중요한 것은 그날 선배, 동료, 또는 상사에게 어떤 인상을 남기느냐에 따라 적어도 그 조직에서 성패의 절반 정도는 판가름이 날 수 있기 때문이다. 이렇게 중요하고 의미 있는 첫 날, 첫 출근을 하면서 최대한 단정한 외모와 다듬어진 말투를 익히고 준비해야 한다. 아무리 빼어난 외양을 갖추어도 왠지 어울리지 않고 천하게 보이기까지 한 사람들이 적지 않다.

사람은 저마다 각기 다른 외모와 특징을 갖고 있다. 때로는 그것들이 자신의 삶에 도움이 되지만 그렇지 못한 경우도 많다. 사람이 상대방을 인식하고 판가름할 때 가장 쉬운 방법은 '생긴 대로 논다'라는 편견으로 접근하는 것이다. 틀린듯하지만 그 편견이 적중하는 경우가 많다. 호감이나 매력은 잘 생기고 못생긴 문제와는 다르다. 이목구비가 뚜렷하고 탤런트 같다는 평을 받는 사람이 사람들과 가까이 지내지 못하는 경우는 너무도 많다. 오히려 촌스런 외양에 평범한 얼굴이지만 늘 웃음띤 모습에 친근감과 신뢰를 느끼는 경우가 훨씬 많다.

노는 대로 생긴다

나는 '생긴 대로 논다'라는 말에 동의하지 않는다. 오히려 생긴 대로가 아니라 '노는 대로 생긴다'고 아주 강하게 믿는다. 주변 사람들을 잘 둘러보면 실감이 날 것이다. 매사에 부정적이고, 남 헐뜯기를 즐기는 사람들, 강도·살인범, 공갈·사기범들의 얼굴을 살펴보면 하나 같이 그 표정 속에 음흉함이 있고, 간교함이 있으며 때로는 위해를 넘어 살기가 느껴지기도 한다. 이제 거울을 들어 자신의 평소 얼굴과 표정을 살펴보라. 거울에 비추어진 내 얼굴, 표정, 그리고 말투는 과연 다른 사람들에게 호감을 주는 모습일까?

2006년 영국 일간지 가디언에 보도된 미국 프린스턴대학 심리학 연구팀의 '첫인상의 영향'에 관한 연구는 매우 흥미롭다. 200명의 실험자들에게 여러 장의 사진을 보여주고 호감도, 신뢰도, 능력, 공격성 등을 평가하도록 요구한 결과 0.1초 뒤의 첫인상과 0.5초, 1초 뒤의 판단에 별다른 변화가 없었다는 것이다. 불과 0.1초 사이에 각인된 첫인상이 이후 오랜 시간이 지나도 바뀌지 않고 오히려 더 확신으로 굳어진다는 것이며, 이를 바꾸기 위해서는 상당한 시간이 필요한 것으로 나타났다는 것이다. 한마디로 사람들은 힐끗 한 번 스친 얼굴도 순간 자신에게 각인된 모습으로 그 상대의 성격까지 판단해 버리는 경향이 있음을 알 수 있다.

우리의 외모가 성격이나 특성을 절대적으로 나타내 주는 것도 아닌데 대부분의 사람들은 첫인상만으로 상대방을 예단해 버린다. 인상이 좋지 않다는 이유 하나 때문에 입사 면접시험에 매번 낙방하고 혼삿길까지 막힌 젊은이들이 의외로 많다. 나는 그런 경향이 잘못됐다고 비판하기보다는 조금만 신경을 쓰고 준비하면 그 예단에서 누구나 자유로울 수 있다는 점에서 우리 삶에서 필요한 부분의 하나로 자연스럽게 받아들이는 편이다. 그러면, 어떻게 신경을 써서 준비해야 할까?

늘 순수하고 정직하며, 성실한 마음을 가지라고 권하고 싶다. 남의 흠을 끄집어내고 잘못을 비판하기보다는 이해하려는 마음가짐이 필요하다. 요즘 세상이 너무 험해서 착하게 살다가는 손해만 본다고, 그러니 필요할 때는 독한 마음으로 이빨 꽉 깨물고 살아야 한다는 사람도 꽤 많다. 나 역시 그렇게 느낀 적이 많다. 그러나 비록 당장 손해를 볼지라도 인생을 멀리 내다보면 '착하게 사는 것'만이 답이라는 사실을 깨닫게 된다. 착하게 생겼다는 말, 인상이 참 좋다는 말을 듣고 사는 것이 얼마나 큰 재산이 되는지 모른다. 늘 어린아이와 같은 마음을 갖도록 노력해야 한다. 짐승도 새끼 때는 초롱초롱한 눈매에 순하고 귀엽지 않은 것이 없다. 그런데 약육강식의 생존환경에서 살아남기 위해 다른 동물을 공격해서 잡아먹고 자란 성체의 눈매는 사납고 무섭다.

누구든지 나의 첫인상에서 푸근함을 느끼도록 만들어야 한다. 억지로 만들어진 위선이 아니라 마음속에서 우러난 선량함이 얼굴에 나타나야 한다. 기왕이면 내가 만나는 모든 사람들이 나를 다시 만나고 싶어 하고, 얘기하고 싶고, 좀 더 가까워지고 싶어 하면 좋은 것 아닌가. 나는 젊었을 때 40대 초반까지는 '가까워지고 싶지만 왠지 먼 당신'이라는 말을 많이 듣고 지냈다. 농담 한마디 없이 늘 진지한 모습, 술·담배도 할 줄 모르고, 빈틈을 절대 허용하지 않으려는 철두철미한 성격이 어떤 때는 거리감으로 느껴지기 때문이라고 했다. 나는 나의 첫인상에 대한 그런 평가가 조직 내에서 필요한 커뮤니케이션에 얼마나 큰 장애가 되는지를 잘 몰랐다. 오히려 그것을 나의 특출한 장점인양 오해하기도 했다. 때로는 그 반대의 모습이 필요하며 매우 유용하다는 점을 깨닫고 꽉막힌 성격을 고치기 위해 술도 마시고 틈나는 대로 직원들과 노래방도 다니고…. 꽤 많은 노력을 했다. 그리고 훗날 많은 사람들과 가까워지고 훌륭한 인적네트워크를 만드는데 좋은 밑바탕이 되었음은 물론이다.

호감 끄는 얼굴 만들기

남의 잘못을 지적하면서 우월감을 찾기보다는 잘못을 바로 잡아주며 기쁨을 느껴야 한다. 남이 잘되면 시기하기보다 진심으로 축하를 보내며 자신도 그렇게 되기를 바라고 노력하는 길을 택해야 한다. 황당한 물질적·정신적 욕구를 버리고, 정직하게 하나하나 얻어가고 쌓아감에 만족할 줄 알아야 한다. 사소한 것에서 늘 행복을 찾고 감사함을 느껴야 한다. - 살아서 숨 쉬고 있다는 것, 가족 모두 건강하고, 할 일이 있다는 것 -

매일 순간마다 거울에 비추어진 자신의 모습을 보며 지금 나는 무슨 생각으로, 어떤 마음가짐으로, 어떻게 살고 있는가를 생각해 보라! 혹시 나도 모르게 나의 얼굴 모습이 일그러져 있다면 어김없이 못된 욕구에 젖어 있음을 나타낸 것이니, 빨리 제자리를 찾는 노력을 시작해야 한다. 이런 과정이 습관이 되면 나도 모르게 매사에 긍정적이고 역동적으로 변해가는 온화한 나의 표정을 발견하게 될 것이다.

사람의 얼굴 근육은 50개 정도인데, 그 가운데 일상적으로 사용하는 근육은 40개 정도라고 한다. 이 근육은 뇌의 명령에 따라 움직이며 그 움직임이 얼굴 모습을 만드는 것이다. 그래서 늘 좋은 생각, 긍정적인 생각, 웃음 띤 미소를 갖게 되면 좋은 인상을 만들고, 그 반대이면 나쁜 인상을 만들게 되는 것이다.

어떤 사람들은 늘 웃음 띤 얼굴에 부드러운 말투이지만 남에게 호감을 얻으려고 만들어진 모습이라는 것을 금방 알 수 있다. 아무리 애를 써도 평소 마음가짐이 자신의 원래 모습을 가릴 수는 없다. '얼굴은 마음의 거울이며 자신이 살아온 삶의 과정'이기 때문이다. 불만이 가득하고, 짜증스러우며, 비판으로만 얼룩진 삶에서는 온화하고 친근감이 느껴지는 얼굴이 생길 수 없다. 만들어진 표정은 '위선'일뿐이다.

'신언서판(身言書判)'이라는 말이 있다. 중국 당 태종이 기득권 세력을 견제하고 널리 인재를 등용하고자 과거제도를 실시하였는데, 과거에 급제한 인물이라도 바로 등용하지 않고 인물됨을 평가한 후 관리로 임명하였다. 그때 평가의 기준이 되었던 네 가지, 즉 외모, 언변, 문필력, 판단력을 말한다. 여기서도 외모는 가장 중요한 기준으로 등장한다. 나는 늘 '신언서판'의 네 가지를 머리에 담고 살았다. 아무것도 가진 것 없는 내가 남에게 선택받기 위해서는 호감 주는 인물이 되는 것 외에는 다른 방법이 없다고 생각했기 때문이다. 네 가지 기준에서 최고의 점수를 받기 위해 끊임없이 노력했다. 나의 신언서판이 남에게 늘 호감을 주는지는 확신할 수 없다. 아마 항상 그렇지는 못할 것이다. 자신있게 말할 수 있는 것은 언제, 어디서든 부단히 노력해 왔고 그 노력은 70대 노인이 되어서도 진행형이라는 것이다. 내 주변에는 늘 거울이 있다. 시도 때도 없이 웃는 모습과 표정을 체크한다. 마음속 깊은 곳에는 흔들리지 않는 정직함, 성실함과 범사에 감사함을 잡아두고 있다.

결혼이란 가장 좋은 사람과 하는 것이라기보다는 상대적

으로 좋은 '맨 처음'의 사람과 하는 것이라고 보아야 옳다.

이는 비즈니스에서도 마찬가지이다.

가장 좋은 대상과 거래를 하는 게 아니라,

상대적으로 좋은 '첫 번째' 대상과 거래를 트는 것이다.

연애든 비즈니스든, 성공하려면 상대방의 마인드에 최초

로 들어가는 것의 중요성을 이해하지 않으면 안 된다.

– 잭 트라우트(Jack Trout)·앨 리스(Al Ries)의

포지셔닝(Positioning)에서 –

2.
만나는 모든 사람을
귀히 여기라.

- 그 가운데 훗날 나를 도울 이가 있다 -

내게는 참 귀한 인연이 하나 있다. 평생 잊을 수 없고, 그 일로 인해 나의 대인관은 물론 삶에 대한 가치관이 다시 다듬어진 소중한 사건이다.

 나는 1991년 6월부터 1994년 7월까지 3년여를 미국 워싱턴 D.C.에 있는 주미 한국대사관 소속 군수근무단[1]이라는 곳에서 주재관으로 근무했다. 당시 내가 한 일은 미국 현지에 파견된 상업 구매관으로서 보잉(Boeing), 록히드 마틴(Lockheed Martin) 등 세계적 방산업체를 상대하고, 미국 국방부(DoD), 국방군수본부

---

1) Logistic Service Mission(LSM), 국방부조달본부 소속으로서 군수물자 현지조달 관련 업무 수행을 주임무로 하며, 주미 한국대사관 국방무관실의 지휘·감독을 받는 기관이다.

(DLA), 연방조달청(GSA) 등 각급 조달기관과 현지 조달에 관한 협조업무를 수행하는 것이었다.

외나무다리에서의 만남

파견근무를 시작한 지 3개월이 채 안 된 어느 날, 본국에서 긴급 훈령이 날아들었다. 내가 미국으로 파견 나가기 2년 전인 1989년에 우리나라가 미국의 록히드 마틴사와 계약한 P3-C 대잠수함 초계기[2]의 생산 현황을 소상히 파악해서 보고하라는 내용이었다. P3-C는 내가 직접 주도했던 사업은 아니었지만 협상팀 일원으로 활동했기 때문에 어느 정도 사업의 내용은 알고 있었고 현지 출장 확인에 필요한 사전 지식 정도는 충분히 갖고 있었다. 록히드 마틴의 생산 공장이 있는 곳은 미국 동남부 조지아주 에틀랜타리는 도시였는데, 내가 있던 워싱턴 D.C.에서는 자동차로 17시간 정도 달려야 하는 꽤 먼 거리였다. 어찌 되었든 본국의 훈령에 대해서는 즉시 수임하지 않으면 안 되는 상황이었으므로 마침 항공권을 예약할 여유조차 없어서 곧바로 해군사업담당 장교와 함께 차를 몰고 나섰다.

---

2) 대잠수함초계기(對潛水艦哨戒機; Antisubmarine Patrol Aircraft), 첨단 레이다, 소나 등 장비를 탑재하고 적의 잠수함을 탐색, 공격하기 위해 개발된 무기체계이다. 우리나라는 1990년에 미국 록히드와 P-3C Orion 8대를 계약했고 1995년~1996년간 도입해 실전 배치했다. 그러나 계약과정에서 국내 중개업체가 록히드와 2975만 달러 상당의 커미션 이면계약을 체결해 본 계약에 포함시킨 사실이 밝혀져 대대적인 방산비리 및 수사사건으로 비화됐다.

생산시설을 포함해 우리 사업의 구체적인 진척상황을 기록하기 위해서는 소형 카메라도 필요하겠다 싶어서 잘 챙겨 가방에 넣고 하루 종일 달려 록히드사에 도착했다. 정문을 통과해서 건물에 들어서려는 순간, 덩치가 내 두 배만큼은 됨직한 보안검색 요원이 내 몸을 툭 치더니 안주머니에 소중하게 챙겨 놓은 카메라를 압수하는 것이었다. 아쉽게도 사진 한 장 찍을 수는 없었지만, 전체 공장을 샅샅이 살펴본 내용을 머리에 기억하고 틈틈이 메모했다. 회사를 나와 모텔로 돌아와서 수시로 기록해 두었던 메모와 기억력을 더듬어 보고서를 잘 정리했다.

일을 모두 마치고 나니 어느새 밤 10시, 그냥 하룻밤 묵고 갈까 생각했으나 워낙 급히 서둘러야 할 일이라서 그냥 출발하기로 했다. 교대 운전이긴 했지만 늦은 밤이라 너무 피곤한 데다 배도 고팠다. 우리는 부근에 있는 한국 슈퍼라도 찾아 당시 인기 만점이던 라면이라도 하나 끓여 먹고 가기로 했다. 라면은 그때 막 미국으로 수입이 시작되던 때여서 주린 배도 채우고 향수를 달래는 데도 적격인 음식이었다.

문제는 한국인이 경영하는 상점을 찾는 일이었다. 요즘같이 첨단 내비게이션의 도움을 받을 수 있는 때가 아니어서 지도책 하나 펼쳐 들고 지나가는 사람마다 물어물어 겨우 변두리 외곽에 있는 가게를 찾을 수 있었다. 라면을 찾아서 진열대 이곳저곳을 둘러보다가, 한 구석 카운터에 앉아 있는 주인인 듯한 중년쯤 돼 보이는 민머리 사나이에게 시선이 멈췄다. 순간 뭔가 이상하다는 느낌이 들었다.

'어! 저 사람… 어디서 봤더라?

흠… 틀림없이 그 양반인데….

그런데 그분이 왜 저 자리에 앉아 있지?

아니야, 그럴 리 없어….

괜히 아는 체 했다가 실수라도 하면….'

꿈인가 생시인가 싶어 눈도 비벼 보다가, 라면 찾을 생각은 하지 않고 가만히 주인 곁으로 가까이 다가가 자세히 살폈다. 우연히 눈이 마주치는 순간 우리 둘은 소스라치게 놀라 뒤로 자빠질 뻔했다. 이어 몸에서는 등골이 짜릿한 전율이 느껴지기까지 했다.

"어? 이 사람… 송학 씨 아닌가?"

"아! 예! 저 송학이 맞습니다. 정 계장님…."

그분은 워낙 말수가 적고 점잖은 분이라 화내는 모습은 물론 웃는 모습도 거의 본적이 없었다. 나 역시 그때는 그분의 성격과 거의 비슷해 서로 정겨운 대화 한번 나눠 본적 없는데 반가움에 우리는 한참을 껴안고 있었다.

상점 주인은 내가 초임 직원이던 시절 국방부 조달본부 기획실에 근무할 때 계장으로 모시던 분이었다. 늘 웃는 얼굴에 부하들에게도 워낙 따뜻하게 대해 주셔서 나도 무척 존경했던 분이었다. 주변 모두가 인정할 만큼 꽤나 성실하고 능력 있는 분이었는데, 진급에서 탈락되자 크게 실망하고 바로 퇴직을 했다. 그 후로는 아무 소식이 없어 어디에서 무얼 하는지 전혀 아는 바가 없었다.

　'어떻게 여기 계시냐'는 나의 물음에 그분은 한국에서는 특별히 하실만한 일을 찾지 못해서 퇴직하고 얼마 뒤 미국으로 이민을 왔다는 것이다. 그러니까 헤어진 지 꼭 10여 년 만에 이역만리 외국 땅에서 우연히 만난 것이다. 그것도 이 넓고 커다란 지구에서 우리나라보다 몇 십 배나 더 큰 나라 미국의 자그마한 도시 한 구석에 자리 잡은 상점에서 만날 줄이야! 세상이 아무리 좁다지만 이것은 정말 상상할 수조차 없는 일이 아닌가! 해변에서 모래알로 모래알을 맞추기보다 더 어려운 확률이 아닌가 싶었다.

　미국에 처음 발을 디디던 날 '이렇게 넓은 세상이 있을 수가…' 하면서 감탄했는데 그날은 눈에 보이는 세상이 한없이 좁게 느껴졌다.

Small World!

아무리 생각해도 인연이란 것은 참으로 묘하다. 어떻게 이런 일이 일어날 수 있을까? 수많은 고비를 넘겨서 각고 끝에 도착한 미국 땅, 그래서 찾아간 애틀란타라는 도시에 왜 내가 가게 되었으며, 그 시간에 왜 갑자기 라면은 먹고 싶었는지, 그렇게 해서 물어 물어 찾아간 곳이 하필 그곳이어야만 할 것은 또 무엇인가? 사무실로 복귀하는 시간 내내 꼬리를 물고 일어나는 질문에 대한 대답은 의외로 간단했다.

'깊게 생각하지 말고 그저 모두를 귀히 여기라.'

그 후 나는 내가 만나는 모든 사람들을 아주 귀히 여기고, 할 수 있는 한 성의를 나해 내하게 되었다. 상대방이 누구든 상관없다. 계급이 낮은 사람이라고 항상 나보다 낮을 수는 없다. 지금은 부하직원들에게 나의 존재가 높임을 받을 수밖에 없는 위치에 있지만, 머지않아 퇴임하여 반대의 입장이 되는 경우를 생각하면 절로 머리가 숙여진다. 그동안 나의 상관으로 군림했던 많은 사람들이 훗날 나와 반대의 입장에 서 있던 것처럼 말이다.

나는 지금도 이런 생각을 종종 하게 된다. 미국 조지아에서 그분을 만났을 때 만일 나와 깊은 원한관계였거나 그 정도는 아니더라도 별로 좋지 않은 사이였다면 과연 어떤 모습의 만남이 되었을까? 라면은커녕 그냥 모른 체하고 돌아서 나왔거나 아니면 그분한테 죽을 만치 얻어맞고 나왔을지도 모른다. 생각만 해도 아찔하다. 다행히도 좋은 과거의 인연 덕분에 라면 하나 먹으러 갔던 나는 그분 댁으로 초청받아서 진수성찬을 대접받았다. 얼마나 큰 차이인가!

'괴짜들에게 친절하게 대하라. 그들이 당신의 보스가 될 가능성은 얼마든지 있다.' 빌 게이츠가 한 말이다. 빌 게이츠에게 남다른 것은 새로운 생각, 새로운 도전의식을 가진 사람들의 습관이나 말을 귀담아서 자기 것으로 만드는 탁월한 능력이 있다는 점이다. 이는 빌 게이츠가 세상 누구도 따를 수 없는 최고 갑부의 위치에 있으면서도 교만하지 않은 채 세계적인 리더 1위로 꼽히는 이유이기도 하다.

만나는 모든 사람을 늘 귀히 여기고 최선을 다한다고는 했지만 상대방이 느끼기에 그렇지 못한 경우도 많았을 것이다. 그러나 적어도 그런 생각조차 갖지 않은 사람들 보다는 꽤 괜찮은 대인관계를 이룰 수 있었다고 자부하는데, 그 바탕에는 나의 '사람을 귀히 여기는 정신'이 있기 때문이다. 그럼에도 모든 사람들로부터 존경

받고, 사랑받으며, 긍정적인 평가를 받기란 쉽지 않다. 특히 공직과 같이 엄격한 위계질서가 있고 개인의 생각보다는 법치가 우선이며, 자유로움이 제한된 커뮤니티에서는 더욱 그렇다. 조직 내에서 모든 사람으로부터 존경과 호감을 받는 인물이 된다는 것은 불가능하다. 굳이 그걸 지향할 필요도 없다고 본다.

성인(聖人)이라고 불리는 공자에게도 극렬할 정도의 비판자들은 많았다. 마오쩌둥의 문화혁명 시절, 공자에 대한 비판과 격하 운동은 사상적 이념이 내포된 것이라서 그렇다 쳐도, 공자 시대에 조차 그와 그의 제자들에 대한 부정적 평가와 비판적 시각은 끊이지 않았다. 공자가 제일 강조했던 '인(仁)과 예(禮)'가 인륜의 기본임은 인류 보편적 인식일 텐데도 노자 같은 이는 그것을 허례허식에 불과하다고 비판했었다. 인간 의식의 차이로 인한 인간관계의 문제는 어쩔 수 없다. 아무리 훌륭한 사람이라도 모두의 존경과 호감을 받을 수 없는 이유이다.

어떤 경우에는 주변의 칭찬이 부담스럽고 오히려 해가 되는 경우도 많다. 예를 들어 주변에서 부도덕하다고 손가락질 받는 사람, 흉악하기로 소문난 인물이 나를 칭찬하고 다니는 것은 도움이 되지 않는다. 차라리 그런 사람들로부터는 비판을 받는 것이 더 도움이 될 수도 있다. 부정부패로 얼룩진 사람이 나와 친하고 나를 칭찬한다고 할 때, 그 말을 들은 사람들은 나를 어떻게 생각할까? 나 역시 그런 부류의 사람이라고 오해할 게 틀림없다. 그런 관점에서 내 경험에 비추어 보면, 조직내에서 대인관계는 '70% 긍정'에 목표를 두면 충분하다. 10명중 7명 정도만 나의 진정한 우군이 될 수 있다면 그것은 성공한 대인관계로 평가받기에 족하다고 본다. 문제는 나머지 3명에 있다. 나를 선호하지 않는 집단이라도 최소한 나의 적이 되도록 만들어서는 안 된다. 그러기 위해서는 그들 역시 진심으로 귀히 대함을 받고 있다는 느낌을 주어야한다.

누가 귀인(貴人)인가?

'만나는 모든 사람을 귀히 여기라'는 말은 특히 현역 군인이나 교육자, 판·검사들과 같이 보직을 자주 옮기는 공직에 종사하는 사람들에게는 더욱 중요하다.

1991년 9월에 내가 미국 워싱턴 D.C.에 현지 구매관으로 파견중 당시 군수근무단장이었던 분이 근무를 마치고 귀국할 때 이별의 악수를 청하면서 내게 이런 말을 했다.

"송 사무관은 언젠가 나와 같이 일할 때가 있을 걸세."

나는 의례적으로 "예, 감사합니다"라고 답변했지만, 속으로는 '그럴 기회는 아마 없을 텐데…'라고 생각했다. 그때 상황으로 보아 그분은 정년퇴직할 때가 얼마 남지 않았던 데다 내가 주재근무를 마치고 원복하면 돌아갈 국방부조달본부에는 그분에게 주어질 만한 보직이 아예 없었기 때문이다.

그런데 확률상 거의 있을 수 없는 상황이 내가 귀국한 해에 벌어졌다. 그분이 나의 직속상관인 조달본부 외자국장으로 부임한 것이다. 들리는 예기로는, 무슨 사연인지는 모르겠지만 종래 없었던 진급 케이스가 그에게 적용되었다는 것이다. 그로부터 4년여 그분과 같이 근무하는 동안 나는 4급 서기관으로 진급도 했고, 중요한 보직에서 많은 지식과 경험을 쌓으면서 자기발전 기회도 얻을 수 있었다. 당연히 그분의 전적인 신뢰와 성원이 있었기에 가능한 일이었다.

이와 반대되는 경우도 있다. 거의 같은 시기인 1991년 11월경에 국방부 군특명검열단장이 F-16 전투기사업에 관해 미국 국방안보협력본부(DSCA) 현지 확인 차 10여 명의 인원을 대동하고 출장 왔을 때 내가 통역을 맡았다. 3일 일정을 무사히 마친 날 만찬장에서 그분이 나를 불러내더니 여러 사람 앞에서 크게 칭찬하고 러브샷을 제의하면서 내게 이렇게 말했다. "귀국하면 나를 꼭 찾아오게나. 아마 같이 일할 기회가 있을 걸세."

3년간 근무를 마치고 귀국해 보니 그분은 어디 가셨는지 종적도 없었고, 20여 년이 지난 지금까지 만나기는커녕 연락 한 번 주고받을 기회조차 생기지 않았다. '인연'이란 이런 것이다. 예기되는 것은 인연이 아니다. 이제 70평생을 살아오면서 예기치 못한 많은 만남들 가운데 존재했던 셀 수 없는 많은 인연이 오늘의 나를 만들어 주었음을 결코 잊을 수 없다.

'만나는 모든 사람은 귀하다'라는 대인관계와 생활신조에도 본의 아니게 그렇지 못한 경우로 끝나서 아직도 후회스러운 일도 있다. 내가 선임과장 시절에 상관과의 일이다. 그분이 정년퇴직하기 전날 전 직원을 대회의실에 모아 놓고 송별 간담회를 갖는 자리였다. "여러분, 그동안 부족한 저를 도와서 어려운 일 잘 해줘서 대과 없이 정년퇴직할 수 있게 되어 정말 감사하게 생각합니다. 아마 내게 섭섭한 직원들도 꽤 있을 텐데 오늘 마지막이니 기탄없이 얘기해 주면 좋겠습니다."

그분은 대단한 워크홀릭에 성격이 워낙 꼼꼼하고, 미국 박사 출신이어서 영어도 능통했다. 자존심 역시 대단한 분이어서 직원 간에는 호불호가 분명했다. 나는 평소 그분을 고위공직자의 표상으로 존경했고, 그분 역시 내게는 특별한 신뢰를 보내주는 사이였지만 수틀리면 눈물이 찔끔 나오도록 혼을 내기 때문에 싫어하는 직원들도 적지 않았다. 그러다 보니 마지막 날 기탄없이 말하라는 그의 요구에도 모두들 입을 꾹 닫고 간담회라는 이름이 무색하리만치 긴 침묵이 흘렀다. 선임과장이었던 나는 뭔가 분위기를 바꾸어야겠다는 생각과 함께 직원들의 솔직한 생각을 전달해야겠다는 사명감(?)으로 나섰다.

"외람됩니다만, 기탄없이 대화하는 간담회 자리를 마련해 주셨으니 직원들의 생각을 그대로 말씀드려 보겠습니다. 사실 국장님은 우리들에게 두 가지 가르침을 주셨습니다. 하나는 공직자로서 최고의 전문지식으로 성실하게 최선을 다하시는 모습에서 '나도 높이 되면 저렇게 해야겠다'라는 가르침을 주셨지만, 조금만 잘못해도 용서보다는 자존심이 상할 정도로 매몰차게 혼내실 때는 '나는 저렇게 하지 말아야겠다'는 가르침을 주셨습니다…."

더 이어가려는 순간 그분의 안색이 변하는 모습이 보였다. 얼른 말을 멈추고 나니 바로 괜한 말을 했다는 후회가 밀려왔다. 그럭저럭 간담회가 끝나고 다시 상관을 찾은 나에게 그분은 "마지막 자리인데… 그런 말을 꼭 했어야 했나."라고 다소 언짢은 표정으로 말했다. 나 역시 직원들을 대표해서 바른말 한다고 한 것인데… '아니 기탄없이 얘기하라고 하지나 말지, 사실대로 말하니까 기분 나쁜 표정은 또 뭐야'라는 생각에 은근히 화가 났지만, 곧 뭐가 잘못되었는지를 깨달을 수 있었다. 내가 말한 내용이 옳고 그르고는 차치하고 말을 해야 할 때와 장소와 상대가 잘못된 것이다.

그분과 나의 관계는 이후에 한참 서먹서먹해질 수밖에 없었고, 퇴직 후 10년이 넘도록 단 한 번도 개인적인 만남을 갖지 못했다. 곰곰이 생각해 보니, 그동안 만나는 모든 사람을 귀하게 생각하라고 하면서도 정작 '귀하게 생각하는 방법'이 무엇인지는 그다지 진지하게 생각해 보지 않았던 것이다. 내가 귀하게 생각만하면 되는 게 아니라 상대방이 귀한 대접을 받고 있다는, 받았다는 생각을 하게 만드는 게 정말 중요한데도 말이다. 그렇게 하기 위해서는 나의 입장이 아니라 늘 상대방의 입장을 먼저 고려해야 한다. 아무리 내가 좋아하는 것이라도 상대방이 싫어하는 것이라면 피해야 한다. 이 일이 있은 후로 나는 누구에게든 진지한 내용이라면 아무리 간단한 문자라도 절대 당일에 발송하지 않는다. 문자를 다 작성한 후에 다시 한 번 상대방의 입장에서 생각해 보고, 하룻밤을 보낸 후 다음 날 다시 읽어보고 그래도 괜찮다 싶으면 보내는 신중한 습관이 생겼다. 불필요한 오해나 본의와 다른 의사의 전달로 인해 대인관계에 문제가 생기는 것을 막는 아주 좋은 방법으로 생각된다.

상관이든 동료이든 아니면 부하이든, 진지한 얘기는 절대 공개적인 장소를 피해야 한다. 효과는 없고 반감만 남을 수 있다. 특히 이별이나 만남의 장소에서는 상대방에 대한 좋은 얘기, 아름다운 추억을 나누는 정도면 족하다. 해야 할 진지한 얘기라면 반드시 개인적인 장소와 시간을 활용하기를 권한다.

　나 아닌 다른 사람을 귀하게 여기는 것은 자신을 귀히 여기는 것에서부터 출발한다. 그래야만 남을 귀하게 대접하는 방법이 어떤 것인지 깨닫게 된다. 주변에서 다른 사람의 나쁜 점을 들먹이면서 대놓고 비방하는 경우를 종종 접하게 된다. 심한 경우에는 자신의 생각에 공감하기를 강요하기도 한다. 알아야 할 것은 '내가 누구를 싫어하면 그 사람도 반드시 나를 싫어한다'는 것이다. 남을 귀히 여기고 존중하는 것은 결국 자신이 다른 사람으로부터 귀한 대접을 받는 길이기도 하다. 다른 사람을 귀하게 대하는 것은 따로 존재하는 것이 아니라 나의 생활철학 가운데 일부가 되어야 한다. 미리 따로, 몸 따로인 상태에서 나타나는 언행은 가식으로 인식될 수 있어서 오히려 상대방을 불편하게 만든다.

도둑도 세 명이 모이면 그 가운데 나의 스승이 있다.

사람이 귀하다는 것은 신분의 문제가 아니며

다만 우리들 삶의 보편적 가치에 관한 문제이다.

인간은 미래를 볼 수 없는 한계를 갖고 있다.

내가 만나는 모든 사람은 언제, 어디서든

내가 위험에 처해서 누군가의 도움을 필요로 할 때

나를 구해 줄 수 있는 사람들이라는 점을 잊지 말자.

인간관계가 참으로 묘한 것은,

꼭 만날 것 같은 사람은 거의 만나지지 않고,

만날 수 없을 것 같은 사람은 막다른 길목에서

나를 기다리고 있다.

3.
처음부터 자신의
「정체성」을
분명히 밝히라.

- 공직 내내 부정과 부당한 간섭으로부터 자유롭다 -

 내가 지금까지 만난 사람들로부터 가장 많이 받는 질문이 있다. 30년 이상을 군수조달, 방위사업 핵심 요직에 근무했으면서도 이렇게 했기에 아무 일도 없을 수 있느냐는 것이다.

비결이 뭐냐고 묻는다.

지금은 방위산업이 수출 효자산업, 국가 기간산업으로 인식되어 아주 좋은 이미지가 형성됐지만, 방위산업에 대해 전방위적 감사, 수사가 이루어졌던 1990년대 초반부터 최근까지만 해도 방위산업은 '비리 덩어리'이며 그 종사자들은 자긍심은커녕 주변 눈치 살피느라 어깨 한 번 쭉 펴고 걸을 수도 없었다.

　국가와 국민을 외적으로부터 지키는 방위산업이 부정과 비리의 상징이 돼 버린 것이다. 문재인 정부 때는 '사자방(4대강, 자원외교, 방산)'이라고 해 방위산업을 전임 이명박 정부 최대 실정의 하나로 지적했다. 가장 먼저 척결해야할 적폐산업으로 손가락질 받기도 했다. 2014년 검찰에는 '방위사업비리 합동수사단'이, 감사원에는 '방산비리 특별감사단'이 설치돼 온 나라가 들썩이던 때 이발소에 갔다가 충격적인 얘기를 들은 적도 있다. 마침 TV뉴스에 방산비리 수사 소식이 나오자 이발사와 손님 모두가 합창하듯 '저런 xx들 다 총살시켜야 돼! 매국노가 따로 없다니까!'라고 욕을 퍼부어댔다. 내 턱과 목 주변을 오가는 이발사의 면도칼이 겁나는 순간이었다. 15년 단골 이발소지만 내 직업이 뭔지도 모르게 했던 것을 천만다행으로 여기며 이발이 끝나자마자 잰걸음으로 나와 버렸다.

　정권이 바뀔 때마다 늘 반복되었던 방산비리 수사와 감사를 수도 없이 겪었지만, 퇴직 후 12년이 지난 최근까지도 방산비리 수사는 끊이지 않았다.

방위사업과의 인연

나는 1980년 12월 1일 국방부조달본부 근무를 시작으로 2010년 12월 31일 방위사업청에서 퇴직할 때까지, 말단 실무자에서 최고위 계약관리본부장까지 30여 년을 무기 획득업무, 그 가운데서도 주로 해외 도입사업을 수행했다. 5인치 함포체계, Harpy 무인기체계, Thales 천마 대공미사일체계, F-15전투기와 조기경보통제기, F-16전투기, P-3C 대잠초계기, C-130 대형수송기, 수리온헬기 등 정상적으로 추진된 사업을 포함해서 사업이 중단되거나 지체로 문제가 되었던 K-11복합소총사업, K-2전차사업 등 어떤 형태로든 내 손을 거치지 않은 사업이 없을 정도다.

그런 이유로 방산비리 문제가 터지고 사회적 이슈가 될 때마다 나는 낭연히 주목을 받는 대상이 되었다. 나를 잘 아는 이내와 나의 가족은 단 한 번도 나를 걱정해 본 적이 없지만, 그때마다 아무 상관없는 사람들로부터 성가신 전화를 받아야 했다. 친구들, 친인척들, 나와 가까운 사람들은 물론 그냥 얼굴이나 아는 정도의 사람들까지 내 안부를 묻곤 했다. 주일날 교회에 가면 친한 성도들은 대놓고 농담반 진담반으로 "아직 안 잡혀 들어간 걸 보니 무사한가 보네"라고 할 정도였다. 목사님은 차마 대놓고 묻지는 못하고 "요즘 별고 없으시지요?"라면서 은근히 걱정하는 마음을 표현하기도 했다.

이러한 분위기는 성실하게 국방무기체계 획득분야에 종사해 온 많은 사람들이 가장 분노하는 상황이기도 하다. 단돈 1원이라도 국가예산을 절감하기 위해 영하의 한 겨울날 난방도 없는 사무실에서 담요를 덮어쓰고 추위에 떨며 밤을 새웠는데, 훈장은 못 줄망정 비리집단의 일원으로 손가락질 받을 때는 국가에 대한 배신 감까지 들 만큼 자괴감이 들기도 했다.

나름의 비결

나는 여태까지 방산비리문제와 관련해서 단 한 번의 수사, 조사도 받은 바 없다. 굳이 비법을 묻는 사람들에 대한 답변이라고 한다면 간단하다. 내가 초임시절 보여 준 '결정적 한 방'이 큰 역할을 했다고 생각한다. 내가 처음 해외 도입사업 구매관으로 보직을 받았던 1985년 어느 날 입찰업체의 유혹에 넘어갈 뻔했던 적이 있었다. 나는 업체가 놓고 간 봉투를 열어보지도 않고 그대로 접어서 작은 편지와 함께 그 회사 대표에게 등기우편으로 반송했다.

"사장님, 대단히 감사합니다만 저는 공직자이기 때문에 이런 부당한 대가를 받을 수 없습니다. 저는 이런 것과 상관없이 최선을 다해서 저의 업무를 성실히 수행할 것이며, 법과 규정에 따라 합리적으로 업무를 처리할 것이므로 사장님께서는 굳이 이런 일에 신경을 쓰지 않으셔도 될 것입니다. 앞으로 이런 일로 인하여 제가 불필요한 시간과 비용을 소비하도록 만들지 말아 주시기를 바랍니다."

　나중에 들은 얘기인데 업체 사이에 금방 소문이 쫙 퍼졌다고 한다. 엉뚱한 짓 했다가는 크게 당할 테니 조심하라고….이후 나는 최고위직으로 퇴직할 때까지 어떤 업체든, 누구에게서든 어떠한 유혹도 받아 본 적이 없다.

　또 다른 비법이라면, 나는 이해관계가 얽힌 사람은 이름이라도 기억에 넘기지 않으려고 명함이나 전화번호 같은 연락처를 일절 챙기지 않았다. 조금이라도 오해를 살만한 일이라면 아예 미연에 방지하는 것이 최고라는 생각에서였다. 당연히 사적으로는 업체 임직원들과 전화 통화 한번 먼저 한 적이 없는데, 사실 관리자의 이러한 행태가 바람직하냐에 관해서는 동의하지 않으면서도 모든 민원과 사건이 오해에서 비롯된다는 것을 알기 때문에 택한 궁여지책이었다.

퇴직 후 만나온 후배들에게는 나의 이런 방식에 대해서 나름의 반성과 함께 아주 조심스러운 선택을 권한다. 그러나 이 방식이 불필요한 오해로부터 자유롭게 한 이유가 된 것에 대해서는 의심의 여지가 없다. 다만 그때와 달리 지금은 업무수행방식도 많이 달라졌고 투명성 역시 선진국 수준이 되었기 때문에 그런 문제를 걱정하기보다는 어떻게 하면 더 효율적인 업무가 될지를 고민해서 가장 지혜로운 방식을 선택해야 할 것이다. 커뮤니케이션이 무엇보다도 중요한 조달사업 집행업무를 수행하면서 이해관계자와 완전히 장벽을 쌓는 것은 결코 바람직한 일이 아니다. 그러나 아직까지도 정부조달분야에서 크고 작은 개인적 비리는 끊이지 않는 상황을 보면 내가 썼던 방법에 관한 개인적인 지지는 변함이 없다.

부정과 비리에 대해 누구보다 단호했지만, 그렇다고 나의 소신을 버리고 보신적인 행태는 결코 취하지 않았다고 자부한다. 담당자들의 잘못으로 인한 책임을 업체에게 전가하는 행위는 결코 용서하지 않았다. 지체상금 결정이나 부정당업자 입찰참가 제한 등의 심의에서 처분면제 결정에 과감히 동의하여 업체의 부당한 손해를 막는데 최선을 다했다. 그럼에도 어떤 이의제기도 받아 보지 않은 것은 나의 이러한 업무자세가 큰 역할을 했다고 굳게 믿는다.

방산비리 문제가 생기면 수사기관이나 감사기관이 가장 먼저 하는 일은 전화번호를 터는 일이라고 한다. 용의선상의 혐의자와 전화 한 번이라도 통화한 사실이 확인되면 일단 조사대상에 오른다. 물론 하늘을 우러러 부끄럼이 없는데 수사를 하든, 감사를 하든 두려워할 일은 아니다. 문제는 수사대상이 되는 날부터 범죄혐의자, 피의자로 인식된다는 것이다. 수사기관에라도 다녀온 사람은 여기저기 손가락질의 대상이 되며, 말이 건너고 건너 몇 사람을 지나면 죄형법정주의, 무죄추정의 원칙은 어디로 가고 그는 이미 죽일 놈, 흉악범이 돼 있다. 언론이 실명을 밝히지는 않더라도 누구라는 걸 추정하는 게 그리 어렵지 않게 기사가 보도되다 보니 당사자의 명예는 땅에 떨어지고, 진실이 밝혀져 무혐의 내지 무죄가 확정된다고 해도 이미 실추된 명예는 결코 다시 원상회복되지 않는다. 그렇다면 어떻게 하는 것이 과연 현명하고 지혜로울까? 중요한 선택의 문제라고 생각한다.

오해에서 벗어나려면…

　내 이름이 한 중앙일간지에 크게 오른 적이 있다. 방위사업청 계약관리본부장을 할 때 국회 국방위원회에 출석해서, 해외 거래업체와 국내무역대리점 간 음성적으로 이루어지는 부당하고 불합리한 수수료(commission fee) 계약을 왜 직접 통제하지 않느냐라는 질문에 "국내 무역대리점과 외국 업체 간의 사적인 계약관계에까지 정부가 개입해서 이래라 저래라 할 수는 없다"라고 한 발언 때문이다. 만일 업체의 사적인 계약관계까지 개입한다면 얼마나 많은 부정과 월권이 가능할 것인가! 이것은 나의 평소 소신이라서 가감 없이 답변했던 것이다.

내 이름을 보도한 언론은 당시 해외 거래업체로부터 무기도입사업을 중개한 대가로 받은 커미션이 지나치게 많아서 비판의 대상이 된 한 업체와 나를 엮어서 문제 업체의 비호세력인 양, 무언가 은밀한 거래가 있었을 거라는 듯한 내용으로 기사를 썼다. 아마 그 업체의 누구와 전화 한 통화를 나누었거나 식사 한 끼라도 같이 한 것이 나왔다면 나는 영락없이 걸려들었을 것이다. 이해관계를 다루는 공직자가 선택할 길은 두 가지다. 아예 시비거리를 만들지 않거나, 자유롭게 처신하고 나서 부당하고 억울한 고통이라도 감내할 자신이 있거나.

오죽하면 우리 선조들께서 '오얏나무 아래서 갓끈 고쳐 매지 말라(李下不整冠)'고 했을까? '참외 밭에서 신발 끈 고쳐 매지 말라(瓜田不納履)'는 말을 격언으로 남겼겠는가?

커뮤니케이션에 관한 한 나와 같은 공직자, 특히 관리자의 행태는 상당한 주의를 필요로 한다. 이해관계자 모두에게 늘 친절하고 최선을 다하며 긍정적인 자세가 전제되지 않으면 또 다른 오해를 야기할 수 있기 때문이다. 공직자에게 가장 필요한 것은 '귀를 여는 것', 그 대상이 누구이든 남의 얘기를 듣고 정책과정에 반영하려는 시도가 끊임없이 이루어지고 보장되어야 한다. 안타깝게도 우리의 문화는 그런 행태를 허용하지 않으니 내가 억울하게 오해받고 불필요한 고통에 휩쓸리지 않으려면 문을 닫는 수밖에 없는 것이다. 공직에서 퇴직 후 내가 가장 크게 반성하고 후회하고 미안했던 것은, 가장 가까이해야 할 사람들을 너무 멀리했다는 죄스러움이었다. 나의 행태를 반성하면서 최근 한 언론에 기고한 글을 소개한다.

"방위산업 중흥, 왜 소통이 필요한가"

몇 년 전 필자는 유럽의 방산내기업 회장을 세미나에서 만났었다. 초면이라 한국에서 비즈니스 하는데 어려움은 없냐고 던진 의례적인 질문에 다소 의외의 답변이 돌아왔다. 방위사업청장을 만나면 싱가포르 공무원을 배우라고 꼭 전해 달라고…. 그 기관 고위직 출신인 필자로서는 아주 자존심 상하는 말이 아닐 수 없었다.

사연을 들어보니, 어려운 문제가 있어 담당자를 찾는 데만 한 달 이상 걸렸는데 겨우 찾으니 면담 자체를 거절하더라는 것이다. 그는 싱가포르 공무원은 업체가 만나기를 희망하면 언제, 어디서나 가능하다고 덧붙였다. 방위산업 융성과 소통이 무슨 관계가 있다는 것인가? 영국 국방부와 방산업체 간에는 중요한 소통채널이 두 개 있다. 하나는 '국방계약업체포럼(DSF)'이라는 것인데, 국방부 장관과 방산대기업 BAE Systems 회장이 공동의장이다. 산하에는 각 기능별로 실무전문그룹을 두고 국방부·정부 각 부처 고위직과 협력업체·중소기업 대표들이 위원으로 활동한다. 또 하나는 '국방성장동반자그룹(DGP)'인데, 여기에도 관련 정부부처 고위직과 13개 방산기업대표가 위원으로 참여한다. 이 두 개의 그룹은 만나는 때와 장소가 정해져 있지도 않다. 수시로 만나서 국방획득사업과 방산현안을 논의하고 수출마케팅 전략에 머리를 맞댄다.

우리나라에도 비슷한 협의체는 있다. 2011년과 2019년에 각각 출범한 '국방산업발전협의회'와 '방위사업협의회'가 그것이다. 전자는 범정부적 방산수출지원협의체라는 이름으로 설치되어 연간 1회 정기회의 개최, 국방부장관과 산업통상자원부장관이 공동의장이다. 후자는 방위사업 수행 간 현안해결을 위해 분기 1회 정기회의 개최, 국방부 차관과 방위사업청장이 공동의장이다. 두 협의체 모두 위원은 방위사업청 등 관련기관의 고위급 인사만으로 구성되며 자문위원으로 민간이 참여한다고는 하나 모두 정부출연기관 또는 공기업·단체 대표자로 구성되어 있다. 중요한 것은 방위사업 수행과 방산수출에서 가장 핵심이 되는 플레이어이며 직접 이해당사자인 방산업체 대표자는 두 개 협의체 어디에도 없다는 것이다. 한마디로 '자기들만의 리그'인 셈이다. 이해당사자가 배제된 가운데 바쁜 기관장들이 1년에 한 번 또는 분기에 한 번 모여서 무슨 가치 있는 미래전략과 비전을 만들어 낼 수 있을까?

우리나라의 2021년 방산수출 70억 달러는 세계 6위 수준이다. 실로 대단한 성과이다. 오랫동안 방산비리 프레임에 갇혀 숨죽여야 했던 방산업체의 피땀 어린 노력과 정부의 적극적인 지원이 맺은 결실이라는데 의심의 여지가 없다. 올해 목표는 150억 달러에 'Big Five 진입'이라고 한다. 과연 지금의 한국 방산구조로 공룡이 되어 버린 방산선진국의 대기업들과 싸워서 이길 수 있을까? 설레는 기대와 함께 의심이 앞선다. 그러나 불가능한 꿈은 아니다. 국내 방산과학기술과 이를 뒷받침하는 연관 산업기술은 이미 선진국 수준이다. 이제 방위산업을 미래 먹거리산업으로 융성시키는데 필요한 것은 '전략(strategy)'이다.

가장 좋은 전략은 이해당사자들의 적극적인 '소통(communi-cation)', 그들이 만든 지식과 경험의 교환에 의해서만 가능하다는 점에서 꽉 막힌 소통의 장벽부터 풀어야 한다. 먼저 정부 각 부처의 기존 소통체계를 재점검해야 한다. 그리하여 형식적인 소통수단이 아니라 이해관계자 모두가 참여하는 광범위하고 실질적인 소통체계가 정립되고 작용하도록 개선해야 한다.

나는 공직자의 소통은 국가가 제도로 보장해 주어야 한다고 강하게 주장한다. 공직자 개인의 성품이나 성향에 의존할 일이 아니기 때문이다. 싱가포르 공무원처럼 언제, 어디서나 업체를 만날 수 있어야 하고, 그 장소는 호텔이든 고급 레스토랑이든 관계없어야 하며, 그러한 소통 분위기를 이해하는 사회적 문화의 형성이 선행되어야 한다. 그 바탕은 '신뢰'다. 이것은 국가와 사회가 만들어 주는 것이 아니라 국방분야, 방위사업과 방위산업 종사자들이 전적으로 책임져야 할 몫이다.

세상에 공짜는 없다

이해관계 업무를 다루는 공직자에게는 적지 않은 유혹이 따르게 마련이다. 유혹을 뿌리치는 방법은 아주 간단하다.

'세상에 공짜가 없다'는 것은 만국공통어인 것 같다. 만일 부정이나 비리에서 자유롭고자 한다면, 이 격언을 늘 마음에 두고 실천하고 처신하면 된다. 안 보이는 채무가 공짜이며, 무언가를 그냥 주는 것은 모든 걸 가져가기 위한 행동이라고 생각하면 향응이란 있을 수 없다. 대가가 없는 비즈니스는 세상에 없다는 것을 명심 해야 한다.

어느 나라의 왕이 학자들에게 백성들이 잘사는 비결을 연구해 오라고 시켰다. 학자들은 궁리 끝에 자신들의 생각을 모아 12권의 책으로 정리해서 왕에게 바쳤다. 두툼한 책 12권을 받아든 왕은 얼굴을 찡그리며 말했다.

"바쁜 백성들이 이렇게 많은 책을 읽을 시간이 있겠느냐! 단 한 권으로 다시 요약해 오시오!"

학자들이 어렵사리 12권의 책을 단 한 권으로 줄여 올리자 왕은 그것도 길다고 하면서 한 문장으로 줄이라고 다시 명령하였다. 그 렇게 해서 학자들이 왕에게 올린 마지막 한 문장이 바로 「공짜는 없다」라고 한다.

미국 서부개척시대 술집들이 저녁에 술을 마시면 다음날 점심은 무료라는 마케팅이 있었다. 그럼에도 사람들의 지출에는 변함이 없자 곧 자신들이 먹는 술안주 값을 슬그머니 더하여 저녁 술값에 점심값이 이미 포함된 것을 알게 되었는데, 이때부터 '세상에 공 짜 점심은 없다(There is no free lunch)'라는 말이 생겼고, 경제 학자 밀턴 프리드먼(Milton Friedman)이 인용하면서 유명한 격언이 되었다고 한다.

　내가 어려서부터 부모님으로부터 철저히 교육받은 것이 있다. 아무리 궁해도 첫째, 남의 물건을 탐하지 말라는 것, 둘째, 일 안하고 공짜를 취할 생각 말라는 것, 셋째, 남에게 비비며 살지 말라는 것이다. 이 삶의 철학은 우리에게 큰 가르침이 되었지만 한편으로는 견디기 어려운 고통의 원인이 되었다. 부모님들은 자식들이 쫄쫄 배를 곯는 상황에서도 이웃에서 쌀 한 톨 빌리는 법이 없었다. 그렇게 가난하게 살았지만 부모님들은 남에게 빚 한 푼 없이 우리 5남매를 키우셨다. 부모님의 가르침에도 나는 은행대출을 받기 위해 줄을 서보기도 했고, 친구에게 돈을 빌려보기도 했으며, 친척들에게 손을 벌린 적도 있으니 연약한 정신력에 부끄럼을 느낄 때가 많다.

　아무리 아쉬워도 남에게 의지하지 말고 스스로 해결하라는 가르침은 더욱 엄하셨다. 하물며 남한테 비비며 산다고 밥을 비벼 먹는 것도 허용하지 않으셨다. 그때는 굉장히 무책임하고 야속하다고 느꼈지만, 지금 생각하면 부모님의 철저한 가정교육이 나로 하여금 정직하게 살게 했다는데 의심의 여지가 없다. 어떤 난관 앞에서도 당신들의 정체성을 절대 고수하셨던 부모님의 영향으로 나는 정의롭지 못한 일 앞에서는 늘 꼿꼿할 수 있었다.

세계 역사의 모든 시대에,

세상 모든 나라에,

공통적으로 존재하는 격언이 있다면 무엇일까?

그것은 「공짜는 없다」가 아닐까 싶다.

· 러시아: 공짜 치즈는 쥐덫에만 놓여 있다

· 중국: 천하막무료(天下莫無料)-세상에 거저 얻는 것은 없다

· 탈무드: 공짜로 처방전을 써주는 의사의 충고는 듣지 마라

· 일본: 공짜보다 비싼 것은 없다

4.
「특별한 한가지」를
갖추라.

- 남보다 먼저 앞서가는 비결이다 -

마케팅 전략에도 '틈새시장(Nitche Market)'과 '블루오션(Blue Ocean)'이라는 것이 있다. 틈새시장은 남이 아직 모르고 있는 좋은 곳, 빈틈을 찾아 공략하는 전략이며 남들이 관심을 가지지 않는, 또는 대기업의 영역이 아닌 상품에 주력하는 성공전략이다. 블루오션은 아이디어의 변화와 혁신으로 기존에 존재하지 않았던 수요를 창출하는 것이다. 공직사회에서는 틈새영역, 블루오션 영역이라고 할 수 있고, 두 가지 모두를 합쳐서는 '특정영역'이라고 할 수 있겠다. 이 특정영역을 연구하고 준비하고 공략해야 한다.

이 영역을 공략하는 방법론을 간단히 정리해본다면, 우선 시대가 요구하는 현재와 미래의 공직자상(像)을 늘 주시하고 잘 이해해야 한다. 국가와 사회의 요구사항은 어떻게 변화하는지, 국민의 라이프 스타일은 어떻게 바뀌는지 끊임없이 추적해야 한다. 높은 수준의 능률성을 경쟁력으로 갖추어야 하며 일시적이 아니라 장수할 수 있는 능력으로써 '특별한 한 가지'를 구비해야 한다. 여기에는 합리적·이성적 가치관, 지식과 경험, 트렌드로 무장된 리더십이 수반되어야 한다. 인공지능(AI) 시대가 눈앞인데 아날로그 방식의 사고와 스킬로는 성공하는 공직자가 될 수 없다.

현대는 정부든, 기업이든, 개인이든 특별한 것이 없으면 성공할 수 없다. 동네 골목의 음식점도 특별한 맛 한 가지 정도는 제대로 갖추지 않으면 손님을 끌어들일 수 없다. 우리가 상품을 살 때면 대체로 다른 상품에 비해 눈에 띄는 무엇이 있는 물건을 고른다. 마찬가지로 사람도 경쟁시장에서는 하나의 상품에 불과하다. 내가 왜 물건 취급을 받아야 하냐고 따지며 인격을 논하기 전에 실상을 인식하고 나름의 전략과 대응책을 준비해야 한다. 승진이나 보직심사에 들어가 보면 영락없이 남대문 시장바닥 같다. 대상이 되는 인물(상품)을 쭉 늘어놓고는 이것은 뭐가 좋고 저것은 뭐가 나쁘고… 각양각색의 품평 논란 속에 심사위원(고객)의 눈에 가장 많이 띄는 사람이 뽑히는 식이다. 어떤 상품은 다른 상품에 끼어서 공짜로 주겠다고 해도 고객이 손사래를 친다. 그 상품을 받으면 자기네 가게는 망할 것이 뻔하다는 것이다. 반면에 어떤 상품은 서로 차지하려고 팔다리가 찢어질 정도가 된다. 이때 끼어서 공짜로 주겠다고 해도 사겠다는 사람이 전혀 나타나지 않는 폐품(?)들을 보면 '도대체 어떻게 상품관리를 했기에 저 지경이 되었을까' 하는 생각에 한심하다는 생각이 든다. 진정으로 인격적 대우를 받고 싶다면 '자기'라는 상품을 정성들여 다듬고 잘 가꾸어야 한다.

시장에서 좋은 상품으로 선택받기 위해, 즉 경쟁에서 이기려면 어떻게 해야 할까? 남보다 나은 무엇인가를 인정받을 수 있어야 한다. 그것도 다소 나은 정도가 아니라 눈에 띄게 나은 수준이어야 한다.

공직자에게 필요한 경쟁력

공직자가 업무를 수행하다 보면 다양한 지식과 경험은 물론이고 여러 형태의 업무기법이 요구되는 특별한 상황을 직면할 때가 적지 않다. 파워포인트 프레젠테이션 작성, 엑셀 작업, 워드프로세스와 같은 컴퓨터 능력, 영어 회화 및 문서 작성, 발표 능력, 협상과 설득의 기술, 기획 능력 등 헤아릴 수 없을 정도이다. 유능한 실무자라면 상사로부터 업무의 제목과 개략적인 지침 정도만 받으면 어떤 결과물이라도 요구하는 수준을 충족해 낼 수 있는 능력을 갖추어야 한다. 단순히 보고서 한 개가 아니라 '보고 패키지'를 만들 능력이 갖추어져야 한다.

예를 들어 상사로부터 국외도입사업의 ①협상전략기획을 수립해서, ②파워포인트 프레젠테이션을 이용하여, ③협상팀에 참여하는 자문단에 설명하는 업무를 부여받았다고 하자. 기획능력이 우수한 사람은 컴퓨터와 외국어능력이 다소 부족해도 ①의 업무는 많은 시간을 들이지 않고 어렵지 않게 마칠 수 있겠지만 ②, ③의 업무는 다른 사람의 힘을 빌리지 않을 수 없을 것이다.

능률(efficiency)이란 '시간(Time) + 산출(Output)', 즉 얼마나 짧은 시간에 필요한 수준의 결과물을 만들어내느냐의 문제라는 점에서 이런 사람은 그 부서에서 인정받거나 중요한 임무를 담당하기는 어려울 것이다.

만능(萬能)이 답인가

평범한 만능의 능력으로는 남을 앞서기 어렵다. 잘하는 것도 없고 못하는 것도 없는 그런 능력은 누구나 그럴 수 있는 평범한 것이어서 경쟁력이 없다. 경쟁력 있는 능력이란 적어도 남보다는 뚜

렷이 앞서는 수준이 되어야 한다는 의미이다. 그러기 위해서는 여러 가지 능력 가운데 '탁월하다고 평가 받는 정도의 특별한 능력' 한 가지쯤은 꼭 필요하다. 그 특정영역(능력)을 위해서 나는 영어와 타이핑을 택했다. 영어는 블루오션영역이라고 보았고 타이핑은 틈새영역이라고 생각했다.

영어를 택한 이유는, 1980년대 중반만 해도 내가 근무하던 국방부조달본부 외자국이 각종 무기를 외국에서 수입하는 일을 주업무로 함에도 제대로 영어를 구사하는 직원을 찾아보기 어려웠기 때문이다. 그 당시 '세계화(globalization)'라는 말이 기업과 학계를 중심으로 이곳저곳에서 등장하는 분위기를 보고 공직에도 머지않아 국제관계 업무능력이 중요한 평가 기준이 될 것으로 예측하고 투자할만한 가치가 충분하다고 판단했다.

1983년까지 낙방을 거듭하며 시간만 허비했던 고시 공부를 미련 없이 집어치우고 영어 하나에만 몰두하기로 목표를 바꾸었다. 당시에는 최고의 영어교육 커리큘럼을 자랑했던 5개월 과정의 육군행정학교 유학장교 영어과정이 있었다. 그러나 나의 보직이나 상황으로는 도저히 꿈도 꿀 수 없는 입장이었다.

내가 국방부 조달본부에서 처음에 한 일은 무기도입과는 전혀 상관없는 일이었다. 요즘에는 보고서나 브리핑 자료가 필요하면 컴퓨터 PT프로그램으로 쉽게 할 수 있지만, 당시에는 사람의 손으로 밤을 새워가며 일일이 써야 했기 때문에 대부분의 기관이나 조직에는 '필경사'라는 직책이 있었다. 요즘 말로 바꾸면 PT 전담직위다. 필체가 뛰어난 사람이 필요하다 보니 초임을 9급이 아니라 7급으로 임용할 정도로 꽤 괜찮은 대우를 해 주던 시대였다.

그러나 필경사라는 일은 내가 미리 염두에 두었던 일도 아니고, 내 인생목표와는 전혀 상관없는 분야였다. 그렇게라도 직업을 잡을 수밖에 없었던 것은 빨리 결혼해서 안정을 찾고 싶었고, 필경사 일이 업무부담도 크게 없기 때문이다. 내가 해 왔던 고시공부를 병행할 수 있을 것이라는 기대도 있었다. 그러나 예상했던 것과 달리 그 일은 너무 힘들고 공부는커녕 사무실에서 날밤을 새는 경우가 허다해서 하루라도 빨리 탈출의 기회를 엿보던 차였다.

제 5공화국 전두환정부가 들어선 1981년 3월부터 사정기관의 칼날이 국방조달분야에 뻗치면서 내가 근무하던 국방부조달본부 역시 조직축소와 감원의 대상이 되었다. 가장 먼저 군수조달업무와 직접 관련이 없는 직위와 인원이 1차 삭감대상이 되었는데 당연히 내 자리가 포함되었다.

귀인(貴人)을 만나다

　결혼한 지 얼마 지나지도 않았고 갓난아이까지 둔 상황에 서울 면목동에서 단칸 월셋방에 살고 있던 나로서는 매일 매일이 긴장과 고통의 나날이었다. 순진한 아내에게는 내가 처한 어려운 상황에 대해 말도 못 꺼내고 깊은 고민에 사로잡혀 있을 즈음 내 인생을 좌우한 '귀인'이 나타났다. 평소 묵묵히 성실하게 최선을 다해 온 나를 유심히 지켜봐 왔던 직속상관(기획실장)께서 어느 날 나를 부르셨다. 그분은 나의 표정에서 내가 무슨 고민으로 어떻게 고통을 겪고 있는지 다 읽고 계신 듯했다.

　"자네는 단순 행정업무만 하기에는 아깝다는 생각이 드네. 영어 공부를 집중적으로 해서 담당업무를 해외 조달 쪽으로 바꾸는 게 어떻겠는가?"

　얼마나 좋았는지 모른다. 그렇지 않아도 하는 일에 만족하지 못하던 차여서 더욱 그랬다. 그렇게 시작된 본격적인 영어 공부에 나는 서서히 미쳐가기 시작했다. 자연스럽게 내 주변은 온통 영어 책으로 쌓였고, 주머니마다 단어 메모장이 꽉 차 있었다. 거의 매일 영어에 관한 꿈을 꾸었고, 자다가도 벌떡 일어나 정신병자처럼 영어로 중얼대는 일이 반복되다 보니 아내가 나의 건강을 심히 걱정하는 정도가 되었다. 리시버를 늘 귀에 꽂고 있다 보니 한번 걸린 중이염은 회복될 날이 없었다.

당시 시중에서 구할 수 있는 영어교재라고는 회화 테이프 한 두 종류를 제외하고는 변변한 것이 없었다. 그러나 내가 입교한 육군 행정학교 유학장교 영어과정은 미국의 국방언어학교(DLI)[3]의 커리큘럼을 거의 그대로 옮겨왔기 때문에 교재는 물론, 강사진까지 국내 최고 수준의 대학·대학원 과정을 능가하는 수준이었다. 그런데 문제가 생겼다. 남 앞에 나서기를 아주 싫어했던 극히 내성적인 성격 때문에 전체 교육과정의 3분의 1이 지났는데도 입 한번 제대로 떼어보지 못한 정도였으니 말이다.

어느 날 가만히 생각해 보니 나 자신이 참으로 한심스럽다는 생각이 들었다. 어떻게 잡은 기회인데, 이렇게 지내다가는 정말 허송세월만 하겠다는 생각에 이르니 정신이 번쩍 들었다. 나는 용기를 내어 조그만 쪽지에 편지를 썼다. 나에게 특별히 관심을 보이고 친절히 가르쳐 주려고 애쓰셨던 Mrs. Thomas 선생님께 보내는 글이었다.

"선생님 제가 영어 공부를 하는 목표는 나중에 미국사람에게 한글을 가르치는 사람이 되고 싶어서입니다. 그러려면 영어를 무척 잘해야 하는데 저는 도무지 용기가 나지 않습니다. 도와주세요!"

---

3) Defense Language Institute

나의 편지를 본 선생님은 휴식 시간마다 커피 한잔을 뽑아 들고 복도로 나오면 나하고만 대화를 해주겠다고 약속해 주었다. 선생님의 남편은 당시 경기도 동두천 주둔 미 육군 제2사단의 부사단장이어서 가족의 관사가 내가 살던 후암동과 도보로 10분 정도의 가까운 용산 미군기지 안에 있었다. 매주 토요일에는 선생님 집에서 유치원 다니는 아이들하고 노는 것도 허락하셨다. 유난히 부끄럼을 많이 탔던 나는 큰 용기를 내서 아이들이 싫어하든 말든 주말만 되면 어김없이 선생님댁을 찾았다. 다섯 살, 세 살 난 아이들과 놀려니 내 자신이 참 딱하게 느껴지기도 하고 재미도 없어서 따분했지만 아이들의 쉬운 영어로 대화를 하니 실력향상에 그보다 더 좋은 방법은 없는 것 같았다.

나는 매주 토요일이면 아이들이 좋아하는 것 같지 않은 빵 봉투를 들고 Mrs. Thomas의 집을 찾았다. 그 덕분인지 몇 주 지나지 않아 나의 영어실력은 다른 동기생들이 놀랄 정도로 꽤나 향상된 걸 느꼈다. 영어학교를 무사히 수료하는 날, 그 선생님은 또 나를 불러 주셨다.

"영어는 쉬지 않고 계속 공부하는 것이 중요해요. 용산 미군기지 안에는 주한 미군과 종사자들을 위해 매릴랜드대 분교가 설치되어 있는데 내가 스폰서가 되어줄 테니 토플 점수만 받아 오세요.

야간대학이고 직장에서 걸어 다닐 수 있으니 괜찮을 것 같군요. 행운을 빕니다.”

　그날부터 또 다른 도전이 시작되었고, 그렇게 해서 매릴랜드대 분교에 입학했다. 대학과정의 공부는 미국 본교에서 사용하는 원서 그대로를 배웠으니 그 수준은 영어학교 때와는 비교할 수 없을 정도였다. 토론식 수업에 참여하고 시험을 보고 학점을 얻기 위해서는 내용을 이해하기보다 아예 통째로 외우는 방법밖에는 없었다. 문제는 적은 월급으로 고액의 수업료를 감당하기가 쉽지 않았다는 것이다. 학업성적은 아주 우수한 편이었으나 졸업에 필요한 점수에는 어림도 없는 과목을 이수한 채 중도에 포기할 수밖에 없었다. 다른 언어를 공부한다는 건 무슨 특별한 이론을 습득하는 것도 아니고 마냥 외워서 기억하는 것 외에는 별수 없다 보니 그때 집중적인 학습이 영어 실력향상에 크게 도움이 되었음은 물론이다.

굼벵이도 기는 재주가 있다

　누구나 한 가지 정도는 특별한 무언가를 가지고 있다는 말이다. 문제는 어떤 분야가 나에게 특별한 지를 사람들은 잘 찾지를 못한다는 것이다. 어떤 사람은 자신의 재주가 무엇인지에 관해 관심도 없다. 또 어떤 이는 자기의 소질과는 전혀 어울리지 않는 일에 몰두하기도 하는가 하면 자기의 능력(capacity)을 지나치게 과신해서 행동하기도 한다. 모두 잘못된 일이다. 상사는 부하직원의 능력을 제대로 이해하고 있어야 하며, 어떤 소질과 재주를 갖고 있는지에 관해 잘 파악하고 있어야 한다. 이에 관하여 중요한 경험이 한 가지 있다. 이 일은 내가 공직생활을 하는 내내 부하를 대하는데 소중한 귀감이 되었다.

내가 과장으로 처음 보직 받았을 때의 일이다. 나는 과원들의 면면을 모두 살피고는 전 직원을 모아 놓고 나의 복무관리방침에 관해 엄중하게 일러 주었다. 그 와중에 정말 골치 아픈 직원을 만났다. 부임 전에 익히 들어 대충 짐작은 하고 있었지만 생각했던 것보다 심각했다. 지각, 결근을 밥 먹듯이 하는 것은 물론 술이 덜 깬 상태로 출근하는 날이 잦았고, 업무에는 도무지 관심이 없는 듯이 보이는 사람이었다. 참다못해 어떻게 하든 하루라도 빨리 담판을 지어야겠다는 생각으로 어느 날 퇴근 무렵 내 방으로 불러들였다.

"오늘 담판을 지을 것이 있습니다! 일을 하도록 요구하는 과장이 싫으면 나를 몰아내던가 아니면 일을 해야 합니다. 지금 내 앞에서 약속해 주지 않으면 나 자신이 내일 당장 보직을 옮기도록 하겠습니다."

더 이상 일을 맡을 수 없다고 버티던 직원은 나의 완고한 요구에 굴복하여 담당업무를 바꾸어 주기만 하면 열심히 해 보겠다고 약속을 했다. 나는 우선 그가 가지고 있는 잠재능력이 무엇인가를 발견하기 위해 희망 업무에 대해 상담하기로 했다. 그의 현재와 과거 동료 직원들로부터 그의 장단점에 관한 평가도 들어 보는 와중에 그 직원의 자리를 스쳐 지나가다 우연히 책상 속을 들여다볼 기회가 있었다. 그런데 우락부락한 외모와는 달리 너무도 여성스럽게 깔끔히 정리된 상태를 보고는 놀라지 않을 수 없었다. '그렇다! 저 직원에게 행정총괄 및 대외협조업무를 시키면 잘 하겠구나!' 싶었다.

　즉시 보직을 바꾸어 주고 며칠 지켜보니 신이 나서 열심히 일하는 모습이 보였다. 상상도 하지 못한 꿈같은 변화였다. 그것도 모르고 전혀 수준에 맞지 않는 전산프로그램 개발업무를 맡겨 놓았으니 업무에 대한 흥미를 잃었던 게다. 그렇다고 자기보다 어린 과장에게 하소연을 하자니 자존심도 상하고…제대로 된 공직관은커녕 직장에 대한 애착심이나 소속감 따위는 아예 관심도 없는 듯 행동했던 사람이 변한 것이다. 나는 지금도 그 직원을 생각하면 조직에서 상하관계의 갈등이 대부분 관리자 탓인 줄 모르고 부하직원의 업무자세나 능력을 나무라는 상관은 바르게 보지 않는다. 이 경험은 어느 조직이든 문제의 발원은 대체로 관리자로부터 나온다고 확신하는 계기가 되었고, 그런 생각은 이후 내가 더 높이 올라갔을 때도 조직관리에 큰 도움이 되었다. 누구든지 한 가지 이상의 남다른 무엇인가는 다 가지고 있다고 나는 믿는다. 다만 그것이 보이지 않는 사람은 그 자체가 없는 것이 아니라 아직 개발되지 않았을 뿐이다. 내 경험으로 보면 이러한 특별한 능력은 자신의 노력과 열정으로 개발되지만 그 모멘텀은 다른 사람이 찾아 주는 기회가 큰 역할을 한다. 이때 관리자의 역할이 중요하게 작용한다. 그때 계간으로 발간되던 한 수필집에 관리자로서의 나를 반성하는 글을 기고하여 우수작으로 선정되었는데, 짧지만 이후 내 삶과 조직생활에 큰 방향타가 되어 준 글을 여기에 소개한다.

"나는 '반쪽의 뇌(腦)'를 가진 관리자였다"

- 외자 1과장 송 학 -

2002년 1월 2일 오전, 나는 지금 이 자리에 보임되자마자 전 직원을 한 자리에 모아 놓고 이렇게 신년의 서막을 올렸다.

"오늘 이후 외부에서 업체를 개인적으로 만나는 자는 부정한 사람으로 간주하겠다.", "공직자는 어떤 일이 있어도 자기 개인적인 일로 인해 공무수행에 영향을 받아서는 안된다.", "공무원이 최후를 근무지에서 마칠 수 있다면 영광으로 생각해야 한다. 따라서 걸을 수 있는 한 정시에 출근해야 하며, 죽어도 사무실에서 죽어야 한다.", "머리 나쁜 사람은 용서해도 게으른 사람은 용서하지 못한 다."….

마치 온 나라 일을 나 혼자 짊어지고 갈 것처럼 듣기만 해도 섬뜩한 이런 말들을 나는 거침없이 쏟아 냈었다. 그때의 나는 진지한 정도가 아니라 사뭇 결연하기까지 했다. 그로부터 우리 과 직원들은 내가 짜 놓은 틀에 따라 숨 막히는 나날을 보내야 했고, 난데없는 젊은 과장의 패기(?)에 마치 가위눌린 사람들 같았을 것이다.

내가 그렇게도 의기양양할 수 있었던 것은 내 주변 거의 모든 사람들로부터 받아 온 '최고'라는 평가에 늘 고무되어 온 탓에, 정직하고 성실하게만 한다면 우리 직원들도 내가 무슨 일을 어떻게 하든 존경하고 따라 줄 것이라고 믿었기 때문이었다. 다른 임용동기들 보다 앞질러 승진을 거듭한데다 현역 군인들의 몫이었던 외자구매부서에서는 일반직 신분으로 최초의 구매과장이 된 터라 어떻게 해서든지, 누구의 희생을 감수해서라도 주어진 임무를 남달리 성공적으로 수행해야 한다는 절박한 목표가 있었기 때문이기도 했다.

그날 이후, 나름대로 열심히 움직인다고는 하지만 별반 성과가 나타나지 않는 직원들의 모습은 점심 휴식시간이라도 쪼개어 자기계발 노력은 없이 졸고 앉아 있는 무기력조차 이해하지 못했던 나를 더욱 화나게 만들었다. 컴퓨터도 잘 다루지 못하고 외국어 능력도 제대로 갖추지 못했으면서 노력은 하지 않고 경험만을 앞세워 외자조달 전문가라고 자처하는 직원들에게는 서슴없이 조소와 힐난을 보내기도 했다. 늦어도 6월 말까지는 주어진 사업의 집행을 완료하라고 엄명을 내렸지만, 연말이 가까워 오는데 아직도 계약서 초안을 붙들고 씨름하고 있는 구매관들은 감히 무능력자로 몰아치면서 지난날 나의 경험, 공직자로서의 정신과 생활철학을 마치 바이블처럼 모두의 귀감으로 삼기를 강요(?)하고 있었다.

이것이 지난 해 이맘때쯤의 내 모습이었다. 이제 나는 내가 왜 '반쪽뿐인 뇌(腦)의 소유자'였는지, 그 후 나머지 반쪽은 어떻게 되었는지에 관해 말하고자 한다. '성공하는 사람들의 일곱 가지 습관'으로 잘 알려진 스티븐 코비(Stephen R. Covey)는 '원칙중심의 리더십(Principle-centered Leadership)'이라는 저서에서 바람직한 관리자와 리더십의 방향에 대해, '왼쪽 뇌로 관리하고 오른쪽 뇌로 지도하라(manage from the Left, lead from the Right)'라는 명언을 남겼다. 인간의 뇌에 관한 연구를 살펴보면, 훌륭한 관리자와 빈약한 지도자가 되는 이유가 밝혀진다. 뇌는 기본적으로 왼쪽 반구와 오른쪽 반구의 두 부분으로 나뉘어져 있는데, 양쪽 모두 논리적이고 창의적인 과정에 활용되기는 하지만, 왼쪽은 논리적으로 작용하는데 반해, 오른쪽은 보다 정서적으로 작용한다는 것이다. 따라서 코비의 지적은 '논리적인 면과 정서적인 면'이 균형을 이루지 않고는 조직에서 결코 유능한 리더가 될 수 없음을 나타내는 것으로 생각된다. 그렇다면 나의 뇌는 어떨까? 단언컨대 왼쪽은 그런대로 괜찮은지 몰라도 오른쪽만큼은 엉망이었던 것이 틀림없다.

어찌된 영문인지 나의 넘쳐나는 의욕과 기대와 달리 업무성과는 오히려 전보다 더 못하게 나타났다. 8월이 다 지나도록 한 건의 계약도 집행하지 못한 것은 물론, 나의 관리방식에 대한 직원들의 저항과 불만이 감지되기 시작했다. 평소 나를 존경한다고 입버릇처럼 얘기했고 무슨 요구든 순종해 왔던 직원들조차 내가 요구하는 업무를 공공연히 기피하는 사례가 생기는가 하면, 다른 부서로 전출을 희망하기도 했다. 신설부서라서 다소 어려움이 있다는 점을 감안해도 11월 말이 다 되도록 목표에 훨씬 미치지 못하는 집행실적은 내게 엄청난 실망을 안겨 주었다. 많은 조달불가 품목과 소요군의 차가운 불만을 뒤로 한 채 2002년 기나 긴 암묵의 터널을 지나 2003년 새해를 맞이한 나는 새로운 각오를 다지지 않으면 안 되었다. '나' 중심의 이기적이고 오만한 사고에서 벗어나 다른 사람의 편에 서서 남을 존중하려는 마음을 가지려고 노력했다.

주변에 존재하는 모든 개성을 존중하고 그들이 기계적으로 다루어져야 할 존재가 아니라 정서적인 존재임을 먼저 인정하는데 주력했다. 직원 각자에게 존재하는 독특한 개성을 이해하고 잘 조화시키려고 노력했으며, 그들 각자가 창의적인 사고를 갖도록 폭넓은 자기 정화와 단련의 기회를 부여하기로 했다. 잘못을 질책하기 보다는 조용한 설득을 통해서 나를 이해시키려고 애썼다.

유대인이면서 유명한 외교가인 미국의 헨리 키신저(Henry Kissinger) 전 국무장관은 부하들이 가져오는 보고서를 절대 바로 읽고 평가하지 않는다고 한다. 적어도 48시간 동안 보관하고 있다가 다시 해당 직원에게 되돌려 주면서, "이것이 당신이 할 수 있는 최선이오?"라고 물으면 필경 머리를 긁적이면서 "글쎄요, 그렇지는 않은 것 같습니다. 기안도 뭔가 부족하고 대안 제시나 결과에 대한 예측이 정밀하지 못한 것 같습니다."라고 하는데 그때 키신저는 "다시 해 보시오"라고 하면서 보고서를 되돌려 주었다고 한다. 이런 과정을 두세 번 반복하면 부하직원은 보고서의 결점을 스스로 찾아내서 결국은 "이것이 우리가 할 수 있는 최선의 대안임을 확신합니다."라고 자신 있게 보고하게 되며 그때서야 키신저는 부하의 보고서를 꼼꼼히 읽고 평가했다고 한다. '기일에 쫓기고 바쁜데 언제…'라며 흘려버릴 수 있고 굉장히 한가한 소리로도 들릴 수도 있지만, 부하에게 자신의 결점을 스스로 발견해 고칠 수 있는 기회를 주고 또 그 기회를 존중한다는 의미에서 키신저 이야기는 관리자들뿐만 아니라 인내를 필요로 하는 직원들에게도 적지 않은 교훈이 되는 것은 틀림없다.

올해 들어서는 내가 부여한 업무요구에 대해 저항하거나 자기가 수행하고 있는 업무에 대해 불만을 제기하는 직원을 만나지 못했다. 직원사이에도 따뜻한 협조관계가 감지된다. 모두들 힘들지만 긍정적인 자세로 임한 결과는 업무성과에서도 잘 나타났다. 작년 이맘때는 부끄럽게도 단 한건의 계약체결이 없었지만, 올해는 8월말 현재 계약체결 300여 건, 집행실적 76.6%의 성과를 거두고 있다.

9월 말이면 정상조달요구분에 대해서는 100% 집행 완료사실을 보고할 수 있을 것 같다. 실로 엄청난 변화가 아닐 수 없다. 남을 돕기 위한 일에도 직원 모두가 나서고 있다. 굶주린 아프가니스탄 어린이들에게 성금으로 보내기 위해 회식비를 아껴 모아 두었고, 사무실 한 모퉁이에는 아주 든든한 돼지 한 마리가 자리하고서는 매일 매일 출퇴근길에 생기는 작은 동전들과 매일의 과오를 반성하는 사람의 자발적 벌금(?)을 받아먹고 있다.

나는 요즘 술도 마시고 가끔 담배를 피우기도 한다. 직원들과 노래방 가기를 즐기며 함께 땀 흘려 운동하면서 오른쪽 절반의 뇌가 서서히 채워져 가는 기쁨에 젖어 있다. 스티븐 코비가 지적한 '조직의 만성적 문제 일곱 가지' 가운데 제일 먼저 등장하는 '공유된 비전과 가치가 없다'는 것은 적어도 우리 부서에서는 통하지 않는다고 감히 주장하고 싶다. 이 글을 마감하면서 '반쪽짜리 뇌(腦)'를 가진 과장의 엽기적(?) 행태를 묵묵히 감내해 준 외자 1과 직원 모두에게 감사의 말을 전하며, 오만과 아집으로 가득했던 나의 과거를 깊이 반성하면서 그로 인해 마음의 상처를 받았을 직원들에게는 넓은 이해와 용서를 구하고자 한다.

특별한 재능 찾기

남보다 한발 앞선 재능이나 기술이라는 것은 굳이 과학, 체육, 예술 등 특별한 분야에만 존재하는 것이 아니다. 특별함이란 주변에 널려 있는 사소해 보이는 것이지만 내게는 끌리는 무언가가 있는 것이면 족하다. 다양한 분야에서 최고 수준급이 될 수만 있다면 그보다 더 좋을 것이 없겠지만, 인간의 능력에는 늘 한계가 있는 것이어서 그 한계를 극복하고 목표한 바를 얻어 낸다고 해도 엄청난 에너지 소비와 스트레스로 인해 건강을 크게 해치는 문제가 생기기도 한다. 건강을 잃고 나서 아무리 좋은 것을 얻는다고 해도 무슨 가치가 있으랴! 조급히 서두르지 말고 자기의 적성에 가장 잘 맞는 일을 찾아서 집중하는 것이 중요하다. 하고 싶고 잘 하는 일을 과하게 해서 얻는 피로도와 그 반대의 경우는 무척 차이가 크다. 그럼에도 어떤 것이 자기의 적성에 맞는지를 잘 알지 못하거나 잘못 알고 있는 경우가 허다하다.

무엇이 적성에 맞는지를 아는 기준은 간단하다. 나의 경험에 비추어 보면 '할수록 재미있는 일, 아무리 해도 힘들다고 느껴지지 않는 일'이면 적성에 맞는 것이라고 보아도 좋다. 당연한 얘기임에도 많은 사람들은 그냥 주어진 일이니 할뿐 적성에 관해 진지하게 고민하지 않는다. 공직에서의 업무라는 것이 기본적으로는 주어진 일이지 뜻대로 찾아지는 일이 아니기 때문이다. 그렇다면 나의 적성에 맞는 일이 나에게 주어지도록 조건을 갖추어 놓으면 된다. 재능이란 이름의 '특별한 한 가지'를 찾아서 객관적으로 인정받을만한 수준의 차별적 능력을 갖추라는 말이다.

　남들은 내가 가지고 있는 재능에 관해 오직 외국어 능력만을 얘기한다. 그런데 내가 자랑하고 싶은 것은 사실 영어가 아니라 내겐 그보다 더 특별한 타이핑 실력이 있었다. 나는 아직 내 나이 또래에 나보다 타이핑을 더 빨리, 정확하게 잘하는 사람을 보지 못했다. 공직사회에는 거의 1990년대 말까지 모든 사무실에 타이핑만 전담해서 지원하는 여자 직원이 따로 있었다. 남자 직원들은 대부분 타이핑을 할 줄 몰라서 연필로 기안문 초벌을 작성하고 다시 정서해서 타이핑 직원에게 맡기는 식으로 업무를 수행했다. 타이핑 직원이 바쁠 때면 그 결과가 나올 때까지 하염없이 기다리는 일도 빈번했다. 어떤 사람들은 타이핑 직원에게 잘 보이려고 식사 대접은 물론 때마다 꼬박꼬박 선물까지 챙기기도 했다. 나는 그럴 필요가 없었다. 내가 직접 모든 것을 처리할 수 있었기 때문에 자신감으로 업무를 수행할 수 있었을 뿐더러 능률은 남들보다 두 배 이상 앞설 수 있었다. 시간을 다투는 업무라도 생기면 업무효율이 높은 직원은 당연히 주가가 급등하게 된다. 내가 수행한 업무는 대부분 국제계약분야였던 만큼 한글과 영문 동시 타이핑 능력은 내게 꽤나 도움이 된 큰 자산이 되었다. 당시는 국방부조달본부 영내에 방산물자 전시관이 설치돼 있었는데, 거의 모든 외국방문객의 필수 코스였다. 예고도 없이 급작스럽게 방문 일정이 잡힌 경우에는 필요한 브리핑 자료를 하루 만에 준비해야 할 때도 있었다. 이때 나의 능력은 그대로 발휘되었다. 군사영어와 국방무기체계획득에 관한 영어는 나름 불편함이 없는 수준이어서 다른 사람들의 도움을 받지 않고도 혼자의 힘만으로 어떤 통·번역 일이든 다 해낼 수 있었다. 아무리 급히 요구되는 자료라도 밤을 새워 직접 만들어서 아침에 상관이 출근하자마자 책상 위에 올려놓으면 "어떻게 이렇게 빨리 만들었냐"라며 칭찬받는 일이 점점 많아졌다. 당연히 고과 평정에서 늘 높은 점수를 받을 수 있었고, 인사 시즌만 되면 여기저기서 오라고 손짓하는 곳이 한두 군데가 아닐 만큼 업무적으로는 꽤나 인기 있는 상품(?)이 되어 있었다.

타이핑을 전문으로 배우기 시작한 계기도 특별했다. 초임 공무원 시절 하루는 무척 급한 일이 있었다. 사무실 타이피스트가 내가 평소 눈에 좀 거슬렸는지, 아니면 그날 컨디션이 좀 안 좋았는지 일을 부탁한지 몇 시간이 지나도 소식이 없었다. 힐끗 쳐다보니 그렇게 바빠 보이지도 않았다. 나는 가까이 다가가 눈치를 보다 슬쩍 독촉하는 말을 던졌다. "미스 김, 이거 좀 바쁜 일인데… 좀….." 그러자 아주 기분 나쁜듯한 얼굴로 "언제 될지 모르니 좀 기다리세요!"라는 퉁명스런 답이 돌아왔다. 자리에 돌아온 나는 기분도 상하고 앞으로 계속 이런 일을 당해야할 생각을 하니 한심한 생각이 들면서 뭔가 대책을 강구해야겠다는 생각이 들었다.

  나는 어려서부터 그림, 서예, 만들기, 설계도 그리기 등 손으로 하는 일이라면 남보다 빨리 잘한다는 말을 많이 들었었다. 타이핑도 손으로 하는 것이니 못할 것이 뭐냐 싶어서 '맨날 아쉬운 소리 하느니 차라리 내가 배우자'라는 생각으로 가까운 타이핑 학원에 바로 등록했다. 한 달 정도 배우고 나니 기안문 타이핑 정도는 전혀 문제없는 수준이 됐고, 실력은 나날이 발전해 3개월쯤 후에는 전문 타이피스트 못지않은 실력을 갖춰 남자 동료들의 부러움을 사는 정도가 됐다. 나의 타이핑 실력은 정부기관에도 컴퓨터가 본격적으로 도입되고 업무시스템이 전산화되면서 더욱 빛을 발하기 시작했다. 마치 시대가 나에게 맞추어지는 것처럼 업무시스템이 바뀌다 보니 내가 하는 모든 업무에서 타이핑 능력은 생각 이상으로 큰 역할을 차지하게 된 것이다.

'특별한 한 가지'가 반드시 특별할 필요는 없다

내가 공직생활 중 나름 성공하는데 영어 능력이 큰 도움이 된 것은 부정할 수 없지만, 그 못지않게 적지 않은 역할을 한 것은 다름이 아니라 상대적으로 월등했던 타이핑 실력이 기초가 되었음은 앞에서 얘기한 바와 같다. 내가 아무리 진지하게 말해도 대부분 농담으로 받아들이는 것은 타이핑이라는 것을 아주 사소한 일로 생각하기 때문이리라. 그러나 그렇지 않다. 지금 시대에는 누구나 잘하는 아주 평범하고 사소한 것이 돼 버렸지만 남자 직원이 여자보다 월등히 많았던 당시만 해도 아주 희소성이 큰 업무스킬의 하나였다. '특별한 한 가지'를 찾아서 자기 것으로 만들 대상을 너무 크게 찾지 말고 사소한 것에서부터 출발하도록 권하는 관점이 여기에 있다.

그렇다면 어떤 '특별한 한 가지'를 갖추는 것이 좋을까? 좁은 시각에서 찾으려 할 게 아니라 글로벌 관점으로 살펴야 한다. 공직 사회에 이미 널리 존재하는 것은 특별한 것이 되기 어렵기 때문이다. 아직도 외국어공부에만 몰두하고 많은 시간을 할애하는 사람들이 적지 않다. 현명한 생각이 아니라고 본다. 세상은 AI시대에 접어들었다. 내가 영어 공부를 본격적으로 시작한 1980년대 중반에 비해 지금 영어 실력의 효용도는 무척 낮아졌다. 다시 말하면,

영어 잘하는 사람과 못하는 사람의 차이가 상당히 좁혀졌다는 얘기다. 마치 컴퓨터가 사무실에서 필수 도구가 되기 이전에는 글씨 잘 쓰는 사람이 어느 조직에서든 환영받았고 좋은 보직을 받는데 유리하게 작용했지만, 지금은 명필과 졸필의 차이가 아무 의미 없는 시대가 되었듯이 말이다.

몇 년 전 이탈리아 트레킹 여행 중 통·번역 애플리케이션(앱)을 사용해 봤는데 간단한 의사소통에 큰 부담이 없을 정도로 발전된 모습을 경험하고 깜짝 놀랐다. 이제 머지않아 앱을 통해 감정의 전달까지 가능한 시기가 도래할 것이라는데 의심의 여지가 없다. AI 로봇이 건설현장에서 무거운 짐을 들고 사람보다 더 자유자재로 움직이는 영상, 무인화 시대에 전쟁을 주도할 전투 로봇의 활약상, AI를 상대로 한 민사소송 등 해마다 그 양상이 다양해지고 눈부시게 발전하는 모습을 접하면서 미래에 대한 기대와 함께 깊은 두려움이 밀려오기도 한다.

요즘 들어 특별히 후회되는 것이 있다. 오늘의 내가 있도록 만들어준 그 '영어'에 너무 많은 시간을 소비했다는 후회다. 이유는 기억력의 한계 때문이다. 얼마나 많은 시간, 노력, 돈과 정열을 다 바쳤는데 50대 중반쯤부터 머릿속에서 서서히 그토록 절실하게 쌓아 두었던 영어 단어가 슬슬 빠져나가기 시작하더니, 70대에 접어든 요즘에는 봇물 터지듯 사라지는 소리가 들릴 정도다. 하루하루가 다르다. 이럴 수가 있을까? 억울한 생각이 들고 나이 들어간다는 걸 남보다 더 빨리 느끼게 된다.

1994년에 심각한 교통사고를 겪은 적이 있다. 음주운전자가 좌회전을 하는 나의 옆구리를 달려오는 속도로 그대로 충돌한 큰 사고였는데, 대파된 차에서 겨우 빠져나와서 제일 먼저 나도 모르게 더듬어 체크한 부위가 '혀'였다. 그다음은 머리! 그때 생각했다. 영어 공부에 인생을 걸 것은 진짜 아니로구나! 아무리 많은 지식을 쌓았다고 해도 한순간에 날아갈 수 있으니 말이다. 특별한 한 가지를 영어 하나에서만 찾는 시대는 서서히 저물고 있다고 본다. 빠른 속도로 발전하고 있는 AI 기술이 그 자리를 대신하기 때문이다. 이제 머지않아 AI가 범용화 되면 많은 현존 직업들이 사라지고 새로운 직업군이 나타나게 될 것이다. 세계경제포럼(WEF)이 발표한 '직업의 미래'[4] 보고서에 따르면 2022년까지 약 7500만여 개의 일자리가 사라지고, 2025년에는 기계(AI)가 전체 업무의 52%를 대체할 것이라고 한다. 공직이든, 기업이든, 개인사업체 등 어느 곳이든 일하는 방법 역시 엄청난 변화가 불가피하다.

어떤 '특별한 한 가지'를 준비해야 할까? 문득 생각나는 것이 있다. 요즘 공직사회에서 하루에도 수차례 접할 수 있는 흔한 일로

---

4) World Economic Forum; 「The Future of Jobs」

써 언론이나 대중 앞에 나와 업무를 설명하는 '브리핑(briefing)' 능력이다. 무엇보다도 커뮤니케이션의 중요성이 강조되는 시대이다 보니 어느 조직이든 대변인의 역할이 중요하고, 장·차관, 고위공무원, 팀·과장급의 브리핑 능력이 부서의 성과를 결정하는데 직접적인 영향을 미치기도 한다. 브리핑 잘못했다고 잘리는 사람이 생기는가 하면, 반대로 승진가도를 달리는 경우도 있다. 그런데 유심히 살피면 정말 브리핑을 특출하게 잘 한다고 평가할만한 사람은 그리 많지 않다. 건방진 생각일지도 모르나 여태껏 감탄할만한 고위직은 손가락으로 꼽을 정도인 것 같다. 대부분은 너무 긴장해서 덜덜 떨기도 하고, 창백한 얼굴이 되어 보는 사람을 불편하게 하는가 하면, 질문에 대한 답변은 두서가 없기 일쑤다. 이런 분야에서 상대적 차별성을 나타내는 것은 그리 어렵지 않다.

공직자의 능력은 머리로 짜는 기획력, 문서로 나타내는 표현력, 보고와 설명을 통한 설득력으로 구성된다. 이 세 가지 중 한 가지라도 부족하면 공직자로서 널리 인정받는 성공은 특별한 기회가 아니라면 어렵다고 봐야 한다. 기획력과 표현력은 오랜 기간의 학습과 훈련이 필요한 것이지만 설득력은 단기간의 집중적인 노력과 연습으로 가능하다. 그런 점에서 '특별한 한 가지'를 브리핑 능력으로 생각해 보기를 권한다. 뛰어난 업무 능력에 탁월한 브리핑 실력은 환상의 콤비가 아닐 수 없다. 거기에 성실하고 진실한 이미지를 구비하고 있다면 금상첨화다. 어떤 직원은 좋은 아이디어로 보고 문서를 작성해 와서는 자신감이라고는 찾아볼 수 없이 두서없는 얘기만 횡설수설하다 만다. 자신이 한 일에 대해 자신감이라고는 전혀 없이 제대로 된 설명조차 못하니 설득이라는 것은 애초 기대할 수 없다. 반대로 어떤 직원은 그다지 좋은 내용은 아니지만 모든 내용이 자신감과 열의로 꽉 차 있다. 자신의 아이디어가 갖는 의미를 충분히 전달하면서 그것이 채택돼야 할 이유를 아주 논리적으로 설명하고 보고 받는 사람을 설득한다. 문제는 신뢰다. 상관은 늘 누구와 무엇을 더 믿고 선택할 것인가를 고민한다. 좋은 아이디어 보다는 좋은 결과에 대한 믿음이 더 선택받을 확률이 높다는 것이다.

브리핑 능력을 갖추는 것은 조금만 관심을 가지고 준비한다면 그리 어렵지 않다. 첫째는 자신의 업무에 매우 전문적이고 깊이 있는 지식을 갖추어야 한다. 누가 물어도 즉답이 가능한 수준이 되지 않고는 대중을 상대로 효과적인 브리핑을 할 수 없다. 둘째는, 성실하고 진솔한 이미지를 가꾸어야 한다. 늘 거울을 가까이 하면서 자신의 얼굴과 다양한 표정을 체크하라. 성실하고 정직한 마음가짐, 차분한 말투와 목소리, 단정한 외모로 자연스럽게 친근한 이미지가 다듬어져야 한다. 셋째는, 브리핑의 대상이 되는 사람들에게 위축되지 말아야 한다. 당연히 겸손한 자세로 임해야 하

지만 마음속으로는 아주 건방진 생각을 가져도 좋다. 나는 브리핑
에 앞서 늘 마음속으로 이렇게 중얼거린다.

"여기 나보다 더 많이 아는 사람 누가 있어!
여러분들이 직위는 나보다 높을지 몰라도
오늘 내가 설명할 업무에 관한 한 나를 앞 설 수 없어!
무슨 질문이든지 해 보려면 얼마든지 해 보시오!"

다음에 눈 크게 뜨고 심호흡 한번 하고 나면 신기하게도 두려움
이나 걱정이 사라진다. 자신감이 솟아오름을 느낀다. 물론 충분한
지식과 경험이 학습되어야 하며, 자신감이 과도하여 불필요한 행
태로 나타나지 않도록 강한 심리적 통제력이 선행되어야 한다. 이
런 마음가짐과 숙련 방법으로 몇 달만 노력해 보면 곧 뛰어난 브
리퍼가 된 자신을 발견할 수 있을 것이다.

성공의 비결은 어떤 직업에 있든 간에

그 분야에서 제1인자가 되려고 하는데 있다.

성공하는 공직자에게 필요한

'특별한 한 가지'가 반드시 특별할 필요는 없다.

누구도 감히 범할 수 없는 수준의 높은 것이 아니라

평범하더라도 남들에게는 없거나 부족한 것,

남들보다 내가 더 잘할 수 있는 것이면 족하다.

5.
미래를 예측하고
대비하라.

- 순간에 지나가는 기회를 잡는 길이다 -

Dream passion   미래를 준비하라는 것, 그걸 누가 몰라서 안하느냐고 할 것이다. 내가 말하는 미래에 대한 준비는 눈앞의 일을 도모하는데 몰두하지 말고 늘 앞날을 내다보는 긴 안목을 습관화하라는 것이다. 나는 미래학자들의 이야기라 하면 놓치지 않고 아주 관심 있게 듣고 읽는다. 나의 장래를 생각해 보고 구체적으로 설계하는데 필요한 미래 감각을 갖추는데 이보다 더 좋은 조언자가 없기 때문이다. 미래학자들이 즐겨 쓰는 명언 가운데 이런 말이 있다.

"The faster we go, the farther away we need to go."

직역하면 '우리가 빨리 가면 갈수록 가야 할 곳은 더 멀어 진다'

라는 뜻이지만 실제로는 '빨리 갈수록 더 멀리 내다보라'는 의미가 된다. 즉 과학기술의 발전 속도가 빨라지는 만큼 더욱 더 미래 지향적인 생각과 준비가 필요하다는 것이다.

미래 예측

'미래학의 대부'로 불리는 제임스 데이터(James Dator) 미국 하와이대 교수는 농경시대에 수백 년 걸리던 과학기술 변화가 2000년에는 1년 만에 바뀌고, 2025년에는 2~3일 만에 바뀐다고 주장한다. 사회의 거대한 변화는 과학기술의 발전 때문에 생기며 이 변화의 '쓰나미에 올라타기(surfing the tsunamis)' 위해서는 반드시 미래학을 공부해야 한다고 역설한다.

유명한 미래학자이자 공학박사이면서 베네수엘라의 석유장관을 지낸 호세 코르데이로(Jose Cordeiro)교수는 '트랜스 휴먼(trans-human)'이라는 용어를 처음 사용한 사람이다. 그는 앞으로 50년 이내에 '신인류의 시대'가 도래할 것이라고 예고했다. 신인류의 시대란 기계와 생물학적인 인간의 신체가 결합하여 또 다른 형태의 인간이 출현한다는 것이다. 더 이상 인간의 진화가 다윈의 자연선택(natural selection)에 의하여 이루어지지 않고 인간 자신이 선택해서 진화하는 인위적인 진화(artificial evolution)가 이루어진다는 것이다. 그것도 우리의 자녀 세대인 앞으로 50년 이내에 말이다. 소름끼칠 정도의 변화가 서서히, 아니 매우 급속하게 다가오고 있음에도 불구하고 생각은 현재의 시간에 붙박이로 꽂혀 있다면 발전을 기대하기 어렵다. 성공하기 위해서는 항상 미래를 생각하면서 나에게 다가올 기회에 미리미리 대비하지 않으면 안 된다.

내게 찾아온 기회

기회는 누구에게나 찾아온다. 기회는 아주 멀리서부터 매우 서서히 내게로 다가오는 것이다. 그러나 일단 내 시야로 들어오는가 싶으면 그 속도는 빛의 빠르기로 급변한다. 이때 손을 충분히 벌려서 미리 준비하지 않으면 절대 잡을 수 없게 된다. 내게 다른 사람보다 조금 나은 면이 있다면 그런대로 괜찮은 '선견지명'이 있었던 것 같다. 나는 앞으로 세상이 어떻게 변할 것이며, 그것을 위해 나는 무엇을 할 것인지에 관하여 끊임없이 생각하고 준비해 왔다. 운 좋게도 나의 예측은 대부분이 그대로 들어맞았다. 그 가운데 세 가지 정도는 오늘의 나를 만드는데 큰 역할을 했다.

앞에서도 잠깐 언급했지만, 내가 실무자였던 1980년대 초반에 머지않아 정부부문에도 세계화의 물결이 밀물처럼 다가올 것을 예감했다. 그렇게 되면 외국어를 유창하게 할 수 있다는 것이 커다란 무기가 될것으로 생각하고 그때까지 몰두했던 고시공부를 그만두고 영어 공부에만 집중하기 시작했다. 늦은 나이에 시작한 외국어 공부였지만 하루도 게을리하지 않고 열심히 최선을 다한 덕분에 다양한 기회를 잡을 수 있었다. 영어를 통해서 나를 모르는 많은 사람들에게 나의 존재를 알리는 효과도 거둘 수 있었다.

두 번째로는, 1991년에 미국 주재근무를 시작할 때 그곳의 각급 정부기관과 선진국 대사관의 전자조달시스템을 보고, 컴퓨터를 누가 빨리, 잘 숙달하느냐가 전문가로 인정받을 수 있는 바로미터가 될 것이라 직감했다. 주미 호주대사관을 방문했을 때 그들이 아주 유용하게 활용하고 있는 전자입찰시스템은 놀라움 그 자체였다. 우리는 사무실마다 겨우 컴퓨터 한 두 대가 전부인데, 10명 정도의 직원이 모두 각자의 컴퓨터에서 미국 전역에 퍼져 있는 업체들을 대상으로 전자입찰을 하고 있었다. 우리 같으면 몇 달이 걸릴 일을 단 몇 시간만에 끝내는 것이었다.

사무실로 돌아온 나는 한켠 구석에서 홀대받고 있던 286컴퓨터의 먼지를 털어내고 자비로 프린터를 한 대 구입해서 사무실내에서는 처음으로 모든 업무를 컴퓨터로 처리하기 시작했다. 그 후 꾸준히 숙달한 결과 고위공직자 중에는 상대적으로 컴퓨터를 잘 다룰 줄 아는 사람으로 꼽혀서 어디서든 경쟁력을 인정받을 수 있었다. 이러한 능력은 공직을 떠나서 사회조직에 입문하고 내 비즈니스를 운영하는 현재까지도 큰 자산이 되고 있다.

전자입찰시스템에 관한 에피소드가 있다. 미국에서 귀국한 후에 호주대사관에서 경험한 전자입찰시스템의 도입을 주장하고 당시 조달본부 내에 상주하고 있는 개발업체의 도움을 받아서 시스템 구조설계부터 사업예산, 추진일정 등을 정리해서 상부에 보고했다. 그런데 문제가 생겼다. 1994년 당시만 해도 정부기관에서 전자입찰이라는 것은 법규정은 물론, 어떠한 인프라도 갖추어져 있지 않은 상태여서 이 시스템과 업무에 대해서는 전산실 직원들조차 제대로 이해하지 못한 정도였다. 여기저기 설명하고 설득하며 다니던 어느 주말 휴일에 감사실에서 잠시 출근하라는 연락이 왔다. 감사실에서 찾는다면 필시 무슨 좋지 않은 사건이라도 생긴 것이 아닌가 불길한 예감이 들었다. 그러나 감사관이 내게 한 말은 황당하기 짝이 없었다. 내가 미국에 갔다 오더니 전자입찰이니 뭐니 이해할 수 없는 시스템을 개발한다고 업체와 한통속이 되어 있는데, 잘못하면 국가예산을 낭비할 우려가 있으니 사실관계를 조사하라는 지시가 내려왔다는 것이었다. 사심이 없는 것으로 확인은 되었지만 전자입찰시스템 개발사업은 즉시 중단, 취소되었고 그후 7년이 지난 2000년대 들어서 겨우 개발에 착수할 수 있었다.

세 번째로는 1994년에 미국 근무를 마치고 돌아와 보니 내가 근무했던 국방부조달본부는 전혀 발전하지 못했고, 어떤 분야는 오히려 퇴보한 사실을 발견하고는 늦어도 10년 후에는 사라질 수밖에 없는 조직으로 예측했다. 선배들에게는 차마 말하지 못하고 가까운 후배들에게 그 이유를 설명해 주면서 미리 잘 대비할 것을 조언하기도 했다. 당시 나의 말은 대부분의 사람들로부터 거의 외면받았지만 조달본부는 정확히 11년 후에 없어졌다. 거의 점쟁이 수준의 예측이었다.

내가 이런 예측력을 발휘할 수 있었던 기초는 내게 특출한 분석능력이 있던 것도 아니고 특출한 선견지명이 있던 것도 아니다. 단지 영어능력을 바탕으로 일찌감치 인터넷을 가까이 한 덕분에 세상 돌아가는 분위기를 남보다 늘 먼저 접했기 때문이 아닌가 싶다. 예측에는 글로벌마인드가 매우 중요하다. 매일 매일 세상의 변화를 읽어서 그 영향을 분석하다보면 뭔가 감이 잡히기 시작한다. 나는 지금도 매일 두세 시간은 세상 돌아가는 소식을 찾고, 분석하고, 예측하는데 할애한다. 출근하면 바로 CNN 뉴스채널을 틀고 업무를 보면서도 귀는 열고 있다. 인터넷을 통해 시시각각 들어오는 세계 소식도 놓치지 않는다. UN과 세계 각국의 정부기관, 연구기관, 시민단체 등에서 발표하는 보고서라면 읽고 중요한 내용을 정리해 본다. 이런 규칙적인 행동을 며칠이라도 하지 않으면 갑자기 먹통이 된 기분을 느끼는 것을 보면 이젠 거의 습관화된 것 같다.

변화를 읽는 감각

나의 이런 습관적 행태는 변화를 읽는 감각을 기르는데 큰 도움이 되었다. 1990년대 들어 시작된 구 소련의 붕괴와 냉전시대의 종식, 그 결과로 나타난 국방예산의 급격한 삭감, 방위산업의 통·폐합 추세 확산, 국방획득 조직과 업무시스템의 개혁, 정보통신의 첨단화로 인한 업무정보화 수준의 급격한 변화를 실시간으로 보면서 당시 선진국들에서 벌어지고 있는 변화가 우리에게도 곧 닥칠 것이라는 것을 직감할 수 있었다.

우리의 현실은 어떠했는가? 혁신의 물결이 파도같이 몰려오는데도 여전히 업무능률 향상을 위한 개혁은 늘 제자리에 머물러 있었고, 무기획득시스템의 효율성과 전문성은 극도로 저하되어 있었다. 혁신이 가장 필요했던 방위사업분야의 업무시스템과 정보화 수준은 별다른 진전이 없었으니 자연히 외부충격에 의한 변화가 불가피하다는 예측은 그리 어렵지 않았다.

　그렇다면 나는 무엇을 준비해야 할 것인가? 그 변화라는 것이 만일 조직의 통·폐합으로 나타나게 되면 감원이 불가피할 것이고 그때는 '경쟁력 있는 자만이 살아남을 수 있을 것이다'라고 믿었다. 공직세계의 경쟁력은 두 가지 관점에서 평가된다. 학력·경력·자격·기술 등 정량적 요인과 기획·리스크관리·리더십·대인관계 등 정성적 요인이다.

미래는 '꿈'이다

　나는 먼저 나의 스펙을 둘러보았다. 경험은 그런대로 경쟁력이 있는데 학력은 영 아니었다. 각고 끝에 40대 중반의 나이에도 불구하고 1997년 학번으로 성균관대 불어불문학과를 졸업했다. 바로 이어서 2001년에 서울대 행정대학원에 입학해서 정책학 석사학위를 받았다. 모두 야간과정이라서 그야말로 주경야독의 결과였다. 이제 가방끈에 관한 한 누구에게도 위축되지 않을 수 있었다. 2005년 8월에 대학원을 졸업했는데 바로 9월부터 조달본부를 포함해서 국방획득기관 전반에 대한 대대적인 조직 통·폐합과 감원작업이 이루어졌다. 특히 상위직위자들은 명예퇴직의 기로에서 훨씬 더 갈등이 깊었다. 그래도 나는 감원대상에는 들지 않았는데 아마도 불확실한 미래를 예측하고 꾸준히 대비한 덕이 아닌가 싶다. 미래는 '꿈'이라고도 한다. 그래서 미래를 예측한다는 것은 꿈을 꾸는 것과 같다.

"장님으로 태어난 것보다 더 불행한 사람이 있다. 시력은 있으나 꿈이 없는 사람이다."

미국의 유명한 작가이자, 정치활동가이며, 시대의 교육자였던 헬렌 켈러(Helen A. Keller)의 말이다. 그녀는 듣지도, 보지도, 말하지도 못하는 장애를 가지고 있으면서도 강인한 의지와 긍정적 사고, 그리고 꿈의 힘으로 사회를 밝히는 등불과 같은 삶을 살았다. 요즘 미국에서 섹시하고 화려한 자태와 명품 치장, 유명인들과의 염문 등 갖가지 기행(奇行)으로 유명한 패리스 힐튼의 증조부인 콘라드 힐튼(Conrad Hilton)에 관한 이야기도 미래에 대한 꿈이 우리의 앞날을 결정하는데 얼마나 중요한지를 말해 준다.

힐튼호텔의 창업자인 콘라드는 1887년에 미국 뉴멕시코 주 샌안토니오의 허름한 오두막집에서 노르웨이 출신의 아버지와 독일계 어머니 사이에서 태어났다. 여러 허접한 직업을 전전하다가 호텔의 벨보이로 취직한 그는 자신의 방에 당대 최대의 호텔 사진을 붙여 놓고 그 호텔의 주인이 된 자신의 모습을 늘 상상했다고 한다. 그리고는 작은 호텔을 인수하여 그 꿈을 이루고 신선한 비즈니스 방식을 도입한 것이 성공하면서 주변의 크고 작은 호텔을 인수하여 오늘날의 힐튼호텔을 이룩하였다. 성공 비결을 묻는 사람들에게 그는 항상 이렇게 말했다.

"사람들은 재능과 노력을 성공의 보증수표라고 하지만 나는 생생하게 꿈을 꾸는 능력에 있다고 생각합니다. 내가 호텔 벨보이로 일할 때 나보다 능력이 뛰어난 사람, 더 열심히 일하는 사람은 많았습니다. 그러나 혼신을 다해 늘 성공한 자의 모습을 그렸던 사람은 나 하나뿐이었습니다."

영국 속담에는 '기회는 앞 머리카락만 있고, 뒷머리는 벗겨져 있다. 기회를 만나려면 앞 머리카락을 잡으라'라는 말도 있다. 기회는 얼마나 빨리 지나가는지 어떤 경우에는 기회가 내게 왔다가 지나가는 지도 느끼지 못하고 나서 몇 년이 지난 후에야 '그때 그것이 좋은 기회였는데'하고 후회하는 경우도 많다. 기회에 관해 흔히 하는 말이 있다. 누구에게나 평생 적어도 세 번의 기회가 온다는 것이다. 세 번이라면 20~30년은 되어야 한 번 정도의 기회를 접하게 된다고 할 때 속도계로 나타낸다면 시속 10km도 안 될 는지 모른다. 그러나 기회라는 것은 일단 자신의 시야에 들어오는 순간 갑자기 시속 200km의 속도로 휙 지나가 버린다. 그러하니 미리 준비하지 않고는 도저히 잡을 수 없는 것이다. 마치 야구 선수가 허리를 잔뜩 굽히고 글로브는 가슴 앞쪽에 모아 웅크린 자세를 취하지 않으면 속사포로 날아오는 직구를 잡을 수 없는 것과 마찬가지다.

실패한 미래

미래를 예측하지 못하고 멍하니 앉아 있다가 소중한 기회를 날리고 통탄을 하는 일은 우리 주변에 얼마든지 있다. 앞날을 내다보지 못하고 눈앞에 다가온 갑부의 기회를 놓친 사례도 있다. 20세기 최고의 발명품 가운데 하나인 '가라오케'에 관한 실화다. 가라오케는 일본의 발명가인 이노우에 다이스케가 발명한 세기의 작품이다. 지금은 80대의 고령이 된 이노우에의 젊은 시절 직업은 술집의 밴드 연주자였다. 그는 음치인 손님들의 음정과 박자를 잘 맞추어 주는 반주자로 유명했다.

어느 날 이노우에의 단골손님이었던 한 중소기업의 사장이 사원

단합대회에 참석해서 여흥을 담당해 주도록 요청했다. 가게를 비울 수 없었던 이노우에는 참석하지 못하는 대신에 사장이 즐겨 부르는 노래의 반주를 녹음테이프에 담아서 전해 주게 되었는데, '8주크'라는 이름의 가라오케는 이렇게 해서 1971년에 세상에 빛을 보게 되었다. 그러나 이노우에는 세기의 발명품을 만들어 놓고도 앞으로 다가올 세상의 변화를 읽지 못했고 자기의 손에 쥐어진 것이 그에게 다시는 돌아올 수 없는 기회라는 것을 전혀 감지하지 못했다. 특허 신청을 하지 않았던 것이다. 그로 인해 그는 매년 1000만 달러(약 110억 원) 정도의 로열티 수입을 하늘로 날리고 다른 사람의 손에 쥐어주는 결과를 만들고 말았다.

1999년에 발간된 미국의 시사주간지 'TIME'은 '마오쩌둥과 간디가 아시아의 낮을 변화시켰다면 이노우에는 아시아의 밤을 바꿔 놓았다'고 평가했다. 20세기 가장 영향력 있는 아시아인 20인에 뽑혔지만 그는 당대 최고의 갑부가 될 기회를 살리지 못하고 그저 평범한 사람에 머물고 말았다.

기회를 주는 '꿈'

기회는 '꿈'이 있어야 보이고 꿈이 있는 사람에게만 다가온다. 꿈이란 내가 지향하는 목표이고 얻고자 하는 것이다. 어린아이에게 꿈이란 아주 허황된 것일 수도 있고 오히려 그렇게 보이는 것이 창의력으로 발전될 수 있지만, 성인들에게 꿈은 실현가능성이라는 것이 중요하기 때문에 매우 구체적이어야 한다. 30대, 40대가 넘은 나이가 되면 황당한 꿈에 사로잡힐 시간적 여유가 없기 때문이기도 하다.

  공직생활 중에 많은 선배, 동료, 후배들을 접하면서 이런 생각을 할때가 참 많았다. '저 사람은 무슨 생각으로 살아갈까?', '저분에게는 과연 삶의 철학이라는 것이 존재는 하는가?', '저 사람에게 있어서 직장은 무슨 의미를 갖는가?'…. 그저 하루하루를 아무런 생각 없이 무의미하게 보내는 것 같아 보이는 맥없는 사람들을 적지 않게 만나왔다. 일을 한다고는 하지만 창의라고는 도무지 찾아볼 수 없는 직원들도 적지 않았다. 공직자에게 꿈이 없다는 것, 즉 목표가 없다는 것은 보이지 않는 '죄악'이다. 그것이 공직자 개인의 문제가 아니라 국가와 국민에게 영향을 미치는 문제이기 때문이다. 그래서 바람직한 공직자에게는 꿈이 있어야 한다. 굳이 국가관, 사명감과 같은 거창한 말을 들먹이지 않아도 구체적이고, 적극적이며, 열정적인 꿈 뒤에 숨어 있는 기회를 잡기 위해서라도 말이다.

내 집 마련의 꿈을 실현할 기회, 내 꿈을 펼칠 기회… 등등 꿈과 기회는 늘 같이 붙어 다닌다. 기회를 얻으려면 먼저 꿈이 있어야 한다는 말이다. 공직자에게 있어서 꿈은 열정적으로 일할 모멘텀이 된다. 개인에게는 자기계발의 기회가 되며, 국가에는 더 발전할 기회를, 국민에게는 더 좋은 삶의 기회를 준다. 그래서 공직자는 끊임없이 꿈을 꾸고 기회를 추구해야 한다. 망상이 아니라 잘 다듬어진 실현 가능한 꿈 말이다.

사람들이 성공하지 못하는 이유는

기회가 앞문을 두드릴 때 뒤뜰에 나가

네 잎 크로버를 찾기 때문이다.

– 월터 크라이슬러(Walter Chrysler) –

미래를 준비하지 않는 사람들에게 목표란

일장춘몽(an empty dream)이고,

기회란 사치스런 액세러리일 뿐이다.

목표 성취를 통하여 궁극적으로 자아의 실현

(self-realization)을 완성하기 위해서는

끊임없이 미래를 예측하고

내게 다가올 일을 대비해야 한다.

6.
겪어야 할 위기라면
정면 돌파하라.

- 드디어 기회가 왔다는 신호이다 -

 '위기가 곧 기회'라는 말을 한두 번쯤이라도 들어 보지 못한 사람은 아마 없을 것이다. 그러나 실제로 이런 마음가짐으로 생각하고 행동하는 사람은 그리 많지 않은 것 같다. 더구나 위기와 정면으로 대결하라니 너무 위험한 일을 자초하라는 것 아니냐고 반론을 제기할지도 모른다.

우리가 인생을 살아가는 동안에 누구든 위기를 단 한번도 겪지 않고 산다는 것은 거의 불가능하다. 지위나 명예가 높은 사람은 그런 대로, 돈이 많은 사람은 많은 대로, 없는 사람은 없는 대로 여러 가지 모습의 위기를 겪게 된다. 주변을 둘러보면 세상에 걱정 한 가지 없는 사람은 없는 것 같다. 세상에 완벽한 사람, 문제없는 일이란 있을 수 없기 때문이다. 대체로 위기는 운명처럼 다가오는 것 같다. 운명이 아니고는 그렇게 묘하게 다가올 수가 없다는 생각이 든다. 그래서 기왕에 겪을 일이라면 반가이 겪으라는 말이다. 아무리 어려운 일이라도 해결할 방법은 어디엔가 꼭 숨어 있다.

　사람들은 본능적으로 일어서면 앉으려 하고, 앉으면 누우려 하고, 누우면 자려고 한다. 가능하면 편안하고 싶어 한다는 뜻이다. 어른들은 하기 쉬운 말로 올바른 사람이 되기 위해서는 젊을 때 험한 일을 겪어 보아야 한다고 한다. 눈물 젖은 빵을 먹어보지 못한 사람은 인생을 논할 자격이 없다고도 한다. 평생 겪지 않아도 된다는 확실한 보장만 있다면 특별한 종교적인 신념이 아닌 한 굳이 고난을 선택할 이유는 없을 것이다. 그러나 어차피 겪어야 할 일이라면 피하려 애쓰는데 소진할 것이 아니라 과감히 정면 돌파해 보라. 의외로 많은 삶의 교훈과 지혜를 얻게 될 것이다. 바이러스에만 면역이 필요한 것이 아니다. 위기에 강한 정신적 면역을 얻게 되어 어지간한 어려움에는 끄떡도 하지 않는 강한 자신을 발견하게 될 것이다.

위기를 반기라

위기를 반기라니! 무슨 말이냐고 의아해 할 것이지만 위기 뒤에는 늘 기회가 숨어 있다는 것을 알면 이해가 될 것이다. 하지만 자기 눈앞에 당장 커다란 위기가 다가오는데 용감하게 맞서려는 사람이 과연 몇 명이나 될까? 공직생활 내내 만난 수많은 사람 가운데 그런 사람은 손가락으로 셀 수 있을 정도에 불과하다. 상관이든 부하이든 위기가 다가오면 일단은 모면할 길부터 먼저 찾는 경우를 흔히 본다. 특히 회계관련 책임은 아무리 최선을 다해 성실하게 처리한 결과라고 해도 국가예산에 작은 손실이라도 발생한 경우라면 징계는 물론 개인에게 변상책임까지 물을 수 있다 보니 해결보다는 책임 문제를 놓고 다투는 일이 허다하다.

나는 공직을 시작한 이래 퇴직할 때까지 참으로 많은 위기를 겪었다. 내가 만든 위기가 아니니 미리 예상할 수도 없었다. 당시에 겪은 고통은 이루 말할 수 없었지만 지금까지 내가 이룬 모든 것은 그 위기를 바탕으로 얻은 것들이라고 해도 과언이 아니라는 점에서 나에게 위기는 고마운 존재라고도 할 수 있다. 아마 평생을 공직에 봉사한 사람이라면 대부분 그 정도의 위기는 필연적으로 겪어야 했을 일인지도 모르겠다.

1991년에 김영삼정부 시절에 겪은 '입찰사업 비리사건'은 아무리 가까운 동료라도 100% 신뢰해서는 안 되는 이유를 가르쳐 줬고, '원수는 외나무다리에서 만난다'는 속담을 체험으로 일깨워 줬다. 1998년 김대중정부 시절 IMF 외환위기 중 터진 '외자조달 사업 내부 고발사건'은 주변인물에 대한 관심과 관리의 중요성, 그리고 위기에 대처하는 적극적인 사고방식과 행태가 기회와 어떤 관계를 갖는지를 교훈으로 남겼다. 2002년 노무현정부 시절에 겪은 '함정 무기부품 사기사건'은 공직자의 삶이 왜 일관되게 정직하고 성실해야 하는지를 알려 주었다. 2005년에 '국방부조달본부가 해체된 사건'은 조직에서 존재하기 위해서 절대적으로 갖추어야 할 조건, 미래예측과 주도면밀한 대비가 왜 중요한지를 알려 주었다. 2010년 이명박정부 시절에 겪은 '불량전투화 납품 사건'은 이순신 정신으로 잘 알려진 '생즉사 사즉생(生卽死 死卽生)', '죽기를 각오한 자는 살고 요행히 살아남기를 바라는 자는 죽는다'는 말의 참뜻을 절감하는 계기가 되었다.

공직생활 33년이 넘도록 내가 겪은 고통스런 위기의 사건들은 실로 수도 없이 많다. 앞에 언급한 다섯 가지 사건은 공직자로서의 내 삶에 큰 영향을 미친 것이라서 본 장 말미에 '잊을 수 없는 사건들, 그리고 얻은 삶의 교훈'이라는 제목으로 보다 상세히 정리하였다.

비관주의자는 모든 기회에서 어려움을 보고,

낙천주의자는 모든 어려움에서 기회를 본다.

– 윈스턴 처칠(Winston Churchill) –

진정한 기회는 항상 위기(危機, Crisis)의 탈을 쓰고 있다.

위기를 두려워하거나 피하지 말고 항상 반기고

즐겨야 할 이유가 여기에 있다.

7.
매사에 차선책(次善策)을 준비하라.

- 전화위복을 실현하는 확실한 방법이다 -

 하나의 목표를 향해서 다른 생각하지 않고 매진하는 것은 성공하기 위한 필수요건임이 분명하다. 그러나 다른 대안 없이 오직 한가지 일에만 집중하고 몰두하는 것은 매우 힘들고 위험하기까지 하다. 만일 그것이 이루어지지 않았을 때 생기는 좌절감과 정신적 부작용이 엄청나기 때문이다. 젊을수록 그 좌절감은 더 크게 다가오는 것 같다. 과거에 전혀 경험해 보지 못한 경우라면 더욱 그렇다.

차선책이 필요한 때

사실 내가 외국 주재관 파견근무를 시도한 것은 1991년이 처음이 아니었다. 그보다 6년 전인 1985년 6급 주사 시절에 선발시험에 합격했었고 이듬해 2월 18일에 가족동반 출국명령까지 받아놓은 상태였다. 그때만 해도 일반인들도 외국을 다녀온 경험자가 많지 않았고 공직사회에는 더욱더 그랬기 때문에 내게 다가온 기회는 사실 엄청난 것이었다. 경제적으로 너무 어려웠던 시기라서 나는 물론 아내는 마냥 기쁘기만 했다. 너무 좋아서 매일 잠을 제대로 이루지 못하며 하루하루 출국할 날만을 손꼽아 기다리고 있었다. 없는 돈에 새 양복과 구두까지 쫙 빼서 준비하고 아내와 두 딸도 마찬가지였다. 일가친척과 친지들에게는 잘 다녀오겠다고 인사까지 모두 마쳤다. 해외근무를 나가면 현지 수당만으로 생활하고 국내에서 받는 급여는 모두 저축해서 3년 근무를 마치고 귀국하면 작은 아파트라도 내 집 마련에 문제가 없다는 얘기도 들렸다. 업무적으로는 능통한 영어실력과 함께 최고의 외자조달 및 국제협상전문가로 우뚝 설수 있다는 생각에 이르면 그저 매일매일이 황홀할 뿐이었다. 이제 내 인생에서 고생은 끝나고 황금길을 걷는 것만 남았다 생각하니 구름 위에 떠다니는 기분이었다. 상황이 이러하니 나에게는 다른 대안이 있을 수 없었다. 다른 대안에 관해서는 상상조차 할 필요가 없었으니까.

드디어 기다리고 기다리던 1986년 새해가 밝았다. 이제 한 달쯤 후에 나는 미국의 수도 싱턴 D.C. 한 가운데 서 있게 된다. 그런데 이게 웬 일인가! 새해가 밝고 2주쯤 지난 1월 중순 어느 날 전혀 생각지도 못한 날벼락이 떨어졌다.

출국중지명령서!

사실이 아니겠지, 그럴 리가 없어! 눈을 씻고 또 씻고 봐도 내 손에 들린 종이 한 장에는 '출국중지'라는 글자가 너무도 선명했다. 일시 보류도 아니고 중지라면 없는 것으로 하라는 것인데 이게 있을 수 있는 일이냐 말이다! 분개했지만 그것은 내가 접한 어쩔 수 없는 현실이었다.

상황은 이러했다. 내가 파견되기로 한 주미군수단에 커다란 회계사고가 발생한 것이다. 경리담당 직원이 수십 만 달러의 외자조달자금을 횡령해서 도주한 사건이었다. 왠지 모를 불안에 휩싸였지만 그 사건이 전혀 상관없는 내 보직(현지 상업구매관)에 영향을 미치리라고는 꿈에도 생각하지 않았다. 국방부 주관으로 몇 달에 걸쳐 주미군수단 조직 전체에 대한 대대적인 직무감찰이 실시됐다. 그리고 만들어낸 결론이 대대적인 조직 축소, 내 보직을 포함해서 몇 개 직위를 폐지하기로 결정한 것이다. 그런 무시무시한 일이 벌어지고 있었는데도 나는 아주 안일하게도 설마 하는 생각으로 다른 대안을 마련할 것은 꿈조차 꾸지 않았던 것이다.

　아무 생각 없이 무대책으로 얻어맞은 충격의 여파는 의외로 컸다. 나는 물론이지만 아내가 받은 충격은 나의 몇 배는 되는 듯했다. 외국에 파견 나간다고 그토록 자랑스러워 하셨던 부모님, 일가친척들에게 어떻게 설명을 해야 할지… '그러면 그렇지! 겨우 고졸 출신이 무슨 해외근무야, 내 진작에 그럴줄 알았어'라며 빈정거릴 사람들을 생각하니 죽고 싶은 마음뿐이었다. 좌절감은 점점 커져서 국가에 대한 배신감으로 확산되더니 급기야 짧은 공직생활이나마 그만 끝내야겠다는 결심에 이르렀다. 매일 출근할 때마다 사표를 써서 양복 안주머니에 넣고 나갔다. 아내는 내가 안스럽기도 했겠지만 혹시라도 순간의 감정을 못 이겨 사표라도 내면 당장 길바닥에 나 앉아야 할 신세가 될 것을 걱정해서, 내키지 않는 마음에도 나를 격려해 주며 힘내라고 토닥여 주었다. 아무것도 모르고 문밖까지 쫓아 나와 '아빠 잘 다녀와!'하는 두 딸을 보면 차마 사표는 내지 못하고 그냥 퇴근하기를 매일 반복해야 했다.

　어느 날, 눈에 띄게 핼쑥해진 내 모습을 측은하게 여긴 선배 한 분이 내 손을 이끌고 사무실 부근에 있는 교회로 데리고 갔다. 그리고는 목사님께 내 사정을 쭉 얘기하더니 마음의 안정을 찾고 다시 활기찬 생활을 할 수 있도록 기도를 좀 해달라고 부탁하셨다. 목사님의 기도를 눈물로 받고 나니 한결 마음이 가벼워짐을 느꼈다. '그렇다! 이 정도의 위기도 극복하지 못하면서 어떻게 처자식에게 책임 있는 사람이 될 수 있는가!' 그날 이후로 정말 언제 그랬냐는 듯 나는 전과 다를 바 없는 생활로 돌아갈 수 있었다. 이후 내가 세운 목표에는 늘 차선책이 함께 했음은 물론이다. 그렇게 좌절된 꿈을 나는 6년 후에 다시 실현했다. 차선책의 힘이다.

목표관리 방법

공직자이든, 사업가이든, 작은 상점의 주인이든 어떤 일을 도모함에 있어서 한 가지 목표만을 가지고 있지는 않을 것이다. 최종목표(goal)가 있을 테고 그것을 구현하는데 필요한 세부 시행목표(objectives)들이 존재할 것이다. 경제적 목표, 자녀양육의 목표, 배움의 목표, 대인관계의 목표, 조직에서 승진의 목표 등등. 여러 가지 목표 중 특별히 한 가지에만 집중하는 것은 인생에 커다란 리스크로 작용한다. 실패했을 경우 육체적·정신적 피해가 너무 크기 때문이다. 그래서 목표에도 포트폴리오 관리가 필요하다.

포트폴리오(portfolio)란 경제용어로 '주식투자에서 위험을 줄이고 투자수익을 극대화하기 위해 여러 종목에 분산투자하는 방법'을 말한다. 원래는 간단한 서류가방이나 자료수집철을 뜻하는 말이었으나 주식투자에서는 투자자산의 집합이라는 의미로 사용된다. 따라서 최적의 포트폴리오라고 하면 가장 높은 수익률을 제공하는 투자의 구성을 말하며, 현실적으로는 목적에 따라 교육포트폴리오, 투자포트폴리오 등으로 다양한 분야에서 활용된다. 포트폴리오관리는 효율을 극대화하는 방법이기도 하지만 위험(risk)을 최소화하는 수단이기도 하다. 한 가지에만 모든 것을 거는 것보다는 목표를 분산시킴으로써 제한된 자원을 효과적으로 사용하면서도 실패할 확률은 최소화하려는 것이다.

나는 어떤 목표가 생기면 하나에만 집중하지 않고 여러 가지를 동시에 구상해 절대 한 곳에 몰두하지 않도록 한다. 앞에 겪은 사건의 후유증이다.

공직생활에서 목표를 관리하는 것도 포트폴리오 관점으로 다루어야 한다. 만일 내가 30대 중반에 미국의 유명 대학으로 유학을 가서 석사학위를 받고, 40대 초반에 과장으로 승진해서 40대 후반에는 국내 일류 대학에서 박사학위를 받고, 50대 초반에는 최소한 국장 직위까지 승진하겠다는 목표를 세웠다고 가정해 보자. 이 사람은 30대 중반에 미국 유학 선발시험에서 떨어지면 그때부터 불행은 시작된다. 그렇게 되면 계획을 포기하던가 아니면 목표 시기를 늦추는 수밖에 없다. 문제는 세월이 나를 기다려 주지 않는다는 것이다. 이런 계획으로 세월만 보내다가 아무것도 얻지 못하는 사례는 정말 많다.

포트폴리오 관점에서 차선책 세우기

그렇다면 어떻게 해야 할까? 매사에 차선책(次善策, the Second Best)을 세우라는 것이다. 앞에 예를 든 사람의 경우에는 어떤 차선책이 필요할까?

30대 중반에 미국의 유명대학이 안 되면 국내 유명대학에서 석사학위를 마치고, 40대 초반에 과장이 안 되면 국제기구의 과장상당 직위에 응모해서 3년간 파견근무 경험을 쌓고, 40대 후반에 국내 일류대학에서 박사학위를 받을 형편이 되지 못할 것 같으면 이류대학 정도로 낮추어 시도하고, 50대 초반에 국장이 되지 못하면 타 기관의 국장직위에 응모한다고 계획을 세우면 훌륭한 목표이자 차선책이라고 할 수 있겠다. 뿐만 아니라 이 사람에게는 오히려 차선책이 더 나은 결과를 가져 올 수 있다는 점도 중요한 메리트가 된다. 전화위복의 기회가 늘 존재하기 때문이다.

나는 주변에서 한 가지 목표만을 향해 돌진하는 사람들의 무모하기까지 한 행태를 많이 보아 왔다. 그런 사람들의 공통점은 자기 외에는 아무것도 안중에 없다는 것이다. 그러다 보니 무리수를 두는 경우가 빈번할 수밖에 없다. 무리수의 결과는 소득은 없이 자신에게 부정적이거나 반대자만을 양산하게 된다.

　대표적인 사례는 승진문제이다. 공직사회에는 승진에 목을 매고 있는 사람이 적지 않다. 한두 번의 승진기회로 사실상 공직에서의 진출이 끝나는 상황에 처하면 더욱 그렇다.

　한번은 부하직원 중 한 명이 놀랄만한 분량의 승진 분석자료를 가지고 내 사무실에 들어와서 장황한 설명을 늘어놓는 것을 보고 그 열정(?)에 깜짝 놀란 적이 있다. 그 직원은 자신의 경쟁상대자에 대한 상세한 분석뿐만 아니라 승진 심사위원은 물론 심사위원장으로 들어갈 수 있는 사람들에 대한 예상분석자료까지 내놓고 분석의 근거가 되는 내용을 마치 연구논문 발표하듯 내게 설명하는 것이었다. 내가 요구한 것도 아닌데 하라는 일을 안하고… 크게 혼을 내서 보내버릴까 하다가 부임한지 얼마 안 된 시기라 부서 상황도 파악할 겸 끝까지 들어보기로 했다. 설명을 다 듣고 나니 측은지심과 함께 다른 생각이라고는 없이 오직 승진에만 목을 매고 있는 그 직원이 한심하다는 생각이 들었다. "저러다가 탈락하면 충격이 엄청 날텐데… 어쩌려고 저러나!"

다행히 그 직원은 그 해에 진급을 했지만 만일 안 되었더라면 조직 내에서 굉장한 비판세력으로 바뀌었을 것이다. 자기의 분석대로 되지 않았으니 심사과정에 의혹을 제기할 것이 뻔하고 그러다 보면 자기와 다른 생각을 가진 모든 사람들에 대해 부정적인 편견에 휩싸이게 될 것이다.

또 한 번은 아주 더 기막힌 경우도 보았다. 두 직원이 치열하게 경쟁관계에 있었는데 어느 날 그 가운데 한 명이 내게 상담을 신청해 왔다. 나는 부하직원들과의 대화에는 항상 적극적인 편이어서 기꺼이 시간을 만들어 그 직원과 마주 앉게 되었다.
"이번 승진심사에 이 자료를 좀 참고해 보십시오."
"무슨 자료인데…?"

무심히 받아든 자료의 내용을 훑어보고 나는 깜짝 놀라지 않을 수 없었다. 상대방에 대한 기막힌 인신공격성 자료였다. 그 상대방의 과거 행적을 상세히 기록한 내용이었는데 그것도 잘한 일이 아니라 나쁜 내용으로만 가득차 있었다. 나는 알았노라고 간단히 답변하고 불쾌한 마음으로 그 직원을 돌려보내자마자 그런 내용을 읽은 내 눈이 너무 불결하게 느껴져서 그 자료를 박박 찢어 쓰레기통에 바로 쳐넣었다.
'이 친구가 나를 어떻게 보고…. 이런 내용을 들고 오다니!'

'어떻게 사람이 저럴 수 있을까?'

얼마나 급박했으면…. 하는 생각과 함께 자신의 이익을 위해서라면 인간성까지도 쉽게 저버리는 그 직원에게 많은 연민의 정을 느꼈다. 그 일이 있은 후 그에 관한 모든 기억… 이름, 얼굴, 말, 행동 등은 나의 뇌리에서 완전히 지워지고 그 직원에 대해 동정심보다는 오히려 무섭고 조심할 대상이라는 생각이 자리잡게 되었다. 나도 언제든지 그의 타깃이 될 수 있다고 생각하니 말이다.

공직사회에서 상위직으로 승진하는 것, 주요 직위에 보임되는 것, 자기발전을 위한 길을 개척하는 것은 모두 법률이나 내부규정으로 제한되기 때문에 한계선상에 서 있는 사람들에게 Win-Win이란 그저 사치스런 언어적 술사에 불과하다고 느껴질 것이다. 이때 한 가지 목표에만 집착하다 보면 어느 순간 자기 스스로 통제력을 잃고 우리 인간의 마음 속에 깊숙이 잠재해 있던 감성적 욕망이 모습을 드러내게 되는 것이다.

기회보다 더 중요한 것

아무리 중요한 일, 어려운 여건에 있더라도 인간성을 잃어서는 안된다. 코앞의 이익에 눈먼 장님은 결코 먼 길을 갈 수 없다. 공직생활은 우리 인생에 일부일 뿐이다. 만일 자신이 지금 30대의 공직자라면 평균수명 90세 이상을 대비해야 한다. 그렇다면 공직생활 30년을 마치고 나서 그만한 기간의 또 다른 인생을 준비하여야 한다는 결론이 나온다. 30년에 전부를 걸고 그것마저 실패한 결과가 된다면 나머지 30년이 어떻게 전개될지는 불을 보듯 뻔하다. 밥 한번 같이 먹고, 운동 한번 같이 하자는 사람 하나 없이 자기 혼자 쓸쓸히 남은 30년을 어떻게 보낼 것인가!

누군가 사람을 필요로 할 때, 나를 제일 먼저 생각나게 해야 할 이유가 여기에 있다. 그 필요한 부분이 반드시 돈을 버는 일에만 국한되는 것이 아니다. 등산 갈 때, 여행갈 때, 그것도 저것도 아니면 어디론가 전화라도 한 통화 하고 싶을 때 내가 제일 먼저 선택될 수 있는 사람이 되어야 한다.

차선책의 역할

차선책이란 여유로운 인간관계를 만들어 가는 데도 도움이 된다. 설혹 자신이 추구한 원래의 목표가 이루어지지 못한다고 해도 다른 사람 탓이 아니라 자기 탓으로 돌리고 새로운 마음자세를 다듬게 해준다. 그런 사람들에게 실패란 또 다른 무엇을 찾게 하는 기회가 되기 때문에 오히려 그것이 전화위복의 기회로 찾아올 수 있다.

　나는 차선책이라고는 전혀 없는 상태에서 그 아까운 20대와 30대 초반을 보냈다. 군대를 제대하고 나서도 특별한 대책이 없었고 엉겁결에 공무원이 되기는 했지만 뚜렷한 목표 의식이 없이 그저 막연히 하루하루를 보냈었다. 대책도 없이 가족을 이루고 나서야 오직 나 하나에만 인생을 걸고 있는 아내에 대한 무거운 책임감에 정신이 번쩍 들었다. 대학진학에 실패하고, 군 복무를 마치고, 직장생활을 시작할 때까지 확실한 목표와 차선책 없이 보낸 10여 년은 내 인생에 커다란 공백기가 되었고 나는 그 공백을 메우기 위해 얼마나 피나는 노력을 더해야 했는지 모른다.

　30대 중반 이후 차선책을 갖기 시작하면서 나는 한층 짜임새 있는 나날을 보내게 되었다. 외국 파견근무 선발시험에 합격하고도 불의의 일격으로 낭패를 보고 나서 큰 실망에 빠졌지만 좌절은 금새 극복할 수 있었다. 차선책 덕분이다. 몇 년 후 다시 기회를 잡아 미국으로 가기까지 나는 5급 사무관으로 승진을 했고, 예정에 없는 미국 육군군수관리대학(ALMC) 연수기회를 얻어 무려 5개월 동안 선진국의 국방획득시스템에 관한 중요한 교육과정을 제대로 이수할 수 있었다. 무역연수원을 우등으로 졸업했고 영어통역자 격증과 무역영어 1급 자격증을 땄다. 이만하면 파견근무 대신 차선책의 결과로는 훌륭하지 않은가!

　후일 미국에 파견되었을 때 나는 앞서 나오지 않은 것을 얼마나 다행하게 여겼는지 모른다. 6급 주사가 아니라 5급 사무관이 되었으니 담당 직무는 차원이 달랐고 받는 보수도 훨씬 많았다. 미국 경험을 미리 하고 나왔으니 현지 적응 속도가 다른 사람보다 빨랐다. 현지 근무에 부족함이 없을 만큼 영어 공부를 했으니 업무수행에 상대적으로 여유가 있었다. 휴일날 몇 가족이 함께 교외로 나들이라도 나갈 때면 영어에 문제가 없었던 내가 늘 가이드 역할을 해주니 모두로부터 환영받을 수 있어서 좋았다. 더욱이 앞선 기회에서 나와 경쟁관계였던 직원과도 같이 근무하게 되었는데, 내가 만일 당시에 그를 나쁜 감정으로 대했다면 서로 서먹서먹할 뻔했다. 그러나 그 직원도 내게 미안해하던 차에 얼마나 잘 대해주었는지 모른다. 이때처럼 나의 인생에 많은 가르침을 준 시기도 없었다.

　이런 일도 있었다. 4급 서기관에서 3급 부이사관으로 진급할 때인데 어느 날 직속상관께서 나를 부르시더니 이렇게 언질을 주었다.

　"지금 자네에 대한 평가와 분위기가 아주 좋아서 좋은 결과가 나올 것이 분명하니 표정관리나 잘 하시게. 허허."

너무 기쁜 나머지 집에 와서 초조하게 기다리고 있던 아내에게 승진이 거의 확실하니 걱정 말라고 안심을 시켰다. 그런데 이건 또 무슨 일인가! 승진심사 결과가 발표되는 날 전직원 공지가 떴는데 내 이름이 보이지 않았다. "어 이게 뭐지? 이 양반이 나를 속이다니…." 그때 황당함은 이루 말할 수 없었다. 상관에 대한 배신감까지 뒤섞여서 무척 혼돈스러웠다. 자초지종이나 알아보겠다는 생각에 상관에게 캐물었더니 심의위원회 분위기가 갑자기 돌아섰다는 것이다. 나는 별다른 표현없이 밖으로 나와서 바로 이튿날 전보 신청을 냈다. 전보신청이 받아들여지지는 않았지만 이후로 가까웠던 그 상관과의 관계는 아주 멀어졌고 서먹서먹했음은 말할 것도 없다. 그분은 독실한 크리스천이셨는데 그 일로 인해 내게 늘 미안해하면서 업무지시를 할 때도 나를 똑바로 쳐다보지 못할 정도로 마음이 약했다. 그런 분에게 개인적인 문제로 힘들게 만든 나를 자책하게 된다.

　이듬해 나는 별문제 없이 승진을 했고 내가 따지고 들었던 그 상관은 지금 이 세상에 없다. 조금만 참으면 됐을 것을… 1년 빨리 승진하는 것이 내 인생에 무슨 큰 영향을 미친다고 그분을 미안하게 만들었는지 두고두고 깊은 후회로 남아 있다. 그때 승진해서 신설 부서장으로 부임한 나는 얼마 지나지 않아 아주 고약한 비리 사건에 휘말려서 큰 고통을 겪었다. '차라리 승진하지 않았더라면

이 고생은 하지 않았을 텐데'하고 내심 후회 아닌 후회를 하기도 했다. 그때 겪은 사건에 관한 얘기는 '함정 무기부품 사기사건'이라는 제목으로 뒤에 상세히 소개하기로 한다.

내가 겪은 여러 가지 경험으로 보면 차선책이 없다는 것이 얼마나 불안한 일인지 모른다. 반대로 차선책이 있으면 마음이 무척 편안하고 저절로 여유가 생김을 느낀다. '그게 아니면 끝이다'라는 것과 '그게 아니라도 이거'라는 경우의 차이는 아주 크다는 점에서 차선책은 누구에게나 꼭 필요한 것이라고 생각한다.

차선책은 최선의 방책이 아닌 다음의 선택이라는 점에서 플랜 B라고도 한다. 어떤 사람들은 플랜B가 있다 보니 최선, 즉 플랜A를 등한시하게 되며 플랜B 결과만으로는 자부심이나 행복감, 성취감을 얻기 어렵다고 한다. 플랜B는 불안감을 없애기 위해 필요하며 일이 잘못될 것에 대비한 안전망이라고도 한다. 플랜A와 B는 동시에 만들어서 갖고 있을 이유와 필요가 없다는 주장도 있다. 모두 나의 경험적 차선책 개념과는 차원이 다른 얘기들이다. 차선책은 가치관의 측면에서 최선의 방책과 차이가 없는 것이어야 한다. 꿩 대신 닭이 아니라 호랑이 아니면 사자여야 한다는 것이다. 장교가 되겠다는 목표가 있다면 차선책으로 경찰간부를 염두에 두라는 것인데, 여기에서 장교와 경찰간부는 자신의 가치관에 관한 동등 또는 그 이상의 의미를 갖는 것이어야 한다.

대안 없이 한 가지 일에 지나치게 집중하고

인생을 거는 것만큼 어리석은 일은 없다.

만일 그 일이 실패로 끝날 경우를 생각하면

많은 시련과 고통, 위험이 뒤따르기 때문이다.

차선책을 가지고 있는 사람과 그렇지 못한 사람은

얼굴 표정부터 차이가 크다.

전자는 소신과 행동에 차이가 없고, 늘 여유가 있다.

후자는 처신이 표리부동하고,

우왕좌왕, 늘 불안과 초조한 빛이 숨어 있다.

어느 길을 선택할 것인가?

8.
매년 한 가지씩
목표를 세우고 실천하라.

- 자기발전을 극대화하는 지름길이다 -

만일 우리가 매년 한 가지 이상, 최소한 한 개의 목표를 세우고 실천한다면 20대에 공직을 시작해서 정년까지 마친다고 가정할 때 무려 30~40가지의 무언가를 성취할 수 있다는 계산이 나온다.

목표를 가지고 생활해야 한다는 것은 누구든지 공감하는 말일 것이다. 어떤 이는 목표가 없는 삶은 죽은 목숨과 같다 라고까지 한다. 목표와 함께 존재하는 이유와 살아있음을 느끼며 즐거움을 찾는 사람들이다.

목표는 '꿈(dream)'으로 이해되기도 하지만 꿈은 다소 이상적인 면이 포함되는 반면에 목표는 '실현가능성(feasibility)'에 바탕을 둔 것이어야 한다. 현실성이 떨어지는 꿈은 얼마든지 가능하지만 목표가 그렇다면 그것은 허황된 생각이 될 뿐이다. 목표를 영어로는 Goal과 Objective로 표현한다. 전자는 보다 큰 최종적인 목표를 말하며, 후자는 Goal을 성취하는데 필요한 작은 목표들을 말한다. Goal(최종목표)과 Objective(실행목표)는 반드시 상관관계가 존재해야 하며, 어디에 더 중점을 두어야 하느냐는 두말할 것 없이 Objective가 우선되어야 할 것이다.

아무리 훌륭한 목표(Goal)라고 해도 그것의 전제가 되는 소과제들이 제대로 실천되지 않으면 실현가능성이 없게 되기 때문이다. 최종목표에만 치중하다가 인생 설계는 물론 삶 전체를 망치는 경우도 많다. 이제 막 임용된 공무원이 만일 50세까지 국장이 되겠다고 목표를 세웠다면 실행목표를 세우는 것이 여간 어렵지 않고 그 실현가능성 역시 매우 낮을 수밖에 없다. 목표(Goal)는 5년 단위를 원칙으로 하되 최장 10년을 넘지 말도록 권하고 싶다. 국장이 되겠다는 것은 목표가 아니라 '꿈'으로 항상 간직하고 그것을 성취를 위하여 모든 면에서 준비하고 매진하는 것은 아주 바람직하다.

목표는 도전(Challenge)과 용기(Courage), 열정(Passion)이 수반될 때 의미가 있는 것이다. 도전이라고까지 볼 수 없는 평범한 목표, 용기가 필요 없는 목표, 열정이 없어도 이루어질 수 있는 목표는 의미가 없다는 뜻이다. 따라서 목표를 세울 때는 도전할만한 가치가 있는지, 어떤 방법으로 실천할지를 명확히 하여야 하며 일단 세워진 목표에 대해서는 그것을 반드시 성취하겠다는 강한 열정이 있어야 한다.

경쟁의 세대

20대까지의 경쟁은 '두뇌 싸움'인 것 같다. 누가 더 많은 지식을 머리에 넣을 수 있느냐, 넣었느냐에 성패가 달려 있다. 이런 점에서는 확실히 머리 좋은 사람이 유리한 것이 분명하다. 지능지수(IQ)가 조금 떨어진다고 해도 경쟁에서 이길 수 없는 것은 아니지만 같은 노력, 같은 여건이라면 머리 좋은 사람한테 당할 방법은 없는 것 같다. IQ로 비교할 것은 아니지만 자신이 조금 부족하다 생각하면 노력을 두 배, 세 배 더하면 되는 것이다.

30대의 경쟁은 자기가 얻은 지식을 어떻게 활용하느냐에 관한 응용력, 즉 아이디어를 바탕으로 하는 '창의력의 경쟁'이다. 직장에서도 학교에서 배운 지식만으로 도전하는 것은 백전백패일 수밖에 없다. 학창시절에는 우수했던 사람이 직장에 적응하지 못하고 경쟁에서 뒤처지는 이유는 새로운 것을 받아들이는데 소홀했거나 환경적응력이 부족하기 때문이다. 끊임없이 새로운 지식과 경험, 새로운 가치관의 믹스를 바탕으로 독특한 창의력을 키워야 한다.

40대의 경쟁은 '인간관계(human relation)의 경쟁'이다. 20대, 30대를 거치는 동안 얻은 것을 바탕으로 누가 얼마나 많은 사람과 좋은 관계를 유지하느냐에 성패가 달려 있다. 아무리 많은 지식과 경험을 가지고 있더라도 이 시기에는 다른 사람과의 '인간적인 관계와 신뢰'가 그 무엇보다 중요하다. 지식보다 리더십이 더 우선시되고 단순한 경험보다는 어떤 마인드를 가지고 있느냐가 평가의 기준이 된다.

50대의 경쟁은 '체력 싸움'이다. 과장 또는 국장 이상의 직위에 올라서게 되면 산적한 업무와 수많은 갈등, 예기치 않은 위험을 잘 견디고 관리해야 한다. 그에는 정신적인 고통은 물론 밤낮을 가리지 않는 육체적 수고가 수반된다. 아무리 탁월한 지식과 경험을 가진 사람이라도 체력이 뒷받침되지 않으면 도저히 소화할 수 없다. 선진국을 돌아보면 늘 갖게 되는 느낌이 있다. 고위공직자들이 너무 열심히 일하고 수준 높은 전문가라는 점이다. 1990년 대만 해도 정부부처 과장 정도만 되면 보고서를 직접 작성하기보다 펜대 잡고 결재만 하는 관리자들이 적지 않았다. 국장쯤 되면 그야말로 입과 펜만 가지고 하루를 보내는 사람들을 많이 접해 본 나로서는 선진국 고위공직자들의 업무행태가 부럽게 여겨졌고, 그러한 모습은 적잖은 문화충격으로 다가왔다.

목표 세우기

20여 년이 지난 지금 우리나라의 공직사회가 그런 모습이 되었다. 요즘에는 실무자들보다 국장이 훨씬 빨리 출근하고 훨씬 늦게 퇴근하는 것이 일반적이다. 퇴근시간이나 휴가 신청할 때 윗사람 눈치 보는 것도 이제는 옛이야기가 되었다. 당연히 직위가 높아질수록 강한 체력을 필요로 하는 이유가 된다.

사람들은 대체로 한 달, 또는 1~2년의 짧은 기간을 대상으로 무엇을 목표로 할 것인가를 생각하기보다는 수십 년 후 아주 먼 장래의 목표에 더 많이 집중하는 경향이 있다. 그래서 아이들의 희망을 묻는 것도 '너 올해 목표는 무엇이니?'라고 묻기 보다는 '너 이담에 커서 뭐가 될래?'라는 질문이 훨씬 더 많다. 어른들도 다를 바 없다. '적어도 10년 후에는 아파트를 하나 사야 할 텐데…' '늦어도 45세까지 과장은 되어야 할텐데….' 등 먼 훗날에 일어날 일들을 더 많이 걱정하고 고심한다. 물론 긴 안목과 먼 시각으로 내다봐야 할 목표도 당연히 존재한다.

공직에서 개인의 목표는 짧은 단위로 이어가는 것이 좋다고 생각한다. 나는 길어야 5년 정도면 끝마칠 수 있는 것으로 정하고 그 이상을 초과하는 것들은 가능한 염두에 두지 않았다. 20대까지는 먼 장래의 꿈에 취하여 하룻밤 사이에도 판·검사가 되었다가, 교수, 고위공무원이 되기도 했다. 수도 없이 탑을 쌓고 허물고… 우왕좌왕했지만, 고시공부를 완전히 포기하고 한 우물을 파기 시작한 30대 초반 이후부터는 내가 세우는 목표와 계획은 그야말로 짜임새 있게 이루어졌다. 나는 매년의 계획에 정성을 들였고 세운 목표는 반드시 실현되도록 열정을 쏟아 부었다. 매년 절반이 넘어서는 7월이 되면 어김없이 다음 해에 내가 이루어야 할 목표를 세웠다. 내가 매년 단위의 계획에 치중한 이유는 계획이란 그 기간이 길면 길수록 실현가능성은 그만큼 떨어질 수밖에 없다고 보기 때문이다.

내게는 실현가능성도 없는 계획에 시간을 투자하거나 꿈이나 꾸고 앉아 있을 여유가 없었다. 나는 원래 무척 낙천적인 사람이었다. 가정을 이루기 전에는 무언가를 꼭 이루어야겠다고 결심 같은 것은 별로 해 본적이 없고 만사 천하태평인 성격이었다. 아내가 우리는 언제나 집을 마련할 수 있느냐고 보채기라도 하면 "셋방이 어때서? 셋방이라고 우리가 뭐…. 비바람을 맞는 것도 아니고 따뜻이 잠잘 곳이 있다는 것만으로도 만족해야지."라는, 항상 이런 한가한 소리나 둘러대곤 했다. 가진 돈도 없었지만 집에 대한 소유욕 같은 것은 아예 없어서 집이 필요하다면 공직을 그만둘 때 퇴직금을 일시금으로 받아서 마련하면 된다고 생각했었다.

1981년 4월에 결혼을 하면서 면목동에 단칸 월세방에 신혼살림을 꾸렸다. 세 사람 정도 누울 수 있는 방 하나에 부엌이라고는 몸 하나 겨우 드나들 정도의 좁은 공간이었지만 마냥 행복했다. 숨막힐 정도로 무덥던 어느 여름날 퇴근을 해서 보니 만삭의 아내가 창문으로 들어오는 뜨거운 햇볕을 피해서 벽 아래 작은 그늘 아래 몸을 숨긴 채 잠들어 있었다. 마땅히 고민을 나눌 친구 하나 없는 객지에 와서 남편 하나 믿고 평생을 맡긴 아내에게 너무 미안했다. 눈물이 날 정도로 안스러웠다. 그 모습이 지금도 선하다. 그 순간 나는 굳게 결심했다. "내가 어떻게 해서든 열심히 노력해서 꼭 행복하게 해 줄께! 조금만 참고 견뎌 줘."

거의 매일 야근이 반복되는 일과였지만 나는 아무리 늦게 집에 돌아와도 새벽 두세 시까지 공부를 했다. 아내를 행복하게 해주겠다는 목표가 분명했기 때문에 피곤 같은 것은 느낄 사이도 안중에도 없었다. 나는 매년 적어도 한 가지 이상의 목표를 세우고 착실히 실천해 나갔다. 하나하나 목표가 이루어질 때마다 느끼는 성취감은 대단했고, 그때마다 나에 대한 주변의 믿음과 성원의 크기는 점점 더해 갔다.

　내 집을 마련한 과정은 거의 극적이다. 과장시절 직원 중 부동산학을 전공한 사람이 있었는데 하루는 내게 이런 말을 했다. "과장님, 나이 들어갈수록 경제적 안정이 제일 중요한데 집도 마련 못하고 전세살이를 전전하면서 승진만 하면 뭐 합니까? 바로 지금이 집 마련 적기입니다. 서울 시내 다니면서 아무 데나 잡아도 됩니다. 돈이 모자라면 은행 융자를 받으세요."라고…. 당시는 외환위기 중이라 집값이 폭락해서 거래가 거의 없던 시기였는데도 내게 그런 위험한 투자를 하라니 믿음이 가지 않았지만 그 직원의 조언에 상당히 공감이 되어 그 해에는 '내 집 마련'을 목표로 정했다. 은행적금까지 톡톡 터니 3000만 원 정도가 마련됐다. 세상에 3000만 원으로 집을 살 궁리를 하다니! 남들은 황당하게 들었지만 그 직원의 조언대로라면 실현가능성이 없는 것도 아니었다.

　그날부터 주말이면 온 서울 시내를 후비고 다녔다. 그러던 중 마포 현석동에 아파트 재개발이 거의 확정된 지역이 있었는데 수중 3000만 원에 은행 융자를 2000만 원 정도만 받으면 소위 '딱지' 라는 걸 살 수 있었다. 그렇게 해서 나는 거의 2억 원 가깝게 은행 대출을 받아서 꿈에 그리던 33평 아파트를 마련했다. 그때 내 나이 48세 때다. 3년 의무거주기간이 거의 지날 무렵 아파트 가격이 폭등했다. 나는 2억 3000만 원에 분양받은 그 아파트를 6억 원에 팔았고, 대출금을 모두 갚고도 지금 사는 종암동에 같은 평형의 아파트를 마련할 수 있었다. 처음에는 황당하기까지 한 목표를 세우고 불과 5년 만에 달성한 것이다. 그때 내 자존심을 심히 자극하는 그 직원의 조언이 없었다면 아마 지금도 나는 전세방을 전전하는 신세를 벗어나지 못했을 것이다. 이렇게 해서 내가 공직생활 동안에 매년 세운 목표와 실천한 것 가운데 주요한 것 몇 가지만 소개한다.

1. 육군행정학교 유학장교영어과정 수료
2. ESL(미 국방언어학교 영어인증시험) 만점 획득
3. 미국 Central Texas 대학 한국분교 입학
4. 미국 Maryland 대학교 한국분교 편입
5. 관광영어통역자격증 획득
6. 코리아헤럴드 어학연수원 고급영어회화과정 수료
7. 한국무역협회 종합무역연수원 국제무역실무과정 수료

8. 방송통신대 불어불문학과 입학

9. 성균관대학교 불어불문학과 입학

10. 서울대학교 행정대학원(정책학 전공) 입학

11. 미국 육군군수관리대학(Army Logistics Management College; ALMC) 국방계약고급과정 등 5개 과정 수료

12. ALMC 대외군사판매(FMS) 가격산정과정 수료

13. 무역영어 1급 자격증 획득

14. 국제무역사 자격증 획득

15. 인터넷검색사 자격증 획득

16. 프랑스 고등방산연구원(CHEAr) 국제군수관리과정 수료

17. 국방대학교 관리자과정 수료

18. 국방대학교 안보과정 수료

19. 국방대학교 중국어회화 특강과정 이수

20. 주미한국대사관 군수무관부(워싱턴 D.C. 소재) 상업구매담당관 파견 근무(3년)

21. 미국 콜롬비아대학교 공증인(Notary Public) 과정 수료

22. 외교안보연구원(현 국립외교원) 국제통상전문가과정 수료

23. 유럽 5개국(영국, 프랑스, 이태리, 스위스, 네델란드) 국방군수관리시스템 연수

24. 한국방송통신대 중어중문학과 편입(3학년)

25. 계약관리본부장 직위 공모 응시·합격

26. 성균관대학교 졸업(불어불문학 학사학위 취득)

27. 서울대학교 행정대학원 졸업(정책학 석사학위 취득)

28. 보국훈장 천수장 수상

29. 내 집(33평 아파트) 마련

30. BBB 영어통역 자원봉사자격 획득

위에 적은 것의 많은 부분은 국가나 타인의 도움 없이 순전히 나의 힘과 주경야독의 노력만으로 이룬 것들이다. 끊임없이 목표를 세우고 열정을 다해 실천하다 보니 다른 생각을 할 여유라고는 꿈꾸기도 어려웠다. 내 성격이 무엇인가 몰두하기 시작하면 주변을 둘러보지 않고 집중하다 보니 누구와 즐기고 다닐 여유조차 스스로 허락이 되지 않았다. 고향 친구들과의 모임은 물론 가족 모임까지도 꼭 필요한 경우가 아니면 모두 끊었을 정도다.

내가 이렇게 몰두할 수 있었던 것은 나 자신에 대한 절대적인 믿음과 반드시 달성해야할 절박한 목표가 있었기 때문이다. 무언가 목표를 정하고 열정을 쏟는 데는 곁눈질 하지 않고 오직 한 곳만 파고드는 초집중력과 할 수 있다는 자신감이 중요하다. 뭔가 꽂혔다 싶으면 끝장을 보고 마는 몰입력과 포기하지 않는 열정은 내게 더 없이 큰 자산이며 깊이 감사할 일이다.

열정(熱情; Passion)

열정이야말로 모든 성공의 열쇠가 된다.

모차르트, 뉴턴, 다윈, 아인슈타인, 에디슨 등 인류 역사에 길이 남은 천재들은 물론 우리나라의 경제발전 신화의 주축이 된 삼성, 현대 등 대기업을 이끄는 회장들이나, 다 쓰러져 가는 회사를 세계일류기업으로 회생시킨 잭 웰치(Jack Welch) 같은 이들에게서는 공통적인 특징이 발견된다. 그들에게는 명석한 두뇌, 강력한 개성, 창조적 상상력, 한 가지 일에 몰입하는 집중력과 열정이 있었다.

성공에 필요한 것은 실현가능한 목표와 열정적인 추진력이다. 목표의 결과는 성공 아니면 실패다. 성공보다는 실패했을 때 어떻게 할 것인가가 중요하다. 미국의 유명한 방송인이자 배우, 오프라 윈프리(Oprah Winfrey)는 "할 수 없을 것 같은 일을 하라. 실패하라. 그리고 다시 도전하라. 이번에는 더 잘 해 보라. 넘어져 본 적이 없는 사람은 단지 위험을 감수해 본 적이 없는 사람일 뿐이다. 이제 여러분 차례이다. 이 순간을 자신의 것으로 만들라."고 했다. 깊은 감명이 가슴을 파고든다.

나를 오늘의 나로 키운 것은 반복되는 실패와 좌절, 그리고 다시

도전하는 끈기와 인내였다고 생각한다. 실패 없이 단번에 성공한 사람과 거듭된 실패에도 불구하고 오뚝이 같은 도전정신으로 이긴 사람의 깊이는 실패의 횟수만큼 차이가 난다. 문제는 실패했을 때의 마음 자세이다. 좌절과 불만, 한탄과 원망으로 가득한 마음으로는 다시 기대할 수 있는 것이 없다. 당연히 기회도 찾아오지 않는다.

항상 생각하고 계획하며 자신이 하는 일에 특별한 가치를 부여하는 것이 필요하다. 어떤 경우에도 열정을 잃어서는 안 된다. 적어도 열정과 욕심이 구별되어야 할 노년에 이르기까지는…. 박사학위를 받고 나서 한동안 목표 없이 멍하게 지낸 시기가 있었다. 당연히 아무런 열정이 없으니 갑자기 무기력증이 다가왔다. 책을 쓰기 시작하면서 다시 목표 있는 삶을 시작하면서 열정이 돌아왔고, 세상을 살았다는 흔적을 남기기 위한 작업이라는 데에 남다른 가치가 느껴졌다.

인류의 어떠한 위대한 일도

열정 없이 이루어진 일은 없다.

- 랄프 왈도 에머스(Ralph W. Emerson) -

인류 역사에 큰 족적을 남긴 수많은 위인들의

공통점은, 목표가 있었고 그것을 위해

열정을 다 했다는 것이다.

거창하게 인류 역사를 들먹이지 않아도

기업가, 교육자, 공직자…. 누구라도 열정없이

성공한 케이스는 없다.

9.
내일이라도 당장
그만 둘 준비를 하라.

- 끊임없이 노력해야 할 이유가 된다 -

 '내일이라도 당장 그만 둘 준비를 하라! 그러나 그만 두지는 마라!' 내가 새로 임용되는 후배 공직자들에게 언제나 꼭 잊지 않고 당부하는 말이다. 앞뒤가 맞지 않는 모순된 말인 듯하나 이 말이 뜻하는 바를 이해하는 데는 그리 어렵지 않을 것이다. 내일 당장 그만둘 처지가 되었는데 오늘 내가 아무것도 하지 않고 무의미한 하루를 보낼 수는 없다. 그렇다고 가는 데마다 내일 당장 그만둘 생각을 하면 안 된다. 성공하려면 자기 일에 대한 확신이 있어야 하고 끈질긴 집념과 인내가 필수다. '우물을 파도 한 우물을 파라'는 말이 있지 않은가?

조직에서 이리저리 오가는 사람치고 제대로 성공하는 공직자는 보지 못했다. 일 잘하고, 성실하며 진솔하고, 장래가 촉망되는 사람은 다른 곳으로 옮기는 것도 자기 뜻대로 할 수 없기 때문이다.

우리 주변에는 공직을 천직(天職)으로 생각하는 사람들이 의외로 많다. 공직을 '하늘이 내린 직업'으로 생각한다는 것은 몸과 마음을 바쳐 국가와 국민을 위해 봉사하겠다는 다짐보다는 공직 이외에는 달리 선택할만한 직업이 없고 당연히 평생 직업이 되므로 거기에 자기 인생의 승부를 걸겠다는 의도가 더 강하게 느껴진다. 언뜻 생각하면 아주 바람직한 현상으로 볼 수 있지만 내 생각은 조금 다르다.

공직을 천직으로 생각하면 자연히 공직과 연관하여 내가 가진 모든 것, 누리는 모든 것은 천부적인 것으로써 운명적으로 타고난 것이므로 누구도 건드릴 수 없는 것으로 인식될 수 있다. 나는 거기에서부터 잘못된 생각이 싹틀 수 있다고 생각한다. '철밥통'이라는 말도 그런데서 나오게 된 것 같다. 모든 것이 하늘에서 내린 것이라고 생각하면 아무리 잘못을 저질러도 하늘이 돌보아 줄 것이라는 운명론적 기대감이 절로 생긴다. 나는 공직자라는 직업을 천직으로 믿고 안주하기보다는 늘 새로운 길을 찾아 떠날 수도 있다는 생각을 잊지 않았다.

오히려 매일 매일 한 일에 대해서 평가를 받으면서 단 하루라도 최선을 다해서 정직하고 성실하게 주어진 임무를 수행하지 않으면 내일이라도 당장 사직서를 써야 하는 하루살이 일용직일 뿐이라고 생각했다. 물론 나의 이런 생각에 동의하지 않는 사람들도 많을 것이다. 극단적으로는 '그럼 뭐 한탕 치기라도 하고 튈 준비라도 하라는 거냐?'라고 받아칠지도 모르겠다. 그러나 적어도 나는 내일이 내 공직생활의 마지막 날이 될 수 있다는 그런 마음가짐으로 공직생활을 해 왔다. 그리고 지금 이 순간까지도 나의 공직관이 무척 옳았다는 생각에는 전혀 변함이 없다. 그래서 만나는 후배 공직자들에게 이 말을 꼭 해 준다.

　'내일이라도 당장 그만 둘 준비를 하라!'

내일 이 직장을 떠나야 한다면…

　내일이라도 당장 그만둘 수 있다는 생각은 나로 하여금 끊임없이 노력하도록 만들었다. 촌음(寸陰)이라도 아끼게 했고 정한 목표 이외의 다른 길로 빗나가는 것을 허용하지 않았다. 부정에 저항하고 비리를 배격하도록 만들었다. 나의 일로 남에게 의존하지 않았고 내가 져야할 책임을 남에게 떠넘기지 않게 만들었다. 내일 당장 그만두면 처자식을 길바닥에 나 앉게 만들 수는 없지 않은가!

누구나 다 아는 아주 흔한 명언으로서 네덜란드의 철학자 스피노자가 한 말이 있다. "내일 당장 지구의 종말이 온다고 해도 나는 오늘 한 그루의 사과나무를 심겠다." 그가 이런 말을 한 것이 사실이든 아니든, 그 말을 누가 했든 상관없이 나는 그 말 자체를 좋아한다. 얼마나 멋진 말인가!

내일 당장 공직을 떠난다고 생각하면 오늘 하루가 무척 소중하게 느껴진다. 내가 오늘 하루 종일 해야 할 일, 만나야 할 사람, 내일 마무리해야 할 일…. 잠시도 쉴 사이가 없다. 여유와 게으름이란 있을 수 없고 오직 최선을 다하는 노력만이 남게 된다. 내가 공직을 떠나야 할 시기에 관하여 직업공무원으로서 국가가 보장하는 정년 만 60세는 그저 형식으로 여겨진다.

언제 떠날 것인가?

정치적으로 임명된 장관, 차관이 아닌 일반 직업공무원에게는 국가가 법으로 보장하는 정년이 있다. 만 60세…. 대부분의 공직자가 이 때를 은퇴시기로 생각함은 당연하다. 그런데 달리 생각해보면 이때는 자신이 스스로 정하여 은퇴하는 것이 아니라 늙어서 "쫓겨나는 것"이다. 쓸모가 많이 떨어졌으니 밀어내는 것이다. 나는 쫓겨 나는 신세는 되고 싶지 않았다. 그래서 나름 두 가지의 기준을 세우고 잠시도 잊은 적이 없다.

첫째는 내 스스로 자존심을 지키기 어려울 때이다.

막연한 말이라고 할 수도 있지만 의미는 분명하다. 나의 자존심은 정직(正直, Integrity), 신뢰(信賴, Confidence), 능력(能力, Capability)에서 비롯된다. '정직'은 단순히 거짓말을 하지 않는 것만이 아니다. 근면, 성실이 포함된 넓은 개념이며, '신뢰'는 내가 한 일과 내 생각의 논리성·합당성에 대한 상하 동료의 믿음이다. '능력'이란 국가가 내게 부여한 임무를 요구목표 이상으로 수행할 수 있는 지식(knowledges), 통찰력(discernment), 리더십(leadership)을 말한다. 이상의 모든 것은 나의 공직자로서의 자존심을 이루는 요소이자 핵심이 된다. 이 가운데 어느 하나라도 결함이 있다고 자의든 타의든 인정이 되면 나는 공직을 떠나야 한다고 생각했다. 그런 상태로 더 이상 공직에 머무른다는 것은 매우 비윤리적이며 남의 돈을 거저먹는 범죄적 행위에 다를 바 없다고 생각했다.

공직은 명예를 먹고 사는 직업이다. 명예를 지킬 수 없는 순간 공직자는 자신의 존재가치에 관해 다시 생각해 보아야 하며 존재할 이유에 의혹이 생긴다면 하루라도 빨리 공직을 떠나야 한다. 국무총리와 장관후보자에 대한 국회 인사청문회과정에서 부동산 투기나 자녀 특채 등 이해할 수 없는 문제로 인하여 망신을 당하고 임명이 철회되는 상황을 보면 참 많은 것을 느끼게 된다. 그러한 지적이 모두 사실이라는 점을 인정하는 순간 그들은 이미 '공직자인 인간'으로서의 자격을 상실한 것인데 그런 상태에서 설혹 임명이 된다고 해도 무슨 일을 가치 있게 할 수 있을까 의문이 생기지 않을 수 없다.

나에게도 자존심을 지키기 어려운 위기가 여러 번 있었다.

그때마다 진실이 입증되어 고비를 잘 넘길 수 있었는데 거기에는 평소에 지켜 온 주변으로부터의 신뢰가 큰 힘이 되었다고 생각한다. 그 가운데 가장 기억에 남는 최대의 자존심 위기는 2002년에 내가 외자구매과장 직을 수행할 때에 발생한 '함정 무기부품 사기사건'이다. 이 사건은 본 장 말미에 '잊을 수 없는 사건들, 그리고 얻은 삶의 교훈'이라는 제목으로 상세히 정리하였다.

둘째는 나보다 어린 상관을 모셔야 할 때이다.

어떤 조직에서든 생길 수밖에 없는 필연적인 세대교체의 흐름에서 내가 밀려나야 할 순간이 되었을 때이다. 나는 세상에서 가장 확실한 계급은 '나이'뿐이라고 생각한다. 그래서인지 나보다 계급이 높은 사람보다는 나이 많은 사람에게 훨씬 깍듯한 예의를 갖추게 된다. 장관일지라도 내일 당장 나와는 아무런 상관이 없는 사람이 될 수 있지만 1954년생인 내가 어떤 경우에도 1953년생보다 윗사람이 될 수는 없기 때문이다.

나보다 어린 상관을 모셔야 할 순간에 사표를 내겠다는 생각은 초임 공무원시절부터 이미 내 마음속에 굳게 다짐한 것이다. 그때는 나이는 많은데 승진에서 매번 누락되어 늙수그레한데다 별 희망도 없이 마지못해 사는 듯한 하급 직원들이 지금보다는 훨씬 많았다. 그들이 어린 상관에게 별것 아닌 일로 혼이 나고 쩔쩔매는 모습이 내게는 무척 초라해 보였고 왠지 측은하다는 생각을 참 많이 했었다.

요즘에는 직장 내 괴롭힘, 성희롱, 따돌림 등이 사회적 이슈가 되어 상급자라고 해서 자기 성질대로 하는 것은 흔치 않지만, 나의 공직생활 초기인 1980년대만 해도 깡패 같은 상급자들이 적어도 한 과에 한 명 이상은 있었던 것 같다. 이런 사람들은 부하들을 자기 몸종 취급하고 폭언을 서슴지 않는 등 인간 이하의 행태를 특별한 죄의식도 없이 마구 쏟아냈다. 후배에게 커피 타는 심부름은 아주 약과이고, 수건을 빨아 오라든지 심지어는 구두닦이까지 시키는 선배도 봤다.

그때 당하는 사람들의 푸념은 대체로 '목구멍이 포도청이라고…'하면서 가족들을 먹여 살리려니 모욕이라도 참고 견딜 수밖에 없다고 자신의 감정을 꾹꾹 누르는 걸 자주 보았다. 그리고는 참느라고 끓어 오른 속을 달래려고 퇴근 후에는 포장마차를 그냥 지나치지 못한다. 그런 패자들의 모습이 나는 참 보기 싫었다. '나는 절대 저렇게 되지 말아야지…' 그러면 어떻게 해야 할까? 나름대로 기준을 생각해 보았다. 그때 만든 나름의 기준이 나의 정년은 만 60세가 아니라, 나의 상관이 나를 신뢰하지 않을 때, 그리고 나보다 어린 상관을 모셔야할 때라고 정했다.

내 나름의 정년

매일 매일 내가 만든 기준을 생각하면서 그렇게 되지 않기 위한 노력을 다했다. 그 길은 타의 추종을 불허하는 실력을 쌓는 것뿐이라고 생각했다. 대학과 대학원을 야간으로 마쳤고, 아무리 늦게 퇴근하더라도 새벽 두세 시까지 공부를 했다. 나는 일복도 참 많은 사람이라서 여유 있는 부서에서 근무를 해 본 적이 별로 없다. 미국 파견 근무 때가 그래도 가장 여유가 있었다고 할 수 있지만 그때마저도 전임자 없이 처음 파견된 자리라서 새로운 업무를 스스로 개척하느라고 여간 힘든 것이 아니었다. 야간대학에 다닐 때도 나는 업무에 바쁘다 보니 수업에는 늘 지각 대장이었다. 나는 시간이 없어서 공부 못했다는 말에는 전혀 동의하지 않는다. 시간은 자기가 만들기 나름이다. 하루에 두세 시간 공부할 시간은 누구에게든 있다. 반드시 책상머리에 앉아서 하는 것만 공부가 아니기 때문이다. 밥 먹으면서, 걸어가면서, 차 안에서…. 얼마든지 시간은 있다. 이렇게 말하면 건강을 해칠 수 있다고 부정적인 의견을 갖는 사람도 있겠지만 젊어서 건강은 규칙적인 생활, 자기 나름대로의 건강에 관한 특별한 관심과 실천을 통해서 충분히 얻을 수 있다. 술에 취해 흐느적거릴 시간은 있으면서 공부할 시간은 없다는 게 말이 되는가 말이다!

틈만 나면 공부하는 습관은 외국에 나가서도 변함없었다. 미국 육군군수관리대학(ALMC)에 연수차 갔을 때도 나는 오직 공부 외에는 관심이 없었다. 오죽했으면 그때 다른 유학생들이 나를 'BOQ(독신자 숙소) 귀신'이라고 불렀을까….

주말에는 아무것도 하지 않고 쉬는 시간이 너무 아까웠다. 그렇다고 연수과정이 주말까지 열심히 공부를 해야 할 정도는 아니었다. 어떻게 시간을 활용할까 궁리를 하다가 몇 개 과정은 오픈캠퍼스코스로 개설되어 있는 것을 알고는 교무처를 찾아갔다. 공부를 더 하고 싶으니 무료로 수강할 수 있게 해달라고 떼를 써서 당시 한국 유학생들에게는 개방되지 않았던 대외군사판매(FMS)[5] 가격산정과정을 2주 동안 추가로 이수할 수 있었다. 단 교재는 줄 수 없고 도서실 컴퓨터를 이용해서 수강하되 자료를 다운받을 수도 없는 조건이었다. 할 수 없이 나는 그 많은 자료를 전부 손으로 베껴서는 숙소에 돌아와 노트에 다시 정리하는 방법으로 과정을 마쳤다. 그때 그렇게 어렵사리 배운 것이 후일 미국의 대외군사정책을 비롯해서 무기수출 전략과 실무를 이해하는데 얼마나 많은 도움이 되었는지 모른다.

1980년대 중반만 해도 우리나라의 경제사정이 유학생들에게 여유 있게 생활비를 줄 만한 형편이 아니었다. 500달러 정도 생활비를 받으면 300달러를 숙박비로 내고 나머지로 겨우 식사를 해결했다. 하루 10달러도 안 되는 돈으로 세끼를 해결했으니 값싼 식빵으로 만든 토스트와 바나나가 주식이었다. 다른 유학생들은 고물 중고차라도 구입해서 주말이면 여행 다니기에 바빴지만 유일하게 나만 차가 없었다. 꼭 움직여야할 일이라도 생기면 다른 학생들이나 교무처에 도움을 받아 해결하곤 했다. 그렇게 절약해서 귀국할 때 꿈에도 그리던 삼성비디오 플레이어와 펜탁스 카메라, 아내와 아이들에게 줄 선물을 마련해서 귀국할 수 있었다.

---

5) Foreign Military Sales의 약자로서 대외군사판매라고 하며, 미국이 대외원조법(Foreign Assistance Act)에 근거하여 외국에 군사장비나 용역을 수출할 때 사용하는 政府間의 계약방법 (government-to-government contract)을 말한다.

내일이라도 당장 그만둘 수 있다는 생각은 나로 하여금 소신껏 일할 수 있는 마음자세를 갖게 만들었다. 내일 당장 그만 두는 마당에 주변 상황을 두려워하거나 우려할 대상이 없었기 때문이다. 지금은 그런 일이 쉽지 않지만 내가 실무자 시절만 해도 윗분들이 실무자들의 구체적인 업무에 일일이 간섭하는 경우가 잦았다. 어떤 업체를 좀 돌봐주라는 등, 어떤 사업은 계약을 빨리하라 또는 하지 말라 등 매우 구체적으로 관여하는 경우가 적지 않았다. 그러나 나는 하급 실무자에서 최고위 관리직에 오르기까지 상관으로부터 단한 차례도 그런 부당한 간섭이나 지시를 받아 본 적이 없다. 거기에는 상관들이 나를 신뢰한 이유도 있겠지만 아마도 내게 잘못 말했다가는 망신을 당할 수도 있다는 걱정도 있었을 것이다.

나의 이러한 생각은 공직을 떠날 때까지 한순간도 변함없이 마음속에 자리 잡았고, 결국은 내가 공직을 떠난 이유가 되었다. 공직생활 내내 상관의 부당한 간섭이나 지시를 받은 바가 없었던 만큼 어떠한 갈등도 없이 순탄하게 지낼 수 있었지만 2010년 말 명예퇴직을 결정한 순간에 겪은 마지막 상관과의 갈등은 나로 하여금 공직을 떠나게 만들었다. 당연히 평소 소신을 지켜서 미련 없이 사직원을 냈고 어떤 후회도 있을 수 없었다. 만일 나에게 그런 철학과 가치관이 평소에 없었다면 상관과의 갈등에 굴복해서 아주 비굴하게 공직을 이어가다 결국은 불명예스럽게 마감했을지도 모른다는 생각을 한다.

공직의 성공은,

나의 자존심을 지키며 가는 길이고,

공직의 실패는 정년 만 60세를 지키겠다는

생각에서 시작된다.

공직에서 신뢰를 받지도 못하면서

그 자리를 계속 유지하는 것은,

국가와 국민에 대한 죄악이 아닌가 싶다.

자신의 능력에 한계를 느끼고

치유될 수 없는 수준에 이르렀다면

과감히 떠나야 한다.

10.
「감동」을
생활화 하라.

- 작은 일로 큰 것을 얻는 비결이다 -

사소한 일로 감동을 준비하고 실천하라고 하는 것은 내가 후배 공직자들에게 늘 강조하는 말이다. 대부분은 크게 공감하면서도 정작 실천하는 사람을 보기는 쉽지 않다. 다른 사람에게 '감동'을 주는 것은 비단 조직의 구성원으로서 필요한 것일 뿐만 아니라, 가족관계를 포함한 모든 대인관계에서 필요하다. 그러나 대부분의 사람들은 그 중요성은 알면서도 실천하지 못하고 지낸다. 그 이유는 감동 주기를 그저 이벤트로만 생각하기 때문이다. 그러니 단어 자체에 부담을 느끼고 뭔가 큰 준비와 액션을 필요로 하는 것으로 어렵게 생각한다.

사람들은 매우 사소한 것에서 감동을 받지만 정말 사소한 것에서 큰 상처를 받기도 한다. 감동에 큰 준비나 액션이 필요하지 않다는 증거이다.

몇 년 전에 경험한 일이다. 저녁 모임이 끝나고 밖으로 나오니 억수같이 비가 쏟아지고 있었다. 외진 곳이라 전철은 당연히 없었고 버스 같은 대중교통이나 택시 잡기조차 쉬운 곳이 아니었는데 마침 일행 중에 비슷한 방향으로 가는 사람이 있어서 얻어 타고 가기로 했다. 내심으로는 완전히 같은 길은 아니지만 5분 정도만 돌아가면 되니까 집 앞까지 태워주지 않을까 기대하면서…. 그런데 집이 멀지 않은 대로변에서 다 왔다고 내리라고 하는 것이었다. 비는 아직도 주룩주룩 내리고 있는데 말이다. 고맙다는 말로 감사를 표하긴 했지만 씁쓸함을 감출 수 없었다. 만일 그때 그 사람이 5분 정도만 더 투자해서 기왕이면 집 앞까지 태워 주었다면 나는 크게 감동했을 것이고 그 감동은 오래 오래 간직됐을 것이다.

나는 같은 상황을 만났을 때 시간이 좀 더 걸리더라도 특별한 사유가 없는 한 꼭 최종 목적지까지 모신다. 아주 오래전부터 습관처럼 되었고 그렇게 감동받은 사람은 만날 때마다 잊지 않고 그 얘기를 한다.

5분의 투자치고는 가성비가 꽤 높은 편 아닌가!

우리 주변에서 방송이나 신문을 통해 알려지는 사소한 감동의 얘기는 수도 없이 많다. 별것 아닌 일이 계기가 되어 평생 인연을 맺은 부부의 얘기, 사소한 말 한마디에 큰 힘을 얻어서 새 삶을 살게 된 전과자의 얘기, 작은 손편지 하나로 수많은 사람들의 눈물을 자아내는 부녀의 얘기 등 정말 많다. 나 역시 그런 경험이 적지 않다. 그 가운데 1991년, 역시 미국에서 겪은 일 한 가지만 소개한다.

감동은 늘 사소한 곳에 있다

30여 년 전만 해도 우리나라의 경제 사정이 썩 좋은 편이 아니어서 내가 받은 사무관급 주택수당으로는 저렴한 타운하우스 월세방 정도밖에 얻을 수 없었다. 당연히 유색인종들이 많이 살았는데 특히 흑인이 많았다. 그래도 한국에서 살던 19평짜리 방 한 칸, 거실 하나인 아파트에 비하면 너무 좋아서 하루하루가 즐거웠다. 주변 환경이 좋아서 아침에는 자그마한 앞뜰에 심어진 나무에 앉은 새소리를 들으면 신기하기까지 했다. 그곳에 거주한지 10개월쯤 지났을 때 LA폭동사건[6]이 일어났다. 음주교통단속에 걸린 흑인이 경찰로부터 폭행을 당한 사건을 법원이 무죄로 판결하자 흑인들이

---

6) 흑인 로드니 킹(Rodney G. King)을 집단 폭행한 백인 경찰관들이 1992년 4월 29일 재판에서 무죄로 풀려난 것을 계기로 촉발된 인종폭동사건이다. 흑인 시위대는 특히 한인사회에 막대한 피해(전체의 40%)를 입혔고, 폭동은 5일간 지속되어 4000명이 넘는 사상자와 재산피해를 야기했다.

백인들을 상대로 들고 일어난 사건인데 실상은 동양인, 특히 한인들이 많은 공격을 받아 가장 큰 피해를 입은 사건이다. 당시 대사관에서는 동쪽 버지니아 주에 살고 있는 우리들에게까지 외출 자제 등을 주의사항으로 매일 당부할 정도였다. 출퇴근 때 집 주변을 오가는 흑인들의 눈초리가 심상치 않음을 느끼던 어느 날, 아침에 일어나 보니 내 차의 백미러가 심하게 깨져 있는 것을 발견했다. 더 이상 이곳에 살다가는 무슨 봉변을 당할지 모르겠다 싶어 1년 만에 중산층이 많이 사는 지역으로 이사하기로 결정했다.

임대계약 하는 날 주인을 만나보니 다행히 한국전쟁 참전 경험이 있는 미국 해군중령 출신의 노인이었는데 우리 가족에게 무척 친근감을 표해 주었다. 이사하는 날, 현관문을 열고 들어서니 아주 작은 꽃바구니 하나가 입구에 놓여 있고 편지가 꽂혀 있었다. 편지에는 정성스런 손글씨로 이렇게 쓰여 있었다.

"저희 집에 이사 온것을 환영합니다. 사는 동안 불편이 없기를 바라며 행복하시기를 기도합니다. 지하 방에는 저희 강아지가 살던 곳이어서 냄새가 날 수도 있고 침대는 그대로 두었으니 혹시 불편하시면 버려 주세요. 불편한 점은 언제든지 전화 주시고, 사는 동안 행운을 기원합니다…."

이 밖에도 쓰레기 처리하는 요령, 보일러 및 벽난로 사용시 유의사항, 스쿨버스 이용방법 등 생활에 필요한 일체의 사항을 꼼꼼히 메모한 편지였다. 처음 이사 간 집에서는 보지 못했던 일이라 생소하게 느껴졌지만 그때 받은 감동은 너무 컸다. 지금도 현관 안쪽 입구에 놓였던 아담한 꽃바구니의 모습이 생생하다. 그 꽃을 가격으로 치면 불과 10달러 미만이었지만 내가 느낀 감동은 아마 10만 달러 이상은 되었을 듯싶다.

공직자가 주는 감동

공직자는 어떤 감동을 준비하고 실천할 수 있을까?

나는 내가 그렇게 높은 직위, 그렇게 접근하기 힘든 그런 류의 공직자였다는 것을 퇴직한 후에야 깨달았다. 본부장에 취임하고 처음 열린 업체와의 간담회에서 "내 방은 항상 열려 있습니다. 여러분은 언제라도 두드리고 들어오시면 됩니다."라고 한 말이 얼마나 공허하게 느껴지고 부끄러운지 모른다. 나를 만나려면 업체는 일단 비서실을 통해 만나고자 하는 이유 또는 사정을 말하고 설득해서 미팅시간을 잡아야 하고, 필수 보안절차를 필해야 하는데 얼마나 까다로운지 아예 시도할 생각조차 하지 않는다고 한다. 그런 상황에서 나 혼자 문이 항상 열려 있다고 했으니 얼마나 황당하고 웃기는 일인가!

퇴직하고 나오니 주무관 한 명 만나기도 쉽지 않았다. 까다로운 절차는 물론이거니와 혹시라도 오해 받을까봐, 또는 괜한 일로 오히려 일을 망칠까봐 아무리 힘든 일이 있어도 끙끙 속만 앓게 된다. 그래도 그 조직의 소속기관장이었던 내가 그런 심정이니 업체의 임직원들이 느끼는 어려움은 얼마나 컸을까?

퇴직 후에 만난 어느 중소기업 대표의 말에 가슴이 뜨끔했다. 중요한 입찰, 협상, 계약을 목전에 두고 있거나, 연말연시와 같이 업체가 큰 자금이 긴요한 때에는 수십, 수백억 원의 중도금이란 기업의 목줄을 쥔 것과도 같다고 했다. 내가 결제하는 당일에는 업체의 관련부서 임직원들은 퇴근도 못하고 비상대기 한다고 한다. 그러면서 비서실 또는 개인적으로 아는 직원을 통해서 이렇게 수소문한다고 한다.

"오늘 본부장님 컨디션이 어떠세요?"

"오늘 결제 일정에는 문제가 없으실까요?"

"혹시 부정적인 말씀은 없으셨나요?"

내 개인적인 문제가 공무에 영향을 줄 수 있을 것이라는 의심이 그런 상황을 연출하는 것일 게다. 나 자신은 전혀 그렇게 생각하거나 행동하지 않는다고 믿는데도 말이다. 물론 예정에 없던 긴급회의 소집, 국회 출석요구 등 예기치 않은 상황이 생겨서 어쩔 수 없이 계획된 일정을 취소하거나 지연하는 경우가 없지는 않았지만….

만일 지금의 내가 그때 상황에 처했다면 어떻게 할까? 해당업체의 대표이사 또는 사업부서장에게 전화를 걸어서 이렇게 말할 것이다.

"대표이사님, 오늘 오전에 제가 중도금 지급건 결재를 하도록 예정되어 있었는데, 급한 회의 용무가 생겨서 일정대로 진행할 수 없게 되었습니다. 보고를 받아 봐야 알겠지만, 특별한 문제가 없다면 내일 결재해서 중도금 지급에 영향이 없도록 하겠습니다. 혹시 문제가 있어 결재를 할 수 없는 상황이 생기면 소관팀장으로 하여금 상세히 그 이유를 설명 드리도록 하겠습니다. 양해를 부탁드립니다."

내 전화를 받은 그 분의 반응은 어떨까? 아마 감동해서 울지도 모른다. 많은 직원들은 초조하게 기다리지 않고 근무 후 정상 퇴근할 수 있을 것이며, 설혹 결재과정에서 문제가 발견되어 보류되는 상황이 생기더라도 이해하고 받아들이게 될 것이며 결국 공직을 신뢰하는 기반이 될 것이다.

아주 사소하다고 생각할 수 있는 사례도 있다. 업체를 상대하는 직책의 공직자들은 연말연시나 명절 때 축하문자나 카드를 받는 경우가 많다. 요즘은 '부정청탁 및 금품 등 수수의 금지에 관한 법률(김영란법)' 때문에 거의 없어졌지만 내가 과장, 국장, 본부장할 때만 해도 승진과 영전은 물론 단순한 보직이동에도 축하난을 받기도 했다. 그러면 나는 혹시라도 오해를 받을까봐 잘 받았다는 답 문자조차 보낸 적이 없었다. 생각할수록 얼마나 어리석고 부끄러운지 모른다. 지금의 나라면 어떻게 했을까? 관심에 감사를 표하면서 개인은 건강과 행복, 기업은 번영과 발전을 기원하는 간단한 답문자를 보낼 것이다. 그러면 그 문자를 받은 사람은 어떨까? 내가 받은 감사의 몇 배로 감동될 것이다. 얼마나 간단한 일인가?

감동을 생활화하는 것은 직장에서뿐만 아니라 가정에서 부부관계, 자녀와의 관계, 친구관계 등 여러 형태의 대인관계에서도 매우 중요하다. 흔한 말이지만 늘 간직하고 살아야 할 중요한 속담은 역시 '말 한마디에 천냥 빚을 갚는다'는 것이다. 말만 잘하면 어려운 일이나 불가능해 보이는 일도 잘 해결될 수 있다는 뜻이다. 여기서 중요한 것은 '말을 잘하면…'이라는 부분인데 당연히 유창한 말이 아니라, 꼭 해야 할 말을 해야 한다는 것이며 더 중요한 것은 '때와 장소에 적합한 말'이다.

감사하다는 것은 좋은 말이지만 표현을 해야 할 시점에 하지 않고 일주일 또는 한 달 후에 할 때 표현을 받는 사람은 감사보다는 아주 이상하게 생각하면서 오히려 무슨 다른 의미가 숨어있나 하고 의심을 할지도 모른다. 반대로 말 한마디 잘못하면 큰 화를 입을 수도 있다는 점에서 '말 한마디'는 무척 신중해야 하고 대상과 상황에 맞게 잘 선택되어야 한다.

유럽 작은 시골마을 성당에서 일어난 일이다. 어느 날 성당에서 잡일을 하는 소년이 실수로 미사에 쓰는 포도주 잔을 바닥에 떨어뜨려 깨트리고 말았다. 그것을 본 신부는 아이의 뺨을 세차게 후려갈기며 온갖 저주의 말폭탄을 퍼부었다.

"야 이 멍청한 놈아! 당장 꺼져라! 다시는 성당에 나타나면 가만두지 않겠어!"

이 소년이 바로 훗날 공산주의 독재자가 되어 28년간 유고슬라비아를 통치하면서 수만 명의 반대파를 재판도 없이 무자비하게 처형하는 등 악행을 저지른 티토 대통령이다. 특히 가톨릭교회에 대해서는 반동주의자들의 집합처로 간주하여 대부분의 교구를 폐쇄하고, 수백 명의 신부를 살해·투옥하는가 하면, 교회의 모든 재산을 몰수하는 등 최악의 종교탄압과 온갖 만행을 저질렀다.

소년 티토의 경우와는 반대로 어떤 성당에서는 잡일을 하던 아이가 같은 실수를 했는데, 그때 신부는 화를 내지도 않고 혼날 생각에 떨고 있던 소년의 머리를 쓰다듬어 주며 이렇게 말했다고 한다. "음, 너는 커서 훌륭한 신부가 되겠구나." 신부의 말대로 소년은 훗날 훌륭한 성직자가 되었다고 한다.

독재자 티토와 훌륭한 성직자의 구분은 같은 사건을 두고 나온 '말'로부터 시작해서 세상에 둘도 없는 악마와 사랑·신뢰·존경을 한 몸에 받는 구원자로 나뉘었으니 얼마나 큰 차이인가!

공직은 "갑"인가?

'갑'이 맞다. 그것도 '슈퍼 갑'….

퇴직하고 보니 의외로 많은 사람들이 공직을 갑질하는 자리로 여기고 있었다. 처음에 나는 그런 말을 들을 때마다 강하게 부정하면서 갑질은커녕 오히려 을의 입장에서 민원인들 요구 들어주느라 힘들다는 말 한번 제대로 해본 적이 없다고 강변하기도 했다. 그러나 퇴직 후 채 1년이 지나지 않아 나는 갑질이 맞구나 라는 생각으로 변했다.

네이버 지식백과에서는 갑질을 권력의 우위에 있는 갑이 권리 관계에서 약자인 을에게 하는 부당 행위를 통칭하는 개념으로 정리하고 있다. 부당행위가 전제되어 있다는 점에서 논란이 있을 수 있으나 공직, 특히 내가 종사한 정부조달사업은 권력 또는 권한이라는 측면에서 당연히 업체의 우위에 있으니 그것이 다소라도 일방적으로 행사되면 갑질로 치부될 수 있다. 사업집행기관은 사업에 참여할 자를 모집하는 공고를 내면 그 날짜와 시간, 장소, 입찰방법 등 모든 사항을 상대방에게 물을 필요도 없이 스스로 결정하며 자기가 정한 기준으로 입찰서를 평가해서 자기의 판단으로 업체를 결정한다. 납품 후 합격, 불합격도 자신이 정한 기준에 따라 판단하고, 납품대금을 지급하는 것 역시 마찬가지이다. 얼마나 우월적인 권한인가! 물론 정해진 규칙이 있고 의견수렴절차라는 것이 있기는 하지만, 이 과정에서 을의 위치에 있는 업체는 대부분 그저 정해주는 대로 따를 뿐이고 불만이 있을 때 고작 할 수 있는 수단이라고는 민원을 제기하거나 수개월, 수년이 걸리는 소송에 많은 비용을 들여가며 의존해야 한다.

공직이 갑의 위치에 있음이 분명한 기준은 또 있다. 사업담당자는 업체를 법규가 허용하는 한 언제, 어디서나 뜻대로 만날 수 있다. 그러나 업체는 전혀 그렇지 않다. 주무관 한 번 만나는데도 이리저리 눈치를 봐야 하고, 면담신청절차를 거쳐 동의를 받아야 하는 데다 시간, 장소를 자신의 뜻대로 관철시킨다는 것은 어림도 없는 얘기다. 그렇다 보니 갑의 위치에 있는 공직자가 을의 위치에 있는 업체에게 사소하게 감동을 줄 수 있는 일은 하루에도 수도 없이 생긴다. 돈 안 들이고 특별히 시간과 노력 없이도 할 수 있는 감동 주는 법을 찾고 실천하며 생활화하기를 권한다. 그렇게 해서 무엇을 얻을 수 있는 가는 지금 생각할 일이 아니다. 머지않아 공직을 떠나 사회로 나와 보면 금방 내가 왜 그래야 했을까 깨닫게 된다.

공직자들은 대부분 자신이 갑의 위치에 있다는 것을 잘 인식하고 있지 못하며 인식하려 들지도 않는다. 내가 현직에 있을 때 그랬듯이 갑이라는 말만으로도 알레르기 반응을 일으키는 사람도 적지 않다. 자연히 자신이 상대하는 고객, 국민에게 감동을 주겠다고 특별히 준비하지도 않고 그럴 필요도 느끼지 않는다. 고객 감동, 국민 감동…. 무수한 감동들이 존재하지만 공직자로부터 감동을 받았다는 얘기는 별로 없다. 실제로 감동적인 사연이 없어서일까? 그렇지 않다. 감동이라고 느끼지 못하는 이유는 생활화된 감동이 아니기 때문이다. 직무상 일회성으로 만들어진 '억지 감동'은 감동이 아니다. 감동은 몸에 밴 어떤 언행의 결과로 나타나야 하며, 누구든지 공감할 수 있어야 하고, 예정되거나 예측할 수 없는 것이어야 한다. 감동의 여운은 무척 크고 길다. 작은 감동으로 인해 인생 역전을 이루고 삶 자체가 달라진 사례는 얼마든지 있다.

'감동'을 준비하고 실천하는 데는

특별한 노력과 시간과 비용이 필요하지 않다.

필요한 것은 '관심'뿐이며,

늘 누군가를 위해 돕겠다는 봉사와 희생정신이

살아 있는 것만으로 충분하다.

사소한 감동의 결과는 의외로 크다.

대인관계에 결정적인 영향을 미치며,

그 영향은 내 인생을 좌우하는 계기를 만들 수도

있기 때문이다.

11.
비자금을 챙겨라.

- 노후 가정의 평화와 폼 나는 삶의 밑천이다 -

 공무원이 무슨 비자금을 만들 여유가 있느냐라고
반문하며 허튼소리라고 반박할지도 모른다. 최근
한 설문조사에 따르면 우리나라 부부의 51%는 남
편이 아내에게 수입의 전부를 주고 용돈을 타서 쓰며, 남편이 경
제권을 가지고 관리하는 비중은 24%, 생활비 공동 통장을 만들어
사용하는 경우도 21%나 된다고 한다. 시기적으로 꽤 오래된 또
다른 조사[7]에서는 응답자의 76.5%가 비자금을 만든 적이 있으며
91.7%는 비자금이 필요하다고 답했다고 한다. 실제로 아내 몰래
비자금을 관리하고 있는 직장인 남편은 63%이며, 그 출처는 각종

---

7) 중앙일보 2014.3.26.(서명수의 은퇴팁; 노후의 비자금은 남녀모두 필요악), 월간중앙,
2007.8.10.(스페셜리포트; 아내 몰래 비자금⋯.)

수당과 성과급이 48%, 주식투자 수익 21%, 개인 용돈 17%, 아르바이트 7% 등이라고 한다.

비자금 조성 시기에 관하여는 신혼 초부터 37%, 결혼 전부터 29%, 자녀가 생긴 뒤 27% 순이며, 비자금 규모는 300만 원 미만이 51%로 대다수이고 1000만 원 이상의 고액 비자금 보유자는 10% 수준인 것으로 나타났다. 비자금을 관리하는 방법도 가지가지다. 어떤 사람은 아내에게 들킬 것에 대비해서 비자금 봉투 표면에 '당신 힘들 때 필요하면 써. 사랑해'라고 써서 집안 깊은 곳에 감추어 둔다고도 한다. 남편을 위한 처세술이라면서 목숨 걸고 비자금을 확보하자는 비장한 문구의 책도 보았다. 비자금이 필요한 이유에 관하여는 자신감을 갖기 위해, 대인관계의 품위 유지를 위해, 원만한 부부관계를 위해, 자식들과 손자들에게 폼나는 할아버지가 되기 위해 등 참으로 다양하다.

사실 나는 그 설문조사 결과를 읽고 깜짝 놀랐다. 15년 전에 이미 우리나라 남편 3명 중 2명이 비자금을 관리하고 있었다니! 그것도 신혼 초부터 그런 생각을 했다니! 의외로 많은 남편들이 아내 몰래 돈을 챙기는 것이 사실상 일반화되어 있는데, 아무 생각도 없이 은퇴 후에도 똑같이 대해 줄 것으로 아내를 믿어 왔던 내가 좀 어리숙했다는 생각도 든다. 비자금 없는 남자는 '머리카락

없는 삼손'과 같다는데….

왜 비자금이 필요한가?

 금년 3월 17일자 조세일보에 '궁퇴남(窮退男) 안되려면 현역 때
비자금 조성 잘해야'라는 글이 실린 것을 보았다. 은퇴 후 경제적
으로 궁핍해진 남자를 '궁퇴남'이라고 한단다. 이때 비자금이 없
으면 대외활동이 자제되기 때문에 모든 면에서 스스로 위축될 수
밖에 없다는 것이다. 기사내용에서 깊이 공감이 되는 부분만 옮겨
본다.

 재직 중에는 '부부 사이에 내 돈 네 돈이 어디 따로 있느냐'라고 생
 각하며 월화수목금금금 일만 하면서 살아 온 사람이 퇴직을 하면
 '아내가 가진 돈은 아내 것이고 내 돈은 없다'라는 사실에 당황하
 게 된다고 한다. 퇴직한 남편은 재직 중의 잘 나가던 시절의 씀씀
 이를 급격하게 변경하기 어렵고, 친구와 만나 식사하고 술 한잔하
 는 비용까지 아내에게 하소연해야 하는 불편함이 생기는 것이다.
 처음 한 두 번이야 그동안 가족 부양하느라 고생한 안타까운 마음
 에 망설임 없이 주겠지만 아무리 마음씨 착한 아내라 할지라도 소
 득이 없는 남편이 자꾸 용돈을 올려 달라고 하면 마찰이 생기는데

이를 '신(新)부부갈등'이라고도 한다.

어쩌면 이렇게 나의 경우를 잘 표현했는지 모른다. 그래도 나는 공직을 떠난 후 지금까지 계속 돈을 벌고 있어서 용돈 걱정은 없는데도 이런 생각을 하게 되니, 그렇지 못한 은퇴자들의 입장은 어떨까 생각하면 처량한 생각이 든다. 실제로 은퇴한 친구들, 친지들로부터 참 많은 사례를 접하고 있다.

내가 퇴직 후에 가장 처음으로 절실하게 느끼고 후회한 것은 내가 개인적으로 필요할 때 스스로 알아서 쓸 수 있는 비자금을 단한 푼도 마련해 두지 못했다는 것이었다. 비자금이라는 말이 대부분은 탈세, 자금은닉, 남편의 외도 등 범죄나 비윤리적 단어와 연관되어 쓰이다 보니 부정적인 인식이 많지만 굳이 다른 말로 표현한다면 '종잣돈(seed money)' 정도로 생각하면 될 것이다

노후가 초라하지 않으려면…

사실 노후 비자금은 많은 은퇴자들의 로망이다. 나는 다행히도 지금까지 내가 쓸 만한 돈을 벌고 있지만 일도 없고 비자금도 없는 은퇴자들의 노후는 정말 초라하다. 노후 비자금은 초라하게 살

지 않기 위한 방편이다. 신혼 초부터 비자금을 마련해 온 현명한 사람들도 많지만 나처럼 노후 비자금 한 푼 없이 맹탕 은퇴자들 역시 적지 않다. 현직 때는 그 중요성을 모르기 때문에 비자금을 만들 필요성을 느끼지 못했기 때문일 것이다. 우리 때만 해도 비자금을 만들 수 있는 통로는 여러 가지가 있었다. 야근 수당, 연차수당 등 아내가 정확히 알 수 없는 수당이 적지 않았고, 정액출장비를 절감할 수도 있었다. 현직 고위공무원 시절 연수기관에서 만난 친구와 대화중에 상당한 금액을 노후 비자금으로 모았다는 얘기를 듣고 놀란 적이 있었다. 그 친구는 대부분 연차수당과 성과급이 출처이지만 출장가서 쓸 돈을 아껴 모은 것도 꽤 기여했다고 했다.

그러면 비자금은 어떤 용도에 쓰일까?

남편들은 노후에도 비용지출 항목이 현직 때나 별로 차이가 없다. 다만 규모만 줄어들 뿐이다. 비자금이 없는 사람은 그때마다 아내에게 손을 벌려야 하고 지출사유를 설명하면서 한마디씩 싫은 소리를 들어야 한다. 사용처와 금액을 놓고도 다툼이 생긴다. 부조금의 경우에 상대에 따라서는 평균 이상으로 특별히 더 고려해야 할 관계가 있을 수 있는데 이때 아내를 설득하기란 보통 어렵지 않다. 아내의 입장에서도 현직 때 수입의 절반 또는 그 이하의 수입으로 전과 같은 수준으로 생활을 한다는 것은 도저히 불가능하므로 남편에게 불필요한 지출을 삼가도록 요구하고 그것이 관철되지 않으면 다툼으로 이어지기 십상이다.

퇴직 후에 비자금의 필요성을 절감케 한 경험이 있다. 나는 본래 생일이나 무슨 기념일 같은 걸 잘 챙기지 않는 편인데, 한번은 아내의 생일과 결혼기념일이 겹친 해가 있었다. 작은 선물이라도 꼭 해야 할 것 같아서 고민 끝에 시내 백화점 명품코너에 가서 제법 가격이 나가는 팔찌와 목걸이를 샀다. 당연히 신용카드를 사용하고 말이다. 기뻐할 줄 알았던 아내는 분에 맞지 않는 선물이라고 하면서 바로 반환해 버렸다. 그때 만일 내게 비자금이 좀 준비되어 있었더라면 아주 폼 나게 선물하고 기쁨을 받았을 것이다.

살다 보면 부모, 형제는 물론 아이들한테도 특별히 감사를 표하거나 선물을 해야 할 경우가 적지 않게 생긴다. 이때 아내에게 비용을 요구한다면 특별히 인정되는 경우가 아니면 대부분은 거절된다. 이때 내가 개인적으로 사용할 수 있는 비자금이 있다면 체면 구기지 않으면서 위신을 살릴 수 있을 것이다.

나는 결혼 후 아내와 지금까지 한 번도 어기지 않고 지켜 온 약속이 있다. 내가 초임 공무원 시절만 해도 월급은 현금으로 받았는데 선배들 중에는 늘 다른 월급봉투를 만들어서 빼돌리는 사람을 많이 봤다. 나는 그때만 해도 그런 짓을 매우 비윤리적이고 비겁한 짓이라고 생각했기 때문에 나는 절대 그렇게 하지 않겠다고 다짐했었다. 대신에 아내에게 이런 요구를 했었다.

"나는 어떤 수입이든 단 한푼도 손대지 않고 당신에게 갖다 줄테니 내가 용돈이 필요할 때 없다고 해서는 안돼요 이 약속은 영원히 지킬 테니 당신도 꼭 지켜야 해요."

나도 아내도 이 약속만큼은 잘 지켜왔기 때문에 나는 비자금 따위는 필요성을 전혀 느끼지 못했다. 그러나 현직에서 떠나 사회로 나오니 상황이 조금 달라지기 시작했다. 두 달여 쉬는 짧은 기간 동안 유난히 지출소요가 많이 생겼다. 그때마다 아내에게 용돈을 타내는 것이 하기 싫은 일 중 하나가 되었다. 그렇다고 내가 요구하면 거절하거나 싫은 표정을 지은 적은 한 번도 없었는데도 괜히 스스로 어깨가 움츠러드는 것이다. 퇴직 후 몇 달을 빼고는 지금까지 계속 적당한 수입이 있어 왔는데도 사정이 그러하니 만일 전혀 수입이 없는 상황이었다면 어찌되었을까! 실제로 내 주변 친구들, 지인들 가운데 비자금이 없어 초라하게 노후를 보내는 사람들이 적지 않음은 슬픈 현실이다.

경제마인드를 키워주는 비자금

가정에서 경제권을 완전히 아내에게 맡기고 개인적인 비자금조차 없다보니 퇴직 후 직면하는 어려운 문제가 또 하나 있다. 경제관념이라는 게 도무지 없다는 점이다. 40년 이상을 주는 월급만 받고 그마저도 아내의 손에 전적으로 맡기다 보니 재산증식(이재) 능력은커녕 그 개념조차 제대로 알고 있지 못했다. 처음 퇴직하고 나와서 은행 일을 보는데 얼마나 낯설었는지 모른다. 창구직원은 내가 쏟아내는 기초적인 질문을 접하고는 아주 의아해하는 표정을 보였다. 은행 일 돌아가는 걸 모르니 부동산 투자, 주식 투자를 알 리 없고 내가 아는 재산증식방법이라고는 오로지 정기예금밖에 없었다.

재산을 증식하고 관리한다는 것은 꼭 돈을 벌고 모으기 위해서만 필요한 것이 아니라 사회생활에 보다 쉽게 적응하기 위한 방법이라는 의미도 있다고 생각한다. 지난 10년 동안 나름 열심히 경제신문을 읽고 분석도 해 보았지만 체질화된 '감(感)'이라는 것은 수십 년간 몸으로 직접 부딪치면서 쓴 맛, 단 맛 봐가며 체득되는 것이라는 점에서 한계를 절감한다.

적당한 비자금 수준

비자금 규모는 어느 정도가 적당할까? 처음 조성과 관리방법은 어떻게 하는 것이 좋을까? 실전을 통해 얻어진 결과는 아니지만 주변 경험자들의 조언과 비용 소비자의 입장에서 종합해 볼 때, 규모는 2000만 원 정도는 되어야 할 것 같다. 비자금을 관리하는 사람들의 평균 규모로는 고액에 해당되지만 그냥 사탕 빼먹듯 쓰고 마는 것이 아니라 종잣돈(seed money)의 개념으로 관리하려면 최소한 그 정도는 필요하다. 2000만 원을 한 번에 마련하려면 쉽지 않은 금액이지만 신혼초부터 시작한다면 그리 어렵지 않다고 본다. 현금을 모으는 방식보다는 1주일에 1만 원, 매달 4만 원 정도를 저축한다고 생각하고 건전한 미래 첨단산업 주식을 매월 1주씩만 사서 그냥 쌓아 두면 된다. 증식이나 폭락을 걱정할 필요도 없고 그저 아무 생각 없이 쌓아 두기만 하면 된다. 이런저런 신경 쓰느라 업무시간에 부동산 얘기나 하고 주식투자 얘기나 하는 엉터리가 되지 않아도 된다.

요즘 우리나라의 평균 초혼연령을 33세로 보고 60세에 은퇴한다고 가정할 때 27년을 이런 방식으로 투자한다면 원금만도 1296만 원이 된다. 그렇다면 은퇴 시점에 2000만 원 정도 확보하는 것은 그리 어렵지 않다는 계산이 나온다. 만일 은퇴시점에서 이런 규모의 비자금 조성이 실현된다면 우리나라 남편들의 비자금규모 10% 내에 들어가는 고소득층에 속한다. 그만큼의 자신감으로 노후 생활을 폼 나게 즐길 수 있는데 하루라도 미룰 이유가 없지 않은가!

얼마 전 인터넷 검색하면서 이런 글을 본 적이 있다.

"51살에 비자금 2억8천 정도 되면요, 샐러드 가게 하나 오픈해서 아들이랑 하고픈데…지금부터 배우고 지금부터 10년 후 이야기네요." 이 글을 읽고 나도 모르게 웃음이 나왔다. 40대에 벌써 저런 생각을 하다니! 2억 8000만 원이나 되는 거금을 비자금이라고 하다니! 앞으로 10년 후에나 일어날 수 있는 일을 벌써 예정하다니! 나름 생각있는 사람의 글이겠지만 나의 비자금 개념과는 너무 동떨어진 것이라서 다소 황당하다는 생각도 들었다. 비자금은 노후에 아주 특별한 용도가 생길 때 누구에게든 폐를 끼치거나 신세 지지 않고 자유롭게, 부담 없이 쓸 수 있는 돈이다. 가족의 삶에 영향을 미칠 수 있는 사업 용도의 돈이라면 배우자가 모르게 숨어서 관리할 성격의 돈이 아니며 비자금이라 할 수도 없다. 노후 품위를 위한 비자금은 2000만 원이면 충분하다. 오히려 그보다 많으면 본래의 용도와는 달리 골칫덩어리가 될지도 모른다.

살다 보면 선의의 거짓말을 해야 할 때도 있다.

비자금은 외도의 목적으로, 또는 엉뚱한 용도로

쓰기 위한 것이 아니다.

은퇴 후에도 안정되고 평화로운 부부 관계와

가족관계를 유지하고, 품위 있는 대인관계를

원한다면 첫 월급부터 비자금 조성을 계획하고

실천하는 것이 좋다.

노후 가정의 평화와

초라하지 않은 나를 위하여….

12.
「뒷 모습」이 멋진 사람이 되라.

- 인간적인 신뢰와 존경의 모멘텀이 된다 -

대부분의 사람들은 거의 매일 자기 모습을 거울에 비추어 본다. 일상생활에서 만나는 사람들에게 가능하면 좋은 모습을 남기고 잘 생겼다, 멋지다는 말을 듣고 싶어서일 것이다. 그래서 자기의 앞면, 즉 '얼굴'에 작은 티라도 묻어 있지는 않은지, 머리 모양은 제대로 되었는지, 치아 사이에 고춧가루라도 붙어 있지는 않은지 꼼꼼히 점검한다. 그런데 몸을 돌려 자기의 뒷모습을 보기란 쉽지도 않아서 매일 수시로 체크하는 사람은 별로 없다. 적어도 남자들은 그렇다. 앞모습을 바꾸거나 변장하기는 아주 쉽다. 그러나 뒷모습은 그렇지 못하다. 그래서 뒷모습이야 말로 우리 인간의 감출 수 없는 진솔한 모습이며 그래서 무엇보다 중요하다는 것이다.

공직자의 뒷모습은 다양한 형태로 나타나고 사람들에게 인식된다. 자신의 업무를 후임에게 인계하고 돌아서는 모습이 있다. 좋은 일이나 나쁜 일을 경험할 때 처신하는 모습이 있다. 정년퇴직이든, 명예퇴직이든 정든 직장을 아주 떠날 때의 뒷모습도 있다. 그때마다 사람들이 보이는 행태는 천태만상이다. 바람직한 것은 올곧고 당당하여 누구에게나 기억될 수 있는 아름다운 모습을 보여야 한다.

공적 챙기기와 책임 떠넘기기

공직자로 성공하고 존경받는 공직자는 후임자를 가볍게 보지 않으며 전임자를 절대 소홀히 대하지 않는다. 후배의 길은 자기가 걸어 온 길이며 선배의 길은 자기가 걸어야 할 길일 수 있기 때문이다. 오랜 공직생활 중 치졸하다 싶을 정도로 비열한 사람들의 행태를 적지 않게 접했었다. 자신의 업적을 내 세우기 위해 전임자가 한 일의 가치를 깎아내린다든지, 심지어는 잘못된 일로 치부하여 무슨 범죄라도 저지른 것처럼 혹평하고 다니는 사람들도 봤다. 전임자가 한 일에서 약간의 보완을 하고는 전부 자기가 다 한 일인 양 자랑하고 다니는 사람도 봤다. 어떤 사람은 내가 그 당사자인지도 모르고 흉을 보고 자기 잘난 체를 늘어놓기도 한다. 그런데 이런 사람들일수록 그 일에 약간의 문제라도 생기면 자기가 했으니 책임지겠다는 것이 아니라 언제 그랬냐는 듯 꽁무니를 감춘다. 잠시라도 한 눈 팔고 있으면 공적 따위는 도적맞기 십상이다. 조금이라도 잘 됐다는 평가가 나오기라도 하면 너도나도 숟가락을 들이댄다. 그러나 나쁜 결과에 선뜻 나서는 사람은 흔치 않다. 잘된 것으로 평가받다가 감사라도 받은 후 다시 잘못된 사례로 전락하는 경우도 적지 않은데 이때는 정말 우스꽝스런 광경이 펼쳐지기도 한다.

육군의 단거리 대공미사일체계인 '천마사업'[8]은 내게 말할 수 없이 무거운 책임감과 사명감, 그리고 큰 부담을 안겨 준 사업이었다. 국방과학연구소(ADD) 주관의 국내 개발 사업이기는 했지만, 수조 원에 이르는 총사업비가 혈세로 투입되는 대규모 사업인데다 핵심이 되는 탐지레이다와 추적레이다는 프랑스 탈레스(Thales)사의 제품을 도입해서 탑재하는 무기였는데 그 레이다 도입사업 협상 임무가 당시 5급 사무관인 나에게 부여된 것이다. 초기협상부터 투입이 된다 해도 쉽지 않은 일인데 ADD가 사실상 협상을 완료한 상

---

8) 천마(天馬; K-31 Pegasus)는 공중 침투하는 적 항공기로부터 중요시설을 방호하고 기동부대를 보호하는 한국형 단거리지대공미사일(K-SAM)이다. 1987년에 국방과학연구소가 주관하여 프랑스 Thales사의 기술지원과 삼성탈레스가 1997년에 개발 완료하였다. 삼성탈레스가 한화그룹에 합병된 후 1999년부터는 한화디펜스가 양산해 왔다. K-31은 궤도식 차체에 사거리 9km의 단거리 지대공미사일 8발과 탐지레이다(20km), 추적레이다(16km)를 탑재했다. 이 사업은 수조 원 규모로 당시 최대 규모의 무기획득사업이었으며, 필자는 가장 중요하며 전체가격의 절반이 넘는 탐지·추적레이다 구매사업을 프랑스 Thales측과 협상했다.

태에서 회계연도 마지막 달인 12월에 상부의 재협상 지시로 급히 TF가 꾸려진 터라 시간적인 여유가 너무 없었다.

 그날부터 나는 숙식을 사무실에서 해결해야 했다. 요즘처럼 난방이 가동되는 상황도 아니어서 영하의 추운 사무실에서 군대 담요를 두세 겹으로 덮어쓰고 달달 떨어가며 밤을 새워 해외정보를 수집하고 분석해서 협상전략을 짰다. 요즘처럼 엄청난 성능의 인터넷 정보소스를 활용할 수 있던 때도 아니어서 당시로서는 나름 첨단수단이었던 286컴퓨터에 탑재된 '천리안프로그램'으로 탈레스 사의 해외 판매실적 정보를 수집해서 협상전략을 수립했다. 그렇게 해서 약 500여억 원의 예산절감을 달성했고, 대규모 사업이 끝난 후엔 늘 그랬듯이 공로자에 대한 훈장, 표창 풍년이 이어졌다. 당연히 내게도 공적조서 제출이 요구되었지만 나는 일언지하에 거절하고 이렇게 말했다.

 "나는 이 사업을 위해 할 수 있는 최선을 다했지만 결과도 최선이라는 자신은 없습니다. 그러니 훈장을 받기보다는 지금부터 감사받을 준비나 해야겠습니다."

 내가 그렇게 말했던 이유는 상당 부분에서 부족함을 발견했고 내게 주어진 권한과 기한, 협상여건으로는 도저히 해결할 수 없는 일들이 적지 않음을 알기 때문이었다. 무기의 가격결정은 원가분석(cost analysis) 또는 가격분석(price analysis)방법을 활용하는데, 국외도입사업의 경우는 재료비, 노무비, 경비 등 제반 원가구성요소를 실질적으로 파악하는 것이 사실상 불가능하기 때문에 예나 지금이나 가격분석방법을 활용한다. 어떤 무기가 가장 좋은 가성비를 갖느냐 하는 문제는 그 무기를 채택해서 군에서 운용하고 후에 폐기할 때까지 투입되는 총비용, 즉 총수명주기비용(Full Life Cycle Cost; FLCC)으로 판단한다. FLCC는 대체로 연구개발비(R&D) 10%, 조달획득비(Acquisition) 30%, 운영유지비(O&M) 60%의 비율로 구성되기 때문에 도입 후 운영유지에 필요한 비용을 판단하는 것이야말로 무기 자체의 도입가격보다 훨씬 중요한 것이다.

내가 담당했던 천마 레이다 역시 다른 국외도입 무기체계와 마찬가지로 수천, 수만 가지의 세부 부품단위까지 적정가격을 찾아낸다는 것이 사실상 불가능해서 총액으로 산정했기 때문에 최선을 다하긴 했지만 최적이라고 자신할 수는 없었다. 많은 사람들은 무기를 다른 나라보다 싸게 도입했다고 하면 앞뒤 안 가리고 일단 잘했다고 평가한다. 그러나 FLCC의 관점에서 도입가격은 전체의 30%에 불과하기 때문에 그것만으로 잘잘못을 평가하는 것은 적절하지 않다. 상당수의 해외 방산업체들은 무기 본체가격은 싸게,

운영유지부품가격은 비싸게 파는 전략을 쓰는 경우가 다반사이기 때문에 도입가격의 결과만으로 훈장을 받는다는 것은 옳지 않다고 나는 생각했다.

아마도 내가 사양한 훈장은 다른 공로로 누군가가 받았을 것이다. 나는 관심도 없었기 때문에 누군지 알아볼 생각도 하지 않았다. 얼마 지나지 않아 정부가 바뀌고 예상했던 대로 천마사업은 감사원의 집중감사대상이 되었다. 내가 담당했던 국외도입부문은 전체 원가의 일부분이었는데도 불구하고 무기가격에 대한 책임은 전부 내게로 떠 넘겨졌다. 그 많은 공로자들은 다 어디로 갔는지? 다행히 감사결과에 대한 문책은 없었지만 그 일 이후로 나는 좋은 일과 나쁜 일에 대한 인간들의 표리부동한 행태는 어찌 보면 본능에 가깝다는 생각을 했다.

비슷한 경험은 또 있다. 내가 국방부조달본부 외자국에서 6급 주사로 근무할 때 가장 힘들고 큰 작업 중 하나는 '외자업무실무참고서'라는 1000여 쪽 가까운 방대한 책자를 실무메뉴얼의 형태로 발간하는 일이었다. 무기를 국외에서 도입하는 사업은 크게 정부간계약[9] 에 의한 방법과 일반 상업무역계약[10]에 의한 방법의 두 가지로 구분된다. 정부간계약은 통상 FMS[11] 계약이라고 하는데 우

---

9) Government-to-Government Contract
10) Commercial Trade Contract
11) FMS(Foreign Military Sales); 대외군사판매라고 함. 미국이 외국정부와 무기거래를 할 때 판매하는 방법 중 하나로서 외국정부가 무기판매를 요구할 경우 국방부(DoD)산하 국방안보협력본부(Defense Security Cooperation Agency; DSCA)가 미국 업체로부터 구입하여 일정한 수수료를 더하여 외국 정부에 판매하는 방법이다. 그 반대로 미국의 업체가 외국정부와 직접 거래하는 것은 직접상업판매(DCS; Direct Commercial Sales)라고 한다.

리나라 정부를 대표하는 국방부(방위사업청)와 미국정부를 대표하는 DoD[12]가 거래계약을 체결하고 그에 따라 물품이 거래되는 방법이다. 따라서 우리나라의 국내법규는 물론 미국의 관련법규와 실무를 총망라하여 정리해야 하는 일이니 그 범위가 실로 방대한데다 처음으로 시도하는 작업이어서 6급 주사 수준에서는 난이도가 매우 높은 작업이었다. 그럼에도 내가 그 작업을 피할 수 없었던 것은 실무매뉴얼의 필요성을 강하게 주장한 사람이 바로 나였기 때문이다. 내가 미국 육군군수관리대학(ALMC)에 가서 국방계약과정, 군수개발과정, 품질관리과정 등을 이수할 때 가장 충격적이었던 것은 극도로 세밀하게 구조화된 그들의 매뉴얼체계였다. 분야별 매뉴얼 하나면 초보적 실무자도 업무를 수행하는데 어려움이 없을 만큼 모든 업무의 개념부터 절차에 이르기까지 매우 상세하게 매뉴얼로 정리되어 있었다. 내가 연수를 받은 ALMC 과정에서는 5개월 동안 그 매뉴얼만으로 교육을 받았는데 모두가 교재내용을 달달 외울 정도로 집중적인 교육이 되었다. 그들의 매뉴얼체계는 부러운 수준을 넘어 충격이었기 때문에 귀국하면 반드시 저 일부터 하리라 하고 다짐했었다.

그러면 우리의 경우는 어떠했는가?

지금은 '국가를 당사자로 하는 계약에 관한 법률'이라고 해서 국가(정부)계약을 법률적으로 통괄하는 체계가 나름 구비되어 있으나, 당시에는 예산회계법의 일부로 규정된 계약관련 조항과 몇 개

---

12) Department of Defense

조항에 불과한 외자구매에 관한 규정, 국방부훈령인 '국방획득관리규정'과 '조달본부 내규'가 전부였고 그 정밀도는 부족하기 짝이 없었다. 자연히 업무과정에서 기관 간, 부서 간, 담당자 간 해석과 적용이 상이하고 실무자의 자의적인 해석과 위법·부당집행 사례는 끊이지 않았다.

  실무매뉴얼인만큼 내용이 중요함은 물론 전문적 권위를 확보하는 것도 매우 중요했다. 분야별로 나름 전문가로 알려진 중견직원들로 편집위원회를 구성하고 할당된 부문에 대한 진행실적을 매주 점검하는 회의를 가졌다. 당연히 내가 집행을 총괄하는 간사역할을 맡았는데 반년이 지나도록 별다른 진척이 없어서 속만 타들어 갔다. 전문위원이라고 선발된 사람이 도움이 되기는커녕 황당한 얘기로 시간만 허비하게 만드는 경우가 적지 않았다. 그대로 진행하다가는 배는 산으로 가고 연말이 되도록 아무런 산출물 없이 빈손이 될 것 같다는 위기 의식으로 하루하루를 보냈다. 생각다 못해 아무것도 나올게 없는 전문위원들의 손을 기다릴게 아니라 나 혼자 모든 편집작업을 추진해 보자고 결심했다. 밤과 낮, 휴일을 가리지 않고 거의 반년을 혼자 작업하여 1000여 쪽에 달하는 매뉴얼 편집을 완료하고 발간해서 전직원과 국방부, 각군 등유관기관에 배포하는 날 얼마나 뿌듯했는지 모른다. 사방에서 칭찬과 감사의 말이 들려왔다. 그날 이후로 나의 업무능력에 대한

평가는 몇 단계 껑충 뛰었고 훗날 승진가도를 달리는데 큰 힘이
되었음은 물론이다.

　문제는 그 후에 있었다. 1994년 7월에 내가 미국 주재관 3년 근
무를 마치고 귀국해 보니 그 실무참고서의 편집책임자가 완전히
다른 사람으로 바뀌어 있었고 내 이름은 어느 구석에도 찾아볼 수
없었다. 나는 너무 섭섭했지만 공적을 두고 다투거나 경쟁하는 행
태 자체를 아주 경멸해온 나로서는 그 일을 굳이 따지고 싶은 생
각은 없었다. 사연을 알아보니 갱신판을 발간한다고 하면서 편집
위원회를 다시 구성했고, 내용은 거의 달라진 게 없는데도 위원회
는 초판 발행 때 아무것도 한 일이 없는 사람들로 채워져 있었다.
'그 매뉴얼을 만들기 위해 내가 얼마나 힘들었는데'하는 생각에
황당하기도 했지만 처음 발간했을 때 받았던 많은 칭송이 그대로
끝까지 유지될 것이라고 믿었던 나의 순진한 생각에 헛웃음이 나
왔다.

내가 보는 공직자의 뒷모습

　그러면 '공직자의 뒷모습'은 어떠해야할까?
　공직자의 뒷모습은 앞모습만큼이나 늘 단정하고 일관적이어야

한다. 국가와 조직과 자신을 속이지 않는 정직함이 있어야 하며, 자기가 한 일에는 당당함이 있어야 한다. 주어진 임무에 대해서는 그 결과가 좋든 나쁘든 책임지며 같이 일한 동료, 선배 또는 전임자나 후임자를 위해 늘 배려하고 양보하는 자세를 갖춰야 한다. 나쁜 일에는 숨고 좋은 일에만 나서는 나쁜 습관을 버려야 한다. 전임자가 한 일과 후임자가 할 일을 존중하고 겸허히 받들어야 한다.

공직자가 퇴직하고 마지막 임지를 떠날 때 뒷모습은 명예롭게 마감되어야 한다. 정년이 되어 퇴직하는 경우 외에도 공직을 떠나는 모습은 다양하다. 잘못을 저질러서 파면되거나 직위해제의 징계를 받고 떠나는 사람이 있는가 하면, 뇌물죄나 성범죄 혐의를 받고 수갑에 채워져 떠나는 사람도 있다. 상관과의 극심한 갈등이나 인사불만을 참지 못하고 떠나기도 하며 가정문제, 건강문제 등으로 자의반 타의반 공직을 떠나기도 한다. 반대로 동료와 선·후배의 따뜻한 환송을 받으며 화려하게 떠나는 경우도 많다.

자신의 뒷모습이 초라하게 보이지 않기 위해서는 평소 하나에서 열까지 철저한 자기관리가 있어야 한다. 강한 소신으로 무장하고 늘 떠날 마음의 준비가 되어 있지 않고는 뒷모습이 아름다울 수 없다. 앞모습은 '현재의 나'이지만 뒷모습은 '미래의 나'이다. 전자는 긍정적인 마음가짐, 아름다운 생각, 조화로운 삶이 바로 얼굴

에 나타난 나의 모습이지만, 후자는 나를 주관하는 철학적 가치관
이 오래 오래 작용하고 쌓였다가 시간을 두고 천천히 나타나는 것
이다.

나의 뒷모습을 본다

나는 2010년 12월 31일, 내 나이 57세 되던 해에 정년을 5년 정
도 남겨두고 명예퇴직을 선택했다. 이유는 당시 직속상관과의 갈
등이 원인이 되었다. 평소에 상관으로부터 내 직무에 관한 신뢰를
얻지 못하는 때 나는 공직을 떠나겠다는 소신으로 늘 다짐해 왔으
니 생각대로 실천에 옮긴 것이다.

당시 '삼정검(三精劍)[13] 사업'이라는 것이 있었다. 현역 군인이 장
군으로 진급하면 대통령 앞에서 신고하고 받는 의전용 검인데 총
사업비라고 해야 3억여 원 정도에 불과했다. 작은 사업이었지만
국방부의 위탁을 받아 집행하는 사업으로서 대통령 주관 의전행
사에 꼭 필요한 것이어서 무척 신경이 쓰이는 사업이었다. 그런데
10월쯤 돼서 소관팀장이 보고하기를 '수의계약으로 집행하던 사
업인데 갑자기 경쟁업체가 나타나서 계속 민원을 제기하는 바람

---

13) '삼정검(三精劍)'이란 육군, 해군, 공군 3군이 일치단결하여 호국, 통일, 번영의 세 가지 정신을
달성하라는 의미로 대령이 장군으로 진급하면 대통령이 하사하는 의전용 검을 말한다. 삼정검에는
이순신 장군의 좌우명인 '필사즉생(必死卽生), 필생즉사(必生卽死)'의 글귀가 새겨져 있다.

에 계약을 못하고 있는데 어찌할까요'하는 보고였다. 나는 위탁기관인 국방부의 의견이 중요하다, 대통령 의전행사용이므로 납기가 중요하다는 점을 강조하면서 연말까지 납품이 완료되려면 시간적 여유도 없으니 위탁기관의 의견을 받아들여 수의계약으로 검토하는 것이 좋겠다는 의견을 제시하고 사업을 추진하도록 팀장에게 지시했다. 그런데 나의 상관은 참모회의석상에서 "나에게 보고도 하지 않고 누구 맘대로 그런 결정을 내렸는가!"라며 강하게 질타하면서 "앞으로 모든 계약 건에 대해 내게 보고하시오!"라고 요구하는 것이었다. 그 상관의 지시가 부당하다고 생각한 나는 바로 이렇게 되받아치고 회의가 끝나자마자 나와 버렸다.

"저는 국가로부터 방위사업청이 집행하는 모든 계약을 체결하고 최종적으로 서명할 유일한 권한을 부여받았습니다. 다만 상부에는 승인을 발효요건으로 하는 사업에 한해서는 법규가 정한 절차에 따라 보고하는 것입니다. 계약이라고 해도 금액에 따라서는 하부 위임이 되어 있기 때문에 그런 건은 저도 부하에게서 보고 받지 않습니다. 모든 권한을 위임했기 때문입니다. 지금 문제가 된 사업은 본부장 결재사업도 아니고 그 아래 부장 결재사업도 아니며 팀장에게 전적으로 위임된 사업입니다. 그런데 그런 것까지 모두 보고를 요구하시는 것은 법률적으로나 실무적으로나 타당하지 않습니다."

공직생활 중 처음으로 받아 본 상관의 불신에 찬 지시가 내게는 수용하기 어려운 간섭으로 들렸다. 사무실에 돌아와 차분히 생각해 보았다. 무엇 때문에 그런 지시를 내린 걸까? 나로서는 이해할 수 없었다. 상관의 방으로 직접 찾아가서 따져 볼까 생각도 했지만, '아 때가 왔구나!' 싶었다. 내가 늘 마음에 다지고 다졌던 그때… 상관으로부터 신뢰를 받지 못하게 된 때, 후배들에게 늘 강조해 왔던 그때가 바로 이때다 싶었다. 그 상관의 행위가 나의 능력과 내가 수행하는 업무에 대한 불신에서 비롯되었다고 믿고 1주일 정도 숙고한 후에 주저 없이 명예퇴직신청서를 제출했다. 지금 생각하면 공직을 떠나겠다는 결정이 순전히 나의 의지로 비롯된 것이 아니라는 데에 아쉬움이 있으나, 그때의 판단이 내 공직생활에서 가장 잘한 결정 가운데 하나라는 생각에는 변함이 없다.

당시 많은 동료, 부하직원들은 나의 갑작스런 사표 제출을 의아해하였으나, 사정을 알게 된 후에는 격려는 물론 경의를 표하기까지 했다. 그때 만일 내가 상관의 지시가 부당하다는 것을 알면서도 굴종했다면 동료, 후배들은 나를 어떻게 생각했을까? 부당한 지시를 거부하지 않고 따름으로 인해서 다른 문제가 생겨 공직을 떠날 상황이 되었다면 그때의 내 뒷모습은 어땠을까? 아마 무척 초라했을 것 같다. 후배들은 나의 굴욕적 행태에 대해 나만 살기 위한 치졸한 행태로 치부할 것이고 나의 뒷모습을 무척 경멸했으리라!

나의 업무수행이 투명하지 못하다고 생각해서 모든 계약 사업을 자신에게 보고하라고 요구한 그 상관은 아이러니하게도 내가 공직을 떠난 후 불과 두 달이 채 안 된 2011년 2월에 당시 세상을 떠들썩하게 만들었던 '함바[14] 사건'에 연루되어 상당한 뇌물을 받은 혐의로 구속·기소되었다. 한참 후에 들은 바로는 재판을 거쳐 징역형과 벌금형을 받았다고 한다. 그 후 어떤 모습으로 되었는지 들리는 얘기도 없고 알고 싶지도 않다. 방위사업 커뮤니티에서는 종적이 없으니 '뒷모습'이 개운치 않은 대표적인 케이스가 아닌가 싶다.

청춘과 정열을 다 바친 직장을 떠난다는 것이 순전히 나 스스로의 결정이긴 했지만, 한편으로는 그런 정직하지 못한 사람 때문에 나의 공직생활이 끝났다는 것을 생각하니 조금 더 참을 걸 하는 후회가 한동안 밀려왔었다. 30년이 넘도록 참고 지냈는데 불과 몇십 일을 참지 못해서 내 장래를 결정했다는 생각에 '내가 좀 경솔하지는 않았나' 하는 생각이 없지 않았다. 그러나 나의 평소 소신을 그대로 실천했다는 점에서 한 점 후회는 없었다. 다만 그런 부정한 사람을 상관으로 잠시나마 모셨다는 것이 무척 부끄러웠다. 그리고도 부하직원들에게 어떻게 청렴을 주문하고 투명한 업무수행을 지시할 수 있었는지, 인간 위선의 한계는 어디까지인지 헛웃음을 참기 어렵다.

---

14) 일본어 '한바(飯場)'에서 온 말로써 '밥을 먹는 장소'를 뜻하며 우리나라에서는 '공사현장의 간이식당'이라는 뜻으로 쓰인다. 유모 씨는 전국 공사현장의 함바를 독점해 '함바왕'이라고 불렸던 인물로 2010년에 정관계 고위 인사 14명에게 거액의 금품을 뿌린 '함바 게이트'의 주범이다.

후배들에게 공직을 떠나야 할 시점에 관해

다시 정리해서 조언을 한다면,

'상관으로부터 내가 수행하는 직무에 신뢰를 받지 못한 때'

라는 데는 변함이 없으나,

그 '상관이 타인으로부터 존경과 신뢰를 받는 사람일 것'

이라는 전제 조건을 추가하고 싶다.

나의 경우와 같이 올바르지 못한 상관이 불신한다고

해서 나의 장래가 영향을 받거나 좌우될 필요는

없다는 뜻이다.

담양 대나무숲 길을 걷노라면 어떻게 저리도

곧게 뻗어 자랄 수 있을까 싶다.

수백 개의 태풍이 거쳤갔을 텐데도 꿈쩍 않고 꼿꼿이 서 있다.

어떤 풍파에도 흔들리지 않은 강직함을 배운다.

〈잊을 수 없는 사건들〉

그리고 얻은 삶의 교훈

주어지는 업무를 피하거나 두려워하지 않는

나의 성격 때문에,

많은 일을 한 만큼 생기는 문제에 대처하고

해결하는 것 역시 일상적 과제였다.

그런 사건을 처리하는 과정에서 겪는 고통은

이루 헤아릴 수 없다.

그러나 해결 후에 얻어지는 만족감과

얻는 삶의 교훈, 발전의 기회란 평상적인

일에서는 도저히 얻을 수 없는 것들이다.

그래서 나는 가는 길에 장애물을 마주치면

결코 뛰어넘거나 피하지 않고 정면 돌파한다.

입찰사업 비리사건 〈1991년〉

 내가 주미 한국대사관 군수근무단에 현지 상업구
매요원으로 파견 근무할 때 생긴 일이다. 무기 부
품구매사업을 국제 경쟁입찰에 부치면서 실무자와
업체가 결탁하여 부정한 방법으로 낙찰시킨 사건이다. 당사자인
계약업체(S사)는 미국 볼티모어 주의 작은 도시에 소재한 공급상
(supplier)이었다. 당시 나는 미국에 파견돼서 업무를 시작한 지 불
과 반년이 채 되지 않았기 때문에 현지 적응조차 정신이 없었고, 전
임자도 없이 처음 업무체계를 개발하며 정착시키던 단계였다.

어느 날 서울 본부에서 긴급 업무지시가 도착했는데, S사의 공급

능력과 경영 및 재정상태 등 신용정보를 조사해서 보고하라는 내용이었다. 현지 상업구매업무라는 것은 1986년에 발생한 경리직원의 자금횡령 도주사건 이후 중단된 상태여서 지금과 같이 신용조사 전문업체인 던앤드브래드(Dun & Brad)를 이용하는 방법도 정리되어 있지 않았고, 그 방법을 아는 사람조차 없었다. 다행히 영어는 어려움이 없었기 때문에 펜타곤에 카운터파트로 일하는 직원에게 부탁해서 신용조사방법을 알아냈다.

일단은 주정부 상무부를 통해 현존 여부 등 서류상으로 가능한 내용을 확인해서 정리한 다음 차를 몰고 볼티모어 현지로 향했다. 그날은 눈이 많이 내렸고 무척 추운 날이었는데, 현지에 도착하니 허름한 2층 건물 내에 방이 몇 개 있고 그중 하나에 S사의 간판이 붙어 있었다. 문은 잠긴 상태로 아무도 없었고 주변 사무실에 물어보니 아는 사람도 없었다. 밖으로 나와 해가 지고 어두워질 때까지 추위에 달달 떨면서 드나드는 사람들이라도 확인하고자 했으나 단 한명도 발견하지 못하고 빈손으로 돌아와야 했다. 나는 그때까지 수집한 정보와 자료를 다시 살펴보고 이렇게 작성한 결과보고서를 본부에 보냈다.

"주정부 상무부 등록업체이나 해당 품목 제작자가 아니며 현지 출장결과 공급능력 확인할 수 없으므로 신용상태 평가 불가함."

그 후 몇 달이 지나서 본부로부터 좋지 않은 소식이 들려 왔다. 내가 조사해서 보고한 그 S사와 실무자가 결탁하여 입찰가격을 조작해서 계약까지 체결하는 비리를 저지른 것이 발각되어 실무자가 구속되고 국방부 특명검열단이 특별감사에 착수했다는 소식이었다. 혹시라도 내게까지 불똥이 튀지는 않을까 불안했지만 나로서는 최선을 다해 수행한 업무의 결과였기 때문에 덤덤한 마음으로 평소와 같이 일하던 중 감사관이 미국 현지까지 출장을 와서 내 사무실에 들이 닥쳤다. 감사관에게서 전해들은 사건의 전말은 이러했다.

문제의 실무자는 내가 근무하는 주미군수근무단에 신용조사지시 공문을 보냈지만 보고가 없어서 하는 수 없이 낙찰업체인 S사가 제작과 공급능력을 제대로 갖춘 것으로 판단해서 계약을 체결했으며 그로 인해 약 80만 달러 상당의 부당이득을 챙기도록 도와주고 상응한 뇌물을 수수했다는 것이다. 당시에는 요즘처럼 전산화된 시스템으로 문서를 작성하고, 수발과 저장이 자동으로 이루어지는 때가 아니어서 완전 수작업으로 문서발송대장에 기록했었다. 나는 S사에 관한 나의 신용조사결과보고서가 작성되기까지 수행한 업무의 내용은 물론 발송과정과 발송증빙서를 감사관에게 제출했다.

당시 문서발송체계는 기밀을 요하는 중요문서인 경우에는 대사관의 공식 외교파우치를 이용했지만 신속한 처리를 요하는 평상업무 관련 사안은 DHL이라는 민간 우송시스템을 활용했고 DHL로부터 받은 수령증을 근거로 보관했었다. DHL발송은 여러 건의 문서 또는 자료를 묶어서 한 번에 보내기 때문에 발송대장에는 통상 대표가 되는 문서명을 쓰고 'OOO 외 몇 건'이라는 형식으로 기록하는 것이 관례였는데, 그렇다면 DHL이 제공한 수령증에 S사 신용조사보고서라는 명시가 되어 있느냐가 문제였다. 그러한 명시가 없다면 내가 작성한 보고서가 실제로 본국에 발송되었다는 것을 입증할 수 없기 때문에 모든 잘못을 내가 뒤집어 쓸 수 있는 상황이 된 것이다. 관련 문서파일을 한참이나 뒤져 겨우 찾아낸 DHL수령증을 보고 나는 머리칼이 쭈뼛 솟는 기분을 느꼈다. 눈을 씻고 다시 보니 정말 다행히도 거기에는 'S사 신용조사보고서 외 15건'이라고 적혀 있었다. 그 많은 보고서 가운데 어떻게 S사 보고서를 대표문서로 적었을까? 운명적인 것 같다. 만일 그때 S사 보고서가 아닌 다른 문서를 대표문서로 적었더라면 나는 꼼짝없이 당했을지도 모른다. 오늘의 나는 당연히 있을 수 없고 이런 책도 쓸 수 없었을 것이다.

감사관이 귀국한 후 이 사건은 이렇게 정리 종결되었다. 문제의 실무자가 S사와 결탁하여 입찰가격을 조작해서 계약을 체결하려는 시기에 내가 작성해서 발송한 신용조사보고서가 도착했고, 거기에는 '제작능력 없음, 신용상태 평가 불가'라고 명시되어 있자 그 상태에서 계약을 체결할 경우 문제가 생길 것을 우려하여 아예 보고서 자체를 없애 버렸다는 것이다. 그러고는 감사관에게 주미 군수근무단의 신용조사보고가 없었기 때문에 자신으로서는 문제가 없는 업체로 판단할 수밖에 없었다고 강변했다는 것이다. 모든 잘못의 원인을 내게 미룬 것이다.

당시 국방부 특명검열단의 단장은 내가 처음 미국에 파견 나왔을 때 약 3개월 정도 직속 상관으로 모셨던 분이였고 미국을 떠나는 날 귀국 인사자리에서 내게 "송사무관은 언젠가 나와 같이 근무할 기회가 있을걸세."라고 말한 바로 그분이었다. 아주 짧은 기간 동안이었지만 나의 성실함에 깊은 인상을 받으셨는지 나의 상급부서인 국방부조달본부에 대한 1차 감사결과를 보고받고 이렇게 감사관에게 재조사 지시를 내렸다고 한다.

"송학 사무관은 그렇게 일할 사람이 아니다. 미국 현지에 감사관을 직접 보내서 사실관계를 분명히 재확인하라."

사실, 문제의 실무자는 내가 미국에 파견 나오기 전에 같은 부서에서 근무했던 적이 있어서 나름 잘 아는 사이였다. 그럼에도 불구하고 뇌물수수라는 비리를 저지른 것도 모자라서 내게 그 잘못을 덮어씌우고 자신의 죄를 모면하려고 했다니! 그 사건 이후로 나는 아무리 가까운 직원 사이라도 업무에 관한 한 100% 신뢰란 없다는 생각으로 임해 왔다. 내가 상대하는 사람이 상관이건, 동료이건, 부하이건 나름 신뢰등급을 메기고 가장 높은 A그룹에 속하는 사람이라도 10% 정도의 의문은 늘 남겨둔다. 부하직원들로부터 보고를 받을 때는 중요항목에 대한 체크리스트를 만들어서 그 부분을 어떤 근거로, 왜 그런 의사결정을 내렸는지 확인하는 것을 습관화했다.

공직은 늘 '책임'이라는 무거운 짐을 진 자리다. 그것을 책임이라 여기지 않고 '권한'이라고 생각하는 사람들에게는 꼭 문제가 생긴다. 그런 사람은 대부분 비참한 말로를 맞는 경우가 적지 않다. 공직사회의 부정과 비리는 거의 매일 같이 신문의 한쪽을 차지하지만 책임을 다해서 완수했다는 보도는 그리 많지 않다. 당연하다고 생각하기 때문이다. 책임의 문제가 심각한 단계를 넘어 징계나 형사적 문제로 비화될 때는 주변에 선뜻 나서는 사람을 보기가 쉽지 않다. 더욱이 다른 사람이 져야 할 책임의 일부를 나누는 경우는 봤어도 전적으로 대신해 주는 사람은 보지 못했다.

2022년 10월 29일 서울 이태원에서 핼러윈을 즐기기 위해 수많은 인파가 몰리면서 압사사건이 일어나 사망 158명, 부상 197명이라는 초유의 대형 참사가 일어났다. 누가 보아도 공직자들이 잘 못 대처한 이유라는 것이 분명한데도 누구 한사람 스스로 '내가 책임자다'라고 나서는 공직자가 안 보인다. 오히려 동료에게 떠넘 기고 부하의 잘못으로 일축하려는 시도가 곳곳에서 나타난다. 사 건이 터지면 대부분은 책임을 지겠다고 나서기는커녕 서로 발뺌 하고 허둥지둥 빠져나가기 바쁘다. 어떤 때는 매우 성공적이라고 평가 받은 케이스가 정권교체, 관점의 전환 등 상황의 변화로 급 반전되기도 한다. 성공적이라고 했을 때 과실을 하나라도 더 챙기 기 위해 경쟁적으로 나섰던 많은 사람들의 모습은 어디로 갔는지 모두 바람같이 사라진다.

내가 겪은 입찰사업 비리사건을 통해서 나는 공직사회에서 궁극 적으로 나를 보호해 줄 사람은 오직 '나'뿐이라는 사실을 깊이 깨 달았다. 이후로는 다른 사람의 의견은 최대한 경청하고 열린 마음 으로 받아들이되 내가 책임져야 할 중요한 사안은 절대 남에게 의 존하지 않는 것이 습관화되었다.

사람들은 남의 공격을 받으면 본능적으로 자기방어를 우선한다. 물론 그렇지 않은 경우도 있지만 그것은 부모의 입장에서 자식을 보호하는 것과 같이 가족 구성원들 사이에서나 볼수 있는 경우이 지 공직사회와 같이 공공의 목적으로 구성된 조직에서는 흔히 볼 수 있는 일이 아니다. 귀를 열고 융통성 있는 자세를 갖추는 것은 조직사회에서 당연히 필요하다. 그러나 최종적인 판단은 오직 나의 지식과 경험과 의지만으로 결정하는 것을 원칙으로 했다. 때로는 고집스럽다는 말을 듣기도 했지만 나만의 방법이 나 자신을 위해서 얼마나 유효했는지 모른다.

　믿었던 상관, 동료, 부하에게서 크게 실망감을 느낀 적이 한두 번이 아니다. 평소 가깝게 지내고 편한 상대일수록 믿음을 저버리고 자신의 이익을 위해 돌연 변신하는 모습 앞에서는 그저 허탈하기만 하다. 실망할 필요 없다. '나는 나'라는 생각을 늘 앞세우면 그런 모습들은 아주 당연하게 받아들여진다. 잊지 말아야 할 것은 아무리 가깝고 신뢰할 수 있는 사이라도 꼭 지켜야 할 '안전거리'가 존재한다는 것이다. 믿음의 안전거리 말이다.

나도 나를 잘 모르고 믿을 수 없을 때가 있다.

하물며 나 아닌 다른 사람의 생각과 마음 깊은 곳에

숨은 의지를 믿는 것만큼 큰 리스크는 없다.

대부분의 사람들은 결정적인 위기가 다가오면

본능적으로 자신과 가족을 포함한 자신의 것을

제일 먼저 보호하려고 한다.

나를 위해 대신 징계를 받고 형벌을 감수할 사람은 없다.

인지상정(人之常情)이다.

너무도 당연한 현상을 간과하지 말자.

외자조달사업 내부 고발사건 〈1998년〉

1998년 1월 한파 중에 일어난 사건이다. 1997년 11월 21일에 정부가 국가부도를 선언하고 국제통화기금(IMF)에 구제금융을 신청하는 치욕스런 사건이 있었다. 그 다음 날 11월 22일에는 김영삼 대통령이 대국민 담화를 발표하면서 온 국민에게 고통분담과 위기극복을 호소했을 때였다. 소위 'IMF 외환위기'가 시작된 것이다. 이어서 12월 18일에 실시된 대선에서 야당(새정치국민회의) 김대중 후보가 당선되면서 대통령직인수위원회가 설치되었다. 국난극복을 위해 금 모으기 운동이 벌어지자 세 살 아이 손가락에 돌반지까지 들고 나오는 상황에 이르렀고, 온 국민이 일치단결하여 그야말로 눈물겨운 사투가 전국 곳곳에서 벌어지고 있을 때였다.

하루는 퇴근을 해서 9시 저녁뉴스를 보는데, 뉴스 첫 화면에 '아까운 외화가 줄줄 새어 나가고 있다!'라는 대문짝만한 글씨와 함께 그날의 톱뉴스 소개가 앵커의 흥분에 찬 목소리로 TV에서 흘러나왔다. 바로 내가 담당하는 외자조달사업에 커다란 비리가 있다는 것이었다. 언제 무슨 일이 터질지 몰라서 늘 가슴을 조이며 살아왔기는 했지만 때가 때이니만큼 정말 가슴이 철렁 내려앉다 못해 통증이 느껴질 정도였다. 정신을 차리고 보니 누군가 고발자로 인터뷰를 하고 있는데, 증언자로 나선 그 공무원이 아주 친숙한 얼굴이었다.

"아니 저 친구가 왜 저기에…."

몇 번이나 눈을 씻고 본 그 증언자는 몇 시간 전까지 내가 근무하는 사무실에 같이 앉아 있던 그 직원이 분명했다.

"국방부 조달본부가 집행하는 외자조달 입찰사업에서 부정이 개입되어 매년 엄청난 규모의 외화가 줄줄 새어 나가고 있습니다. 여기에는 조달본부와 사업담당과 업체 간에 엄청난 비리 커넥션이 존재합니다."

"무기부품을 해외에서 구매하는 과정에서 제작가격 보다 수천배나 비싸게 사는 경우도 있어서 외화예산을 터무니없이 낭비하고 있습니다. 어떤 품목은 1달러짜리를 4500달러에 구매한 것도 있었습니다."

나는 너무 놀라서 기절할 뻔 했다. 그것도 믿었던 내 부하직원이 나오는 한마디의 상의도 없이, 어떠한 사전 언급도 없이 아주 오랫동안 계획적으로 고발을 준비해서 저런 방법으로 실현하고 있다니! 외자조달부서에 전입 온지 3년도 채 안 된 사람이 마치 국방조달의 역사를 꽤 뚫고 있는 전문가처럼 어떻게 저런 무시무시한 말을 함부로 할 수 있을까, 그것도 온 국민이 바라보는 지상파방송 9시 저녁뉴스에서….

한동안 어안이 벙벙한 상태에서 바라만 보고 있었다. 뉴스가 끝나자마자 보통 일이 아니라는 생각에 나는 용수철처럼 튀어 일어났다. 외환위기로 온 국민이 정부와 관리들의 무능과 부패에 분노하고 온 나라가 침통에 빠져 있는 상황인데, 공무원들이 업체와 결탁해서 엄청난 외화를 불법 유출해서 나라를 이 꼴로 만들었다니! 그것도 나라를 지키는 국방분야에서… 방송의 여파와 국민들의 분노는 어찌 될지 상상하는 순간 정말 현기증이 날만큼 아찔했다. 단 한 푼의 국가 예산이라도 절약해 보겠다고 불철주야 내 몸을 아끼지 않았던 나로서는 도저히 받아들일 수 없는 일이었다. 도대체 어떤 자가 그런 비리를 저질렀다는 것인지… 그것도 내가 근무하는 국방부조달본부 외자조달부서에서 그런 일이 벌어졌다니···. 나 역시 엄청난 분개심과 배신감에 온몸이 떨려왔다. 그런 감정에 오래 휘말릴 여유도 없이 나는 황급히 옷을 챙겨 입고 사무실로 달려갔다. 상황 파악과 상부 보고 및 언론 대응준비가 먼저이기 때문이다.

다음 날 아침, 예상했던 대로 본부장께서 나를 직접 호출하더니 정신 못 차릴 만큼 한꺼번에 질문과 질책을 쏟아냈다.

"이거 보통 사건이 아니구먼, 흠···. 방송에 나온 대로 정말 수천 배씩 고가로 구매한 것이 사실이란 말이요? 어떻게 이런 일이 벌어질 수 있는가?"

"당장 국방부 본부 기자실에서 브리핑을 해야 하니 일단 자네가 올라가서 잘 대처하고, 즉각 대응 TF를 가동할 수 있도록 준비하시오."

"예, 알겠습니다. 일단 상황부터 정확히 파악하고 국방부 다녀와서 다시 보고 드리겠습니다."

지금은 고인이 되신 그 본부장님은 무척 젠틀한 분이셨고 내가 평소에 존경해 마지않던 분이었다. 그분 역시 나를 무척 신뢰하셨기 때문에 방송에서 고발한 그 내용 자체를 도무지 믿을 수 없었다.

본부장의 지시로 필요한 자료를 챙겨서 국방부 기자실에 들어섰다. 순간 또 한 번 크게 놀라지 않을 수 없었다. 50여 대는 됨직한 카메라 플래시가 한 번에 터지는데… 그때까지 살아오면서 개인적으로 기자들을 만나 본 적도 없고, 더욱이 카메라 플래시는 받아 본 적이 없는 나로서는 마치 폭탄이 터지는 전장 속으로 뛰어드는 것 같았다. 비리, 부정, 결탁… 나와는 전혀 관련도 없고 익숙하지도 않은 그런 부분에서는 늘 자신만만했기 때문에 나는 일말의 떨림도 없이 당당하게 기자들의 질문에 하나하나 설명하고 대응했다.

순진하게도 나는 내가 잘 설명했으니 이후 보도는 다소 우호적으로 나올 것이라 생각했다. 그러나 예상과 달리 사태는 악화일로를 걷고 있었다. 내가 머리를 숙여서 기자의 질문을 노트하고 있는 모습이 그날 9시 저녁뉴스 화면에 나왔는데, 당사자인 내가 봐도 마치 죄인이 잘못을 뉘우치고 있는 듯이 보였다. 나중에 안 일이지만 그 모습을 본 나의 어머니는 방바닥에 털썩 주저앉으셨다고 한다.
"아니 저 착한 아이가 무슨 죄를 지었기에 저렇게 많은 사람들 앞에서 머리를 숙이고 있는거냐!"하시면서 말이다.

놀란 사람은 어머니뿐이 아니었다. 부모 형제, 일가친척은 물론 친구들까지 사방에서 오는 안부 전화에 도무지 정신을 차릴 수 없었다. 그다음 날부터 나를 포함해서 외자부서에 근무하는 모든 직원들은 고강도의 감사, 조사, 수사에 시달려야 했다. 1월의 한파와 함께 들이닥친 예상치 못한 칼바람은 견딜 수 없이 고통스러웠다.

사실관계는 이러했다. 지금은 많은 무기를 국내에서 연구개발해서 생산하기 때문에 우리나라가 세계 8위의 방산수출 강국이 되었지만 1990년대까지만 해도 필요한 무기의 70%는 외국에서 수입해야 할 정도로 국내 방위산업 능력은 열악하기 짝이 없었다. 자주적 방위산업을 육성하기에는 경제적으로나 기술적으로나 능력이 되지 않다 보니 1970년대 초반까지도 대부분 미국의 무상원조에 의존해 왔었다. 북한 무장게릴라의 청와대 습격사건인 '1·21사태'[15]를 계기로 자주적 국방정책이 강조되어 본격적으로 방위산업이 육성되었으나, 수십 년간 대부분의 무기를 외국에서 수입하다 보니 우리 군에는 나이키(Nike) 미사일, 호크(Hawk) 미사일을 비롯해서 6·25전쟁 때부터 사용해 온 M48계열 전차, F-4 팬텀 전투기 등 40년이 넘은 노후 무기들이 수도 없이 많았다. 구형 장비들을 계속 운영유지하기 위해서는 당연히 엄청난 수리부속이 필요하게 되는데 이미 원제작자의 생산은 중단된 상태여서 해외 공급상들이 재고로 갖고 있는 품목을 입찰을 통해 겨우 확보하는 방

---

15) 1968년 1월 21일, 북한 민족보위성 정찰국 소속 124군부대의 무장게릴라 31명이 청와대를 기습하기 위해 서울에 침투한 사건이며, 생포 1명(김신조), 사살 28명, 도주 2명으로 대규모 소탕작전이 종료되었다.

법으로 조달해 왔다.

사정이 이렇다보니 노후화된 무기의 수리부속은 그 희소성으로 인하여 '부르는게 값'인 상황이 허다한 실정이었다. 이런 품목을 경쟁입찰에 붙이면 동일한 품목이라도 투찰가격이 그야말로 천태만상이었다. 1달러에서 10달러, 100달러… 심지어는 1000달러까지 다양했다. 최저 입찰가격과 최고 입찰가격이 수천 배나 차이가 나는 경우는 대부분 품목을 잘못 식별한 것이 원인이었다. 어떤 때는 항공기 엔진에 들어가는 블레이드(blade)라는 작은 부품 1개를 입찰에 부쳤는데 엔진 1대를 통째로 입찰한 경우가 있는가 하면 그 반대의 경우로 엔진 1대를 입찰에 부쳤는데 블레이드 1개로 입찰에 참가한 업체도 있었으니 이런 이유로 투찰가격이 수천 배 차이가 나는 것은 어떻게 막을 도리가 없었다. 요즘같이 소싱 솔루션이 잘 발달되어 있고 다양한 품목 검색시스템과 기법을 활용할 수 있는 여건에서는 있을 수 없는 일이지만 그 당시 열악한 상황에서는 아주 빈번하게 생기는 일이었다.

수입한 무기나 장비의 수리부품을 외자조달로 입찰하는 경우 또 하나의 문제는 수량이 많지 않다는 것이다. 10개미만의 소량인데다 단가 1달러 미만의 소액품목이 허다해서 경제적 주문수량(EOQ)[16]을 채우지 못하는 입찰이 과반수를 넘는 정도였다. 입찰에 참여하는 업체는 대부분 영세한 공급상(supplier)들이어서 충

---

16) Economic Ordering Quantity

분한 자금능력이 없으니 재고관리로 공급가격을 조절하는 등의 방법은 아예 기대하기도 어려웠다. 게다가 입찰품목을 정확하게 식별하는 기술적 능력, 전세계 공급망을 뒤져서 식별한 품목을 찾아내는 소싱 능력도 제대로 갖추지 못한 초보업체들이 수두룩했다. 모든 게 악순환이다. 그러다 보니 경험있는 악덕업자들이 폭리를 취할 수 있는 취약요소가 곳곳에 도사리고 있음을 부정할 수 없었다.

고발자가 방송을 통해 터트린 사안 역시 크게 다르지 않았다. 방송에서 외화가 줄줄 새어 나간다고 하면서 사례로 제시한 품목을 확인해 보니 입찰가격이 1달러에서 수천 달러까지 다양한 것은 사실이었다. 그 원인은 앞에서 설명한 대로 품목을 잘못 식별한 경우가 대부분이었다. 소요군이 정확한 품목인지 여부를 가리는 기술검토절차라는 것이 있기 때문에 실제로 구매관이 계약한 가격은 법규에 따라 최저낙찰가격 1달러로 체결되어 있었다. 그것으로만 보면 방송내용은 사실에 부합하지 않았다. 문제품목을 전수 조사한 결과 고발한 내용의 상당부분은 사실과 다르거나 왜곡된 부분이 적지 않았다. 그러나 고발내용 자체를 부정할 수 없었던 것은 수천 배는 아니더라도 수십 배 정도 고가로 구매한 사례가 발견되기는 했기 때문이다. 거기에도 사정은 있었다. 입찰수량은 1개인데 100개 이하는 팔 수 없다고 제시한 경우, 즉 EOQ 미달 사례 등등 각양각색의 이유와 근거를 정리하여 보니 전국적·국민적 지탄이 되고 있다는 것이 매우 부당하다는 판단에 이르렀다. 살얼음판을 걷는 심정으로 매일 매일 진력을 다해 온 우리 외자조달부서 직원들로서는 무척 억울할 수밖에 없었다.

본부장의 지시에 따라 대응 TF가 중심이 되어 언론중재위원회에 제소하기로 했다. 나는 TF팀장을 보좌하여 거의 모든 대응자료를 직접 만드는 책임을 부여받았는데 3개월여 기간 중 하루에 한두 시간 정도밖에는 잠을 자지 못했다. 그것도 의자에 걸터앉아 거의 조는 수준의 쪽잠이었다. 언론중재위원회에서 해당 방송사와 치열히 다툰 끝에 정정보도 결정을 이끌어내는데 성공했다.

이제 우리의 명예는 회복되었구나! 승리의 기쁨도 잠시, 나는 그것이 얼마나 허망한 결과인지를 곧 깨달았다. 이미 만신창이가 된 명예는 짧은 몇 줄의 정정보도문과 몇 초에 불과한 정정방송으로는 절대 회복되지 않는다는 것을… 정말 허망하기 짝이 없었다. 그 사건은 내가 그렇게 당당하고 자랑스럽게 말해 왔던 국방의 일원이라는 자긍심에 큰 상처를 안겼다. 나라 지키는 무기를 외국에서 수입하는 고도의 전문 업무에 종사한다는 자부심에도 적지 아니 상처가 되었다.

그다음에는 의문이 싹 트기 시작했다. 내부 고발자로 나선 그 직원이 무엇 때문에, 무엇을 위해서 국가적 위난의 시기에 그 일에 앞장섰을까? 진실로 사명감에 기인한 것일까? 평소 그의 근무자세나 행태로 보아서는 그럴만한 사람이 전혀 아니라고 생각했기 때문에 의문은 점점 증폭되었다. 자연히 직원들 간에 수근거림이 있었고 여러 가지 얘기가 들렸다. 믿고 싶지 않지만 고발의 유혹이 있었고 그대로 실천했지만 기대했던 보상이 이루어지지 않자 화병이 불치암으로 발전해서 투병 끝에 외롭게 타계했다는 소식을 접했다.

이 사건을 통해 나는 두 가지 중요한 배움을 얻었다. 어둠은 늘 내 가까이에서부터 시작된다는 것, 그래서 주변을 늘 살펴야 하며 관리함에 있어서 한 치의 게으름도 있어서는 안 된다는 것이다. 그 고발 직원의 노트에는 회의 중에 내가 한 별로 중요하지 않은 말까지도 깨알같이 적혀 있었다. 참으로 무섭고 섬뜩하지 않을 수 없다. 이후로 나는 늘 말을 조심한다. 하찮은 것까지 일기 쓰듯 모두 노트에 정리하는 습관을 버리고 꼭 필요한 것만 정리하는 것으로 바꾸었다. 또 하나는 위기를 피하지 말라는 것이다. 이 사건을 계기로 나 개인적으로는 한 차원 더 높은 업무능력과 전문성을 인정받을 수 있었다. 만일 내가 위기를 피해 숨었다면 어찌 되었을까? 형사책임은 아니더라도 최소한 징계책임은 면할 수 없었을 것이다. 나는 이 사건이 종결된 이듬해에 승진의 영광을 얻었고 아후 더 큰 발전을 이루는 중요한 계기가 되었다. 얼마나 큰 차이인가!

　나는 뉴스이든, 영화이든 고발내용을 소재로 한 것이라면 일단 외면한다. 그때의 트라우마가 되살아나기 때문이다. 그럼에도 불구하고 국가와 사회가 바르게 서기 위해서는 건전한 '고발정신'이 꼭 필요하다는 생각은 예나 지금이나 변함없다. 다만 잘못된 부분을 최선을 다해서 고치려 해도 스스로의 힘으로는 도저히 불가능하다고 판단될 때 '고발'이라는 방법이 활용됐으면 하는 희망이다. 당연히 투철한 국가관과 사명감에서 발원되어야 함은 물론이다. 자신에게 주어진 업무는 제대로 수행하지도 않으면서 남의 잘못만 찾아다니며, 고발을 자신의 사익을 위한 수단으로 활용한다면 그것은 결코 올바른 방법이 아니며 어떠한 지지도 받을 수 없다.

　다행히도 이 사건은 국방외자조달사업 여러 분야가 발전하는 촉발제가 되었다. 직원들의 법규와 현실에 안주하는 안일한 자세에 일대 혁신을 가져왔으며, 외자조달은 별수 없이 법규와 관례에 의존하고 해외조달환경에 순응할 수밖에 없다는 생각에서 벗어나는 계기를 마련해 주었다. 특히 노후화된 무기체계의 수리부품을 해외에서 조달하는 입찰사업에서 세부 부품단위까지 가격을 조사·분석하고 전산화시스템으로 관리하는 체계가 개발되었다. 외자조달에서도 국내조달과 마찬가지로 원가관리 수준은 아니더라도 구매목표가격(target pricing)으로 관리하는 시스템과 규정절차를 내가 주도해서 정립했고 그 시스템은 지금까지 잘 활용되고 있다. 커다란 발전이 아닐 수 없다. 그럼에도 내부고발이라는 방법에 대해 좋은 인상을 가질 수 없는 것은 몇 가지 중요한 선행 요소가 없거나 부족했기 때문이다. 실상을 정확히 파악하지 못한 어설픈 전문가(?)에 의한 진단과 처방은 위험하기까지 하다. 집안 살림이라고는 제대로 알지 못하는 남편이 돈이 없어서 임시변통으로 수리해서 사용하는 세탁기를 잘못됐다고 타박한다면 우스운 일 아닌가! 세탁기가 잘못됐다고 고발했는데 결과적으로 냉장고를 뜯어 고쳤다면 그것도 발전이라고 할 수 있을지는 몰라도 고발 본래의 목적 달성과는 거리가 먼 것이 된다.

우리는 진실을 말해야 한다고 알고 있지만,

그것을 말하는 데는 얼마나 큰 어려움이 있는지 안다.

'할 말이 없으면 진실을 말하라!'는 격언이 있지만

이것이 얼마나 어려운 일인가.

진실은 숨어 있어서 잘 찾아봐야

그 존재를 알게 된다.

하지만 진실은 '시간'이란 신과 짝을 이루어서

시간이 지나면 드러나게 된다.

- 에밀 졸라(Emile Zola)의 '나는 고발한다'에서 -

함정 무기부품 사기사건 〈2002년〉

1998년에 외자조달사업 내부 고발사건으로 큰
홍역을 치른 국방부조달본부는 다양한 업무개혁방
안을 발표하였다. 우선 조달정보시스템(DPAMIS)
을 개발하여 무기체계별로 사용되는 부품의 조달실적, 표준가격,
계약업체 자료 등 정보 일체를 전산화 관리하는 것이었다. 다음은
각 부서별로 분산돼 있는 부품구매기능을 통합하여 일관되게 집
행하고 관리하도록 하는 단일부서를 신설하는 것이었다.

내게는 DPAMIS 개발을 직접 주도하는 임무가 주어졌다. 외자
조달 부품사업에 필요한 해외 파견근무 등 여러 분야를 두루 경험

했다는 이유로 자연스럽게 신설부서(외자1과)의 과장으로 보직을 받았다. 아마 그보다는 앞서 발생한 내부고발사건을 처리하는 과정에서 공로가 인정된 결과가 아닌가 싶었다. 구매부서 가운데 가장 문제도 많고 힘든 부서라는 점에서 열정적으로 근무하기에 적합한 곳이라고 생각되어 나 역시 불만 없이 기꺼이 새 자리로 옮겼다. 육군, 해군, 공군이 운용하는 다양한 무기와 장비에 쓰이는 수십만 종의 수리부품을 통괄한다는 점에서 그 책임과 부담의 막중함은 이루 말할 수 없었다. 업무량이 많다 보니 담당하는 직원도 최대여서 우리 과 전체 인원은 24명이나 됐다.

폭주하는 업무로 정신없이 하루하루를 보내던 중 큰 사건이 터졌다. 해군 함정에 탑재된 무기의 수리부품인데 국내에서 생산이 안 되는 것이어서 해외도입사업으로 분류하여 계약된 품목이었다. 그런데 이 품목을 낙찰 받은 계약업체가 국내에서 엉터리로 제작하여 납품한 후 수입품으로 위·변조된 결제 서류를 은행에 제시하고 대금을 받아 간 사건이었다. 이렇게 납품된 물품들은 당연히 불량품으로 확인되었고, 하자구상절차에 따라 처리하는 과정에서 납품검사 책임이 있는 소요군 검수요원, 보급 관리요원과의 결탁 및 뇌물수수 비리가 밝혀지면서 드러나게 된 것이다.

소요군 관계자 여러 명이 구속되면서 자연히 그 파장은 수리부품

구매사업을 총괄하고 있던 우리 과에까지 번졌다. 그렇지 않아도 눈코 뜰 사이 없이 바쁜 직원들은 연이은 수사, 감사에 매일 시달려야 했다. 책임자인 나로서는 정말 초조하기 짝이 없었다. 24명의 직원 가운데 단 한 명이라도 구속된 소요군 관계자들이나 문제업체와 결탁했거나 조그만 향응이라도 받은 사실이 드러나면 당사자의 책임은 물론 나 역시 관리책임을 면할 수 없기 때문이다.

여기서 독자들의 이해를 돕기 위해 외자조달 부품사업 집행절차를 간략히 설명하는 것이 좋겠다. 제일 먼저 소요군에서 구매담당 부서인 우리 과에 조달요구를 보내오면 ① 조달판단이라는 것을 하게 된다. 예산과 규격을 검토하고 어떤 방법(경쟁입찰, 수의계약협상)으로 언제·어떻게 계약을 추진할 것인가를 결정하는 것이다. 그다음은 ② 입찰을 실시해서 접수된 입찰서를 소요군에 보내어 조달요구한 내용과 맞는가를 확인하는 ③ 기술검토절차를 거치게 된다. 기술검토에서 합격된 품목은 해당업체와 ④ 계약을 체결하고 업체는 물품을 직접 생산 또는 구매하여 소요군에 ⑤ 납품한다. 소요군은 납품된 품목을 ⑥ 최종 검수 확인하여 ⑦ 수령증을 발행하면 조달본부는 ⑧ 물품대금을 지급하는 절차로 이루어진다.

이 사건에서 중요한 과정은 입찰서 기술검토에서 소요군이 합격통보를 한 것과 최종 검수확인결과 이상이 없다고 수령증을 발행

했다는 점이었다. 당연히 불량납품에 물품대금을 지급한 잘못이 문제로 지적되었지만 우리 과로서는 당시 규정상 소요군이 기술적으로 이상 없다고 통보해 온 품목을 계약하지 않을 수 없었고, 이상 없이 인수했다고 수령증을 발행한 업체에 물품대금을 지급하지 않을 이유와 근거가 없었다.

규정에 따라 최선을 다했다는 법적근거와 입증자료를 첨부하여 수사·감사기관에 수없이 설명했음에도 불구하고 나를 포함해서 모든 직원에 대한 조사는 착착 진행되었다. 통화 조회, 계좌 추적은 물론 개인과 부서에 대한 직무감찰에 이르기까지 그 압박감은 이루 말할 수 없었다. 다행히도 우리 과 직원 24명 가운데 어느 한 사람에게서도 비리혐의가 발견되지 않았다.

이 사건도 문제없이 지나가나보다 생각하던 어느 날, 국방부 검찰단에서 나를 소환해 왔다. 공직생활하면서 감사는 수없이 받아봤지만 나 개인에 대한 수사나 조사라는 건 처음이라서 하늘을 우러러 한 점의 부끄러움이 없음에도 내심 당황스러움을 감출 수 없었다. 혹시라도 내가 모르는 무슨 일이라도 있어서 문제가 되는 것은 아닐까? 차에서 내려 불과 500m 정도를 걷는 동안에 내 머릿속에는 불길한 생각으로 가득 찼다. 떨리는 마음을 억지로 가라앉히고 수사관의 안내를 받아 조사실로 들어섰다. 작은 방 한가운데 놓인 테이블에 검찰관이라는 사람이 앉아 있고 그 옆에는 작은 팻말이 붙어 있었는데 '거짓말탐지실'이라고 쓰여 있었다. 순간 나는 불끈 솟아오르는 뜨거운 반감을 느꼈다. 검찰관은 내게 앉으라는 손짓을 하더니 질문을 시작했다.

"과장님, 지금부터 질문에 솔직히 답변해 주기 바랍니다."

"예, 그렇게 하겠습니다."

"우리가 먼저 알아보니까 과장님은 외자조달분야 전문가여서 모르는 게 없다고 하던데…."

"글쎄요. 아는 대로 솔직히 답변드리겠습니다. 그런데 부탁이 있는데요, 제가 왜 여기 와서 조사를 받아야 하는지 그 이유부터 먼저 말씀해 주실 수 없을까요?"

아마 그 순간 내 얼굴은 무척 경직되어 아주 결연한 표정이었을 것 같다. 눈가에 작은 경련이 계속되는 걸 느꼈으니까… 순간 검찰관의 표정도 당황하는 듯 한 모습이었다. 그때 다른 수사관 한 명이 문을 열고 들어오더니 검찰관에게 이렇게 말하는 것이었다.

"검찰관님, 송 과장은 우리가 다 조사를 마쳤는데요, 더 이상 알아볼 것이 없으니 기왕 온 김에 진술서나 하나 받아 놓으시지요."

검찰관이 요구하는 대로 나는 문제사업의 계약집행에서부터 대금지급까지 과장으로서 수행한 업무의 내용을 A4 용지 한 장 정도 작성해서 제출하고 30여 분만에 조사실을 나왔다. 검찰단 조사실을 나와서 내 사무실까지 다시 걸어오면서 밀려오는 착잡한 심정을 누를 수 없었다. 공직생활 내내 늘 정직하고 성실하게 최선을 다해 왔다고 자부해 온 내가 범죄 잡는 검찰의 조사실에 잠시나마 불려갔다는 사실조차 내 자존심에 큰 상처가 되었다. 국가에 대해 섭섭함까지 들 정도로 불쾌하고 알 수 없는 분노가 치밀어 올랐다.

검찰조사가 끝났지만 우리 과에서는 어느 누구도 문제되는 사람이 없었다. 직원 모두에게 얼마나 감사했는지 모른다. 공직자는 언제나 청렴하고 결백해야 하며, 국가와 국민 앞에 늘 정직해야 한다는 가치관을 끊임없이 직원들에게 심어 준 결과였는지, 업체를 개인적으로 만나는 사람은 부정한 것으로 간주하겠다고 엄포(?)를 놓은 탓인지 아무튼 무척 감사했다.

그러나 문제는 끝이 아니었다. 한 달이 넘도록 이어지는 국방부 감사관실의 집중 업무감사는 나를 검찰조사보다 더 힘들게 했다. 업무감사다 보니 문제사업과 직접 관계가 없는 사안까지 샅샅이 뒤졌고 여기저기서 감사관과의 충돌이 끊이지 않았다. 검찰의 수사 성과에 뒤지지 않기 위해 무언가 만들어내려는 듯 한 감사 행태에 굴복하지 않으려고 직원들에게도 적극적으로 대처하도록 주문하는 한편 나 역시 부당하고 불합리한 지적에 대해서는 강경하게 대응했다.

귀에 걸면 귀걸이, 코에 걸면 코걸이랄까, 감사관들이 어떻게든 잡겠다고 나선 마당이라 관리책임까지 물고 늘어지는데 당할 수가 없었다. 감사가 종료되고 감사위원회가 개최되었다는 소식이 들렸다. 얼마 되지 않아 통보받은 감사결과처분요구서는 내게 큰 실망을 안겼고 참기 어려운 모욕이 되어 분개하도록 만들기에 충분했다.

"외자1과장 송학 외 5명 중징계처분"

중징계라 함은 정직, 강등, 해임, 파면을 말하는데 파면이나 해임을 혹시 면한다고 해도 공무원으로서의 생명은 사실상 끝나고 죽는 거나 마찬가지다. 나에게 씌워진 죄명은 '관리자로서의 의무를 성실히 이행하지 못했고 소속 직원에 대한 관리·감독 소홀'이었다. 나는 떨리는 손으로 감사결과처분요구서를 들고 본부장실로 들어갔다. 불호령이 떨어질 줄로 예상하고 잔뜩 움츠린 체 자초지종을 보고한 나에게 본부장님은 감사실과 협조해서 국방부 심의 결과를 번복할 방법을 찾도록 지시했다.

본부장실을 나온 나는 이렇게 내 공직생활이 끝나는구나 싶었다. 그리고 사무실로 바로 돌아와서 울분에 찬 글을 쓰기 시작했다. 감사결과처분요구서에 대한 이의제기 및 재심요구서였다. 감사관의 지적사항을 조목조목 반박하면서 관련되는 증빙서를 한 건도 빼놓지 않고 차곡차곡 첨부하다 보니 100쪽이 넘는 두툼한 문서가 되었다. 내가 작성한 재심요구서의 마지막은 이렇게 마무리했다.

■ 결 언

본인은 국방부조달본부에 근무해 온 이래 오직 국가와 국민을 위해 공직자 본연의 자세를 견지해 왔으며, 밤낮을 가리지 않고 주어진 임무뿐만 아니라 수많은 외자조달분야 업무개선과 어려운 국제협상 참여를 통해 최소한 1000억 원 이상의 외화예산 절약에 기여하면서도 당연한 책무로 생각하고, 그에 대한 보상(표창)을 일일이 사양하며 최선의 노력을 경주해 왔음에도, 국고낭비나 군 전력 손실이 없는 2억 8000여만 원 상당 사업의 업무 처리과정에서 본인의 통제범위 밖인 소요군의 비리행위까지 연관 지어 책임을 묻는다면 실로 괴롭고 참담하기 짝이 없습니다. 설혹 그것이 모두 국고낭비의 결과를 초래했다고 해도 부정이나 비리 또는 고의적인 행위에 연루되지 않았다면 본인을 포함한 5명의 처분대상자들이 그동안 국가와 국민, 그리고 국방조달을 위해 헌신한 기여를 참작해서라도 관대한 처분을 내리는 것이 국가의 몫이며, 모든 공직자들이 바라는 이상적인 풍토가 아닌가 생각합니다.

금번 처분대상자들은 조달본부 최악의 기피부서에서 누구보다도 오직 정직과 성실, 사명감 하나로 묵묵히 업무에 임해 왔으며, 하늘을 우러러 한 점 부끄럼 없는 청렴한 공직자의 자세를 한시도 게을리 한 바 없음을 자랑스럽게 생각하면서, 주변으로부터는 촉망받는 외자조달 전문요원으로 인정받고 업무를 수행해 오던 차에 금번 처분은 실로 감당하기 어려운 조치이며, 이미 처분대상자 개개인의 명예에는 돌이킬 수 없는 치명적인 손상을 입혔다고 생각합니다.

이는 명예를 최고의 가치와 덕목으로 생각해 온 본인으로서는 감옥살이보다 더 참기 어려운 고통임을 이해하여 주시기 바랍니다. 특히 금번 처분대상자 가운데 이OO 주사는 본건을 포함한 불법납품사건 등 폭주하는 업무처리로 인해 당시 어렵게 임신한 아기를 잃는 슬픔을 당한 바 있으며, 김OO 소령, 성OO 서기관, 이OO 주사 등 모두 부정이나 비리와는 거리가 먼 천혜의 공직자임을 아는 본인으로서는, 양심상 본 건과 관련한 여하한 책임도 그들에게까지 전가할 수 없음을 감히 말씀드리고자 합니다.

따라서 본 이의신청에도 불구하고 용인될 수 없는 수준의 중대한 과실과 고의가 명백히 존재하는 것으로 판단된다면, 모든 책임을 져야 하는 책임부서장 본인에게만 중죄를 물어 주시고, 본인의 지시를 충실히 수행한 죄 밖에 없는 성OO 등 4명의 부하에게는 관대한 처분으로 재고하여 주시기를 간청합니다. 본 건 이의신청은 단순히 징계처분대상자들이 책임을 면하고자 하는 의도에서 제출되는 것이 결코 아니며, 사안 자체에 대한 사실관계를 명확히 함으로써 합리적인 처분을 기대하기 위한 것임을 이해하시고, 절차에 따라 재심하시어 처분대상자들의 명예를 회복하여 주시기를 앙망합니다.

나의 관리자로서의 진솔한 심정과 간곡한 호소와 요청이 감사위원회에서 통하였는지 우리 모두에게 내려졌던 중징계요구는 그 후 없던 것으로 되었다.

나를 포함해서 직원 5명에게 업체와 결탁한 부정·비리를 의심하며 몰아세우고 공직자로서의 국가관과 사명감에 관해 호통을 쳤던 그 감사관은 후일 다른 건에 연루되어 뇌물수수 및 직권남용혐의로 구속 파면되었고, 그때 그 본부장님은 후일 초대 방위사업청장이 되어 나에게 국제계약부장이라는 중책을 맡겨 주셨다. 인생은 참으로 아이러니하다는 생각이 든다.

리더에게 가장 중요한 덕목은 '지혜'와 '용기'다. 어느 것이 더 우선이냐는 문제는 상황과 가치관에 따라 다른 답변이 나올 수 있지만 내게는 '용기'가 먼저라고 생각한다. 리더의 용기는 책임을 두려워하지 않는 용기, 솔선수범하는 용기, 적극적 실천의지로 돌파하는 용기여야 한다. 리더의 위기관리능력은 조직의 존폐는 물론 구성원들의 생사를 가르기도 하는 것이어서 단순히 지식과 경험만으로 채울 수 있는 것이 아니다. 지식과 경험은 다소 부족해도 용기 있는 리더는 어떠한 위기라도 극복할 수 있다.

진실은 거짓에 의해 잠시 호도되고 묻힐 수는 있지만 시간이 지나면 진실은 거짓을 누른다는 믿음이 내게는 있다. 그래서 공직자는 항상 정직하고 정의로워야 하며 매사에 최선을 다해 성실하게 접근해야 한다는 주장이다. 그러나 정의를 내세워 남을 누르고 그 위에 서려 해서는 안 되며 무슨 일을 하든 늘 겸손한 자세를 잃지 말아야 한다. 그러면 내가 어려운 환경에 처했을 때 반드시 돕는 손이 나타난다. 내가 겪은 다른 모든 사건과 마찬가지로 이 사건도 나의 공직생활에 적지 않은 가르침을 주었고 큰 영향을 미쳤다. '정직'이라는 것이 내게는 최고의 가치관이었지만 이 사건을 통해서 더 강하게 자리 잡는 계기가 되었다. 어떤 경우에도 흔들리지 않는 가치관이자 확고한 인생철학이 되었다는 것이다.

공직사회가 보다 깨끗하고 공정하며 합리적이기 위해서 국가가 져야 할 엄중한 책임에 관해서도 느낀 바가 많다. 지금 이 순간에도 나라를 위해 정직하게 온 힘을 다했음에도 감사, 조사 등 억울하고 고통스런 일을 당하고 있는 공직자가 없지 않을 것이다. '99명의 범인을 놓치더라도 1명의 억울한 피해자를 만들지 말라'는 법격언이 공직사회에도 적용되어야 건전한 공직문화가 이루어질 수 있을 것이다. 국가가 부담하고 책임져야 할 부분이다.

몸과 마음을 다해 최선을 다했음에도 인정받기는커녕 부당한 처벌을 받아야 하는 상황에서 겪는 상실감, 배신감은 이루 형언하기 어렵다. 공직자는 국가의 공권력 앞에 나약하기 짝이 없다. 온갖 유혹에 굴복하지 않고 정직하게 맡은 직무를 다한 것은 공직자로서 당연하다 치부하고, 부당한 처분에 대한 저항은 무시당하기 일쑤이다. 국가가 충신을 역적으로 만들 수도 있겠다는 생각을 잠시 했었다. 감사·수사기관이 특히 염두에 두어야 할 일이다.

세상일은 내가 옳다고 해서 늘 올바른 길로

흐르지 않는다.

어떤 때는 비정상이 정상을 압도하고

부정이 정의를 억누르는 불합리함에도 무감각한

사람들에게서 실망과 좌절을 맛보기도 한다.

리더는 주변을 보되 주변에 흔들리지 말고,

'나는 어떤 리더인가'를 늘 성찰해야 한다.

책임을 두려워하지 않는 용기와 신념으로

꽉 찬 리더 앞에서 책임이란 한낱 거추장스런

단어에 불과하다.

공직자는 '신뢰'를 늘 머리에 이고 살아야 한다.

주변으로부터 받는 신뢰는

오직 성실함과 진실됨을 통해 얻어지는 것이며,

내가 위기에 처했을 때 더없이 두툼한 보호막이 된다.

국방부조달본부 해체 사건 〈2005년〉

 2005년은 내 인생에 큰 전환점이 된 시기다. 1994년 7월 미국에서 돌아온 후 3년이 지나도록 아무런 발전이 없고 오히려 더 퇴보한 느낌을 받은 우리의 방위사업체계를 보고 '이런 조직이 사라지는 것은 시간문제구나!'라고 생각했다. 언젠가 그런 시기가 올 때, 나는 어떻게 될지를 생각하니 미리 뭔가를 갖추고 대비하지 않으면 안 되겠다는 생각이 번뜩 들었다. 나는 그 시기를 빠르면 5년, 늦어도 10년이라고 예측했다. 그러고는 경쟁력을 갖추기 위한 계획을 치밀하게 세우고 하나하나 실천에 옮기기 시작했다. 후배들에게도 틈틈이 내 생각을 전하면서 노력하고 대비하라고 조언을 주기도 했다.

설마 했던 그 시기가 정확히 10년 후에 눈앞에 현실로 닥친 것이다. 2003년 2월에 취임한 노무현 대통령의 참여정부는 방위사업 업무분야에 대대적인 개혁조치를 예고했는데 마침 그해 12월에 발생한 '이OO 비리사건'[17]이 큰 빌미가 되었다. 대통령의 특별지시로 그 이듬해인 2004년 3월에 국무총리실 산하에 획득제도개선위원회가 설치되었고 국방획득체계 전반에 대한 개혁 작업에 착수했다. 이OO 사건은 개인적인 비리로 발원된 사건이라는 점에서 이번에도 과거 율곡사업[18] 비리사건 발생 후에 이루어졌던 부분적인 제도개선 정도의 변화를 예측했지만 실상은 그게 아니었다. 특히 무기체계 획득시스템에 대해서는 전에 볼 수 없었던 거의 혁명적 수준의 고강도 개혁 작업이 시작되었다.

그때까지 8개 기관에 분산되었던 획득기능을 하나로 통합하는 개혁안이 급부상되었다. 요약하면 국방부장관 소관의 무기획득에 관한 제반 권한을 최소한으로 유지하고, 일반 행정관청인 독립기관을 창설해서 통합하는 것이었다. 정책과 중·장기계획수립·예산·최종 기종결정권을 가진 국방부장관(획득정책관), 계약집행 전담기관인 국방부조달본부, 대형 무기체계사업관리 기관인 각 군의

---

17) 김대중 정부 때 국방부 획득정책관(국장급)과 국방품질관리소장을 지낸 이OO 예비역 육군소장이 1998년부터 군납업체로부터 23차례에 걸쳐 1억 3000만 원의 뇌물을 받은 혐의로 구속되어 징역 5년을 선고받은 사건이다.

18) 1970년대 초 미국의 무상군사원조가 종결되면서 박정희 대통령은 '자주국방'을 주창했다. 한국군은 통합전력증강사업을 추진했는데, 이 사업을 일명 '율곡사업'이라고 했다. 율곡사업은 1차, 2차로 나뉘어 1992년까지 추진되었고 이후 전력정비사업(1987~1995), 방위력개선사업(1996~현재)으로 발전되었다. 우리나라가 세계 방위산업 8대 강국으로 발전하기까지는 이 시기의 무기개발투자가 결정적 기반이 되었다.

사업단(육군: 전차사업단, 해군: 잠수함사업단, 공군: 전투기사업단), 연구개발업무를 전담했던 국방과학연구소(ADD), 품질관리기관인 국방품질관리소, 정책연구기관인 국방연구원(KIDA)이 통합대상이었다.

개혁의 명목은 당시 미국, 영국, 독일, 프랑스 등 국방과 방위산업 선진국들에서 이미 정착된 통합사업관리제도(IPMS)[19]를 우리도 도입한다는 것이었다. IPMS는 무기체계 획득을 '무덤에서 요람까지(from the Cradle to the Grave)'라는 개념으로 추진하는 것이다. 즉 필요한 무기의 기본개념을 연구하는 것에서부터 개발·생산·실전 배치 운용 및 폐기에 이르는 전체수명주기(Full-Life Cycle)를 통합사업팀(IPT)[20]에서 일관되게 통합관리 한다는 것이다.

당시만 해도 육군 장성들이 거의 휩쓸다시피 해서 '육방부'라고 까지 불렸던 국방부에서 그간 소외되었던 해군과 공군이 찬성한 것을 제외하고 나머지 6개 기관은 대부분 반대하는 입장이었다. 더구나 조달본부는 완전 해체하는 것으로 방향이 잡혔다고 하니 현역장교들은 소속군으로 원대복귀하면 그뿐이지만 생사가 걸려있는 600여 명의 군무원집단은 결사적으로 개혁 작업에 반발하는 상황이었다. 조달본부에 소속된 나 역시 당연히 반대의 입장이

---

19) Integrated Project Management System
20) Integrated Project Team

었다. 나는 그저 생사가 걸려 있어서 반대한 것이 아니라 분명한 논리를 갖고 있었다. 미국에서 영미식 무기획득체계를 공부했고, 프랑스에서 대륙식 체계를 연구했던 나로서는 그들이 1차·2차대전을 치르면서 거의 한 세기 동안 이룩한 인프라가 있었기 때문에 통합사업관리시스템이 가능했다는 점을 간과한 개혁이라고 생각했기 때문이었다.

　나는 반대 입장인 조달본부를 대표해서 내가 만든 논리를 갖고 국회, 국방부, 언론 및 국무총리실 획득체계개선단을 상대로 열심히 설득하고 다녔다. 그러나 대통령의 특별지시로 국무를 총괄하는 총리 산하 국무조정실에 민관 합동조직(획득제도개선위원회)이 실질적인 권한을 갖고 추진하는 개혁은 국방부, 조달본부, 육군본부, 국방과학연구소 등 당시 무기체계 핵심그룹의 강력한 반대 따위는 안중에도 없는 듯 거침이 없었다. 국방획득에 관한 부정부패 일소를 캐치프레이즈로 내밀었으니 여론의 절대적 지지까지 뒷받침된 통·폐합 개혁작업은 그야말로 일사천리로 진행되었다.

　'방위사업법' 제정과 방위사업청 신설을 위한 '정부조직법' 개정이 예고되고 개혁안이 발표되면서 집단적인 반발은 눈 녹듯 사라지고 오직 누가 죽고 누가 살아남느냐가 관심사였다. 하반기 접어들면서 사업집행에 피치를 올려야 할 시기인데도 모두 출근하면 일손은 놓고 여기저기 모여서 웅성웅성 시국 돌아가는 얘기에 여념이 없었다.

살생부가 떠돌고 생사의 기준이 뭐라는 얘기까지 떠돌아다녔다. 징계 여부, 징계는 없더라도 비위사실 첩보기록이 정보기관에 유지되고 있는지 여부, 학력·경력·과거 업무성과는 물론 사생활이 깨끗한지 여부까지도 평가기준이 된다는 얘기가 들렸다. 사실 나는 그런 분위기에도 별로 동요함이 없었다. 왜냐면 늘 내게는 차선책이 있었기 때문에 이 직장이 아니더라도 다른 더 좋은 곳에 얼마든지 갈 수 있다는 자신과 확신이 있었기 때문이다. 지금 돌이켜보면 큰 착각이었지만 적어도 그때는 그랬었다. 자연히 두려운 생각도 없었고 오히려 걱정하는 사람들이 마냥 측은하게 느껴질 뿐이었다.

그해 여름은 유난히 덥게 느껴졌다. 9월 정기국회가 개회되고 조달본부 해체 등 8개 기관 통·폐합과 방위사업청 창설이 국회에서도 여야 간 별다른 이의가 없게 되자 법률 통과가 확실시되는 분위기였다. 해체되는 조달본부 요원들을 어떻게 처리할 것인가가 제일 중요한 문제였는데, 다행히도 문제가 있는 사람들을 제외하고는 최대한 일반직공무원으로 신분을 전환하여 방위사업청에 재배치한다는 인사방침이 확정되었다. 다만 4급 서기관 이상 고위직은 특별한 경우를 제외하고는 1계급씩 강등 임용하는 것으로 정해졌다. 점령군(우리는 개혁추진단 요원을 그렇게 불렀다)이 조달본부에 들어오면서 전쟁에서 패한 피점령군의 입장은 매사에 피동적일 수밖에 없었다. 법시행과 통합기관 창설이 2006년 1월 1일자로 예정되어 있으니 10월부터는 모든 일이 매우 급박하게 돌아갔다.

드디어 생사를 가르는 면접이 한 사람, 한 사람씩 이루어지고 보직까지 결정되어 발표되었다. 당시 조달본부에는 3급 부이사관 이상 직급이 10개가 넘었는데 단 3명만이 살아남아서 일반직으로 전환 임용되었다. 그 세 명 중 한 사람이 나였다. 직급은 1계급 강등 임용이 원칙이었으나 나는 예외대상인 '특별한 경우'에 해당되어 강등되지 않았을 뿐 아니라 오히려 고위공무원단에 바로 진입했으니 1계급 승진한 결과가 된 것이다.

내게 주어진 새로운 보직은 '국제계약부장'. 연간 12조 원 규모의 전체 방위사업 가운데 절반 이상을 차지하는 국외도입사업을 총괄 지휘하는 부서장이었다. 방위사업청이라는 신설기관에서 특히 국제계약업무 같은 특별한 분야를 제대로 관리하려면, 일반무역거래 방식의 상업구매와 정부 간 거래방식인 FMS구매 분야에 관해 상당한 전문지식과 경험이 필요하다는 점에서 내가 선택된 것이라고 들었다. 당시 개혁의 시발점이 되었던 이○○ 사건에 아파치헬기 구매사업 같은 국외도입사업이 연관되었기 때문에 개혁과 방위사업청 창설을 주도했던 측의 입장에서는 상당히 고심한 결과로 생각되었다.

  나는 개혁을 반대하는 집단의 대표가 되어 주도적으로 활동한 사람이기 때문에 가장 먼저 밀려날 줄 알았는데 선택된 것을 보면 관운이 꽤 좋은 사람인 것은 분명하다. 훗날 어떻게 내가 그런 어려운 상황에서도 살아남을 수 있었을까를 곰곰이 생각해 봤다. 나중에 알게 되었지만 내가 선발된 데는 몇 가지 이유가 있었다.
  첫째는 신설되는 기관에서 높은 전문성이 요구되는 국제계약 분야에 적격한 사람이 거의 없었다는 점, 둘째는 징계, 비위 등과 관련 없는 무결점자로 평가 받은 점, 셋째는 상대적으로 높은 인사고과와 다면평가 결과 등이 결정적인 요인으로 작용했다고 한다. 서울대 행정대학원에 입학해서 5년여 각고 끝에 딱 필요한 시기, 2005년 8월에 정책학 석사학위를 받은 것도 기막힌 타이밍이 되었다. 노무현 정부의 대표작인 고위공무원제도가 시행되면서 신설기관인 방위사업청의 국장급 이상에게도 적용되었는데, 고위공무원단 진입 자격에 국제업무 지식과 경험 등 외교적 능력과 감각에 관한 평가항목이 처음 등장한 것도 나에게는 아주 유리한 조건이 된 반면에, 그런 분야에 대해 관심과 준비가 없었던 다른 경쟁자에게는 결정적으로 불리한 여건이 되었다. 이런 결과를 놓고 운이 좋았다고 생각하면서도 결코 운에 의해서만 좌우되었다고 볼 수 없는 것은 모든 일이 내가 예측했던 대로이며 오래전부터 꾸준히 준비해 온 대비책이 있었기에 가능했던 일이기 때문이다.

만일 내가 그런 상황을 오래 전에 미리 예측하고 차근차근 대비해 오지 않았다면 지금 나의 모습은 어떻게 되었을까? 아무런 준비 없이 퇴직을 종용받고, 계급이 강등된 사람들의 심정은 어땠을까? 그 가족들이 받은 충격과 슬픔은 또 얼마나 컸을까? 마음이 무겁고 착잡해 짐을 느낀다. 그러나 모든 책임은 자기 자신에게로 귀결된다. 항상 꿈을 품고, 목표 있는 삶을 살며, 끊임없이 준비하는 사람이라면 그 충격은 충분히 받아들일 수 있고 오히려 전화위복의 기회가 되었을 것이다.

'위기'는 전혀 예고 없이 찾아오는 것이라서

늘 두려움이 먼저 엄습한다.

사람들은 우선 두려움에서 벗어나기 급급한 나머지

위기 뒤에 숨어 있는 '기회'라는 멋진 놈을

발견하지 못한다.

위기 뒤의 기회는 보통의 것과 달리

아주 크고, 높으며, 광대하기까지 하다.

그러나 그 기회를 잡기 위해서는,

보통 이상의 '예지(叡智)'와 '예지(豫知)'와

'예지(銳智)'가 필요하다.

사물의 이치를 꿰뚫어 보는 지혜롭고 밝은 마음과,

미래의 일을 지각하는 초감각적 지각이나 그런 능력이

있어야 하며, 날카롭고 뛰어난 지혜가 필요하다는 뜻이다.

불량 전투화 납품사건 〈2010년〉

 생각만 해도 아찔한 사건이다. 13년 전의 일인데
도 어제 일처럼 생생하다. 전투화는 단순 품목으로
생각할 수 있지만, 조달을 총괄하는 관리자로서는
전투기, 전차, 잠수함 등 핵심무기체계 만큼이나 중요하고 신경이
쓰이는 품목이다. 아니 그 보다 훨씬 더 중요할지도 모른다. 모든
군수품의 계약집행을 책임지는 방위사업청 계약관리본부장인 내
게 훗날 어떤 분이 이런 질문을 한 적이 있다.

"현직 때 가장 관심을 갖고 수행한 품목이 무엇인가요?"

나는 서슴없이 전투화, 속옷을 포함한 피복, 콩나물·두부·소시지
같은 식품사업이라고 대답했었다. 중소·영세업체도 많고, 사건도

탈도 많고, 민원도 끊이지 않는 데다 국민적 관심이 가장 높은 분야이기 때문이다.

우리나라는 국민개병제 국가이다. 어느 가정이든 가족이나 친·인척가운데 현재 군인이거나 군대를 다녀온 사람 한두 명 정도 없는 집이 없다. 당연히 군에 대한 관심이 어느 나라보다 높을 수밖에 없다. 김치에 파란 배추가 너무 많아서 우리 아들이 불만이라는 민원부터 우리 아들은 냉동 닭을 먹지 않는다는 불만까지…. 너무 배가 고파서 식당 앞을 흐르는 도랑물에 걸린 두부까지 주워 먹어본 경험이 있는 1974년 군번인 나로서는 심정적으로 받아들이기 어려운 일들도 꽤 많다. 그래도 내가 군대 생활할 때와는 너무도 다른 시대에 군에 자식을 보낸 부모의 마음을 헤아리기 위해서 나름 많은 노력을 했다고 생각한다.

내가 방위사업청 계약관리본부장으로 부임하고 1년쯤 지난 어느 날 전투화사업 담당 팀장과 그 상관인 소관 계약부장이 황급히 내 사무실로 들어서더니 이렇게 보고하는 것이었다.

"본부장님, 좀 시끄러운 문제가 생겼는데 언론에서 난리가 났습니다. 지난해부터 보급하고 있는 신형전투화에 대량 불량이 생겨서 수천 켤레가 반품되고 있습니다."

깜짝 놀란 나는 일단 상황을 정확히 파악해서 보고하도록 하고 신형전투화 개발사업을 주관하고 소요를 제기한 국방부와 긴밀히 협조하도록 지시했다. 소관팀장과 부장이 파악해서 보고한 사실 관계는 이러했다.

우리 군인들이 착용하는 전투화는 연간 약 50여만 켤레가 조달된다. 켤레당 단가는 개략 5만 원 내외였다. 기존의 전투화는 기능 면에서 불편함이 많았기 때문에 보다 가볍고 편의성이 개선된 신형전투화가 대안으로 제시되었는데, 국방부 주관으로 6년여 개발 기간을 거쳐 2010년부터 본격적으로 양산하여 보급하기 시작했다. 신형전투화는 종전의 봉합식을 접착식으로 개선한 것인데 제조방법부터 상당히 다른 형태였다. 봉합식은 전투화의 뒷굽과 밑창에 못을 박거나 제봉하는 방식을 사용하는데 비해 개량된 신형전투화는 접착제를 사용하여 붙이는 방식을 사용해서 봉합식보다 가볍고 방수 및 투습효과도 기존 전투화보다 4배 이상 높으며 구두끈도 스피드형을 채용함으로써 편의성 역시 높은 것으로 평가받은 것이었다.

이렇게 개발된 신형전투화는 2010년 5월, 6월에 집중 보급되었는데 그 가운데 봉합식 4000켤레, 접착식 1만 2000켤레에 불량이 발생했다는 것이다. 평소 책임감이 강했던 계약부장은 사건 상황을 내게 보고하면서 향후 처리방향에 관해 이렇게 건의했다.

"제가 책임지고 해결할 테니 본부장님은 나서지 않는 것이 좋을 것 같습니다."

그러나 문제가 생겼을 때 관리자가 먼저 나서서 해야 할 일이 무엇인지를 늘 생각해 왔던 나는 이렇게 말했다.

"역사상 조달기관장이 사업집행과 관련해서 책임을 지고 옷을 벗은 사건이 딱 한 번 있었는데, 그때 문제가 된 품목이 뭔지 아세요? 전투화입니다. 절대 가볍게 볼 일이 아니고 최고 책임자인 내가 먼저 나서지 않으면 밀려오는 비난과 분노를 막을 수 없을 겁니다. 우선 현장부터 확인해야겠으니 불량전투화가 반품된 업체부터 가 봅시다. 출장계획을 서둘러 짜 주세요."

불량전투화 사건은 1980년대 중반에도 있었다. 그때는 겨울철에 뒷굽이 얼어서 착용한 병사들이 걸을 때 깨지는 결함이 생겼고, 그 일로 인해 국방부조달본부장이 사임한 사건이 생각나서 말해 준 것이다.

다음 날, 나는 관계관 모두를 동반하고 반품된 전투화 수천 켤레가 쌓여 있는 전북 익산의 한 업체를 찾았다. 창고 문을 열고 들어선 순간, 나는 '지금까지 잘 버텨왔는데 이제 정말 끝나나 보다!'

라는 생각이 먼저 머리를 스쳤다. 그야말로 산더미같이 쌓인 전투화, 바닥은 떨어지고 오징어처럼 말려있는 불량 전투화를 보고 너무도 처참한 심정이었다.

 업체 대표로부터 상황 설명과 향후 조치계획을 들은 후 다음 목적지인 군인공제회 산하 생산업체를 찾아서 문제가 된 뒷굽 제작 과정과 불량품 발생원인 등에 관해서도 상세히 파악해 보았다. 그러나 현장 확인과 업체 관계자의 설명만으로는 내가 어떤 조치를 해야 제대로 해결될 수 있을지 도무지 방향이 잡히지 않았다. 사무실로 돌아온 나는 국방부 소관국장 주관으로 열리는 관계기관 합동 대책회의에 내가 직접 참석하기로 하고 필요한 자료를 준비하도록 관계관들에게 지시했다.

 국방부 회의실 분위기는 그야말로 험악함 그 자체였다. 내가 들어선 순간의 모습은 서로 책임을 따지는 손가락질과 고성이 오가고 상대방에 대한 비난과 힐난만이 난무하고 있었다. 이런 상황에서 어떻게 대책을 의논할 수 있을까? 회의를 주관하는 국방부 국장은 진정하도록 당부하고 회의 분위기를 안정시키기 위해 안간힘을 쓰는 정도였다. 나는 이래서는 안 되겠다 싶어 국방부 국장에게 회의 주관을 내게 맡겨 주도록 부탁하면서 참석자 모두에게 결연한 표정으로 이렇게 말했다.

"아시다시피 신형전투화에 대규모로 불량이 생겼습니다. 언론은 물론이고 모든 국민들의 비난과 분노가 확산되고 있습니다. 한시라도 빨리 대책을 강구해서 해결하지 않으면 우리 모두는 책임을 면할 수 없습니다."

"이번 사건의 최종 책임자는 방위사업청 계약관리본부장인 나송학입니다. 그러나 하나하나 문제를 짚어가다 보면 여기 모인 관계기관과 관계자 모두가 책임감을 갖고 적극 나서서 해결하지 않으면 안 된다는 점을 느끼게 될 것입니다. 오늘 대책회의는 누구의 책임인가를 밝히기 위해 모인 것이 절대 아닙니다. 어떻게 해결하는 것이 최선인가를 논의하기 위한 자리라는 걸 먼저 밝혀 둡니다."

"회의를 본격적으로 시작하기 전에 한 가지만 당부합니다. 혹시 이 자리에 나는 이 사건과 관련해서 아무런 책임도 없다 라고 생각하는 분이 있다면 이 자리에 앉아 있을 이유가 없으니 지금 바로 나가 주시기 바랍니다."

모두가 미동도 없이 조용히 앉아 있었다. "다시 한 번 얘기합니다. 책임 없다고 생각하는 분은 나가 주십시오!" 역시 한 사람도 움직이지 않았다.

"자, 그러면 모두가 어떤 형태로든 책임이 있다고 인정한 것으로 간주하겠습니다. 이제부터는 이 방에 누구든 책임이라는 말은 아예 입 밖에도 내서는 안 됩니다. 지금부터 각자 생각하는 해결방안을 기탄없이 제시해 주기 바랍니다."

이후로 각자 나름 제시하는 해결방안은 생각지도 못했던 좋은 아이디어들이 튀어나왔다. 두 시간여 회의에서 모두가 동의하는 해결방안이 마련되었음은 물론이다. 아울러 불량전투화 제조업체에 대한 납품 중단과 상세한 원인 파악 및 개선이 이루어지고 나니 언론 보도와 국민 여론도 곧 잠잠해졌다. 이어진 국방부 감사에서는 개발시험평가, 국방규격 제정, 품질검사, 계약집행 및 사후관리 과정에서 많은 문제점이 발견되었다. 불량소재 사용과 잘못된 제조방법 적용 등으로 문제를 야기한 업체에 대해서는 법규에 따라 제재 처분이 내려졌고, 사업추진과정에서 방위사업청, 국방기술품질원 등 업무관계자 5명에 대한 징계처분과 수사 의뢰가 이루어졌다. 전투화가 전시동원품목으로 지정되었다는 이유로 11개 업체로 나누어 분할 수의계약으로 집행되던 계약시스템을 개선하여 2010년 10월부터는 모두 경쟁조달체제로 바뀌었다.

이 사건이 완전히 종결된 두 달 후 나는 공직을 떠났다. 만일 내가 부하의 건의대로 사건에 직접 개입하지 않고 책임을 미루었다면 어찌 되었을까? 생각만 해도 아찔하다. 아마 신속한 해결방안을 만들기도 어려웠을 테고 서로 책임만 미루다가 더 큰 국민적 비판과 분노에 직면했을 것이다. 더 많은 사람들이 화를 당했을 것이고 나 역시 1980년대 내 선배 본부장이 처음 겪었듯이 비난과 사임 압박을 견디지 못하고 불명예스럽게 공직을 떠날 수밖에 없었을 것이다.

적절한 비교인지는 모르겠지만, 적어도 나는 이 사건을 통해 공직자, 특히 고위공직자들에게 '생즉사 사즉생(生卽死 死卽生)' 정신이 왜 필요한지를 절감했다. 이 말은 이순신 장군이 임진왜란 때 병사들의 사기를 북돋우면서 죽을 각오로 싸우면 반드시 승리할 수 있다는 강한 신념을 심어주기 위해 사용한 말이지만 매사에 강한 책임감으로 임해야 하는 공직자가 위기에 처했을 때 취해야 하는 자세로 늘 마음에 심어 두어야 할 최상의 가치관으로 생각한다.

법정스님은 그의 저서 '진리와 자유의 길'에서 "밤낮으로 게으름을 모르고 부지런히 정진하는 사람, 그를 가르켜 한밤의 현자라 하고 마음 고요한 성자라 한다."라고 말했다. 현자(賢者)는 목숨을 잃을 각오로 무슨 일이든 밤낮을 가리지 않고 열심히 일하고, 우매한 자는 현실에 안주하면서 요행만 바라다가 모든 것을 잃고 마는 어리석은 사람이라는 것을 일깨워 주는 말이다.

공직자는 부여받은 임무를 잘 완수하기 위해 밤낮을 가리지 않고 혼신을 다해 국가와 국민에 헌신해야 함은 말할 것도 없이 당연한 의무이다. 아울러 의무 수행과정에서 책임져야 할 일이 생기면 요령껏 모면할 일이 아니라 과감히 돌파해 나가는 정의로움과 용기도 갖추어야 한다. 우매한 자가 될 것인가, 아니면 현자가 될 것인가는 장고 끝에 이루어지는 의사나 의지로 선택되는 것이 아니다. 평소의 철학적 가치관과 관념적 의지가 무의식적으로 반응하여 나오는 것이어야 한다.

난관에 처했을 때 우매한 자의 편에 서지 않고 올바르게 행동하려면 관리자는 어떤 리더십을 갖추고 발휘해야 하는가? 리더는 좋은 일이건 나쁜 일이건 늘 선두에 나서는 용기를 갖추어야 한다. 조직을 이끄는 지휘관이나 관리자들이 추구해야 할 리더는 지장(智將)이고 용장(勇將)이며 덕장(德將)의 요소를 골고루 갖추어야 하지만 그중 하나를 군이 선택하라면 나는 '용장'이 먼저라고 생각한다. 아무리 지혜롭다 해도 전투에서 뒷짐 지고 부하들의 등만 두드려주는 리더로는 전쟁에서 이길 수 없다.

효과적인 문제 해결능력과 적절한 리스크 관리의 요건은 무엇인가? 충분히 알고 겪어야 한다. 모르는 자가 아는 자를 이길 수 없다. 안 해본 자가 해본 자를 이기는 것도 쉽지 않다. 모르는 자는 위기가 닥쳐도 그것이 위기인 것조차 모른다, 당연히 위기에 대처하고 관리하는데 실패할 수밖에 없다. 내가 위기에서 벗어날 수 있었던 데는 모든 위기변수를 평소에 잘 파악하고 있었기 때문이 아닌가 싶다. 나에게 특별한 지식이나 혜안이 있었다기 보다 누구보다 많은 위기(난제) 해결 경험이 큰 도움이 되었다고 생각한다. 방위사업이나 계약관리업무에 관한 한 일어날 수 있는 모든 일을 겪고 해결해 본 지난날의 경험이 아니고서야 어떻게 그런 큰 일 앞에서 의연할 수 있었을까! 사건이 생길 때마다 선두에 나서기를 주저하지 않았던 내가 그때마다 애지중지 쌓아온 지식과 교훈을 잊지 않았던 결과임이 분명하다. 생각하면 언제나 등골이 시리도록 아찔하지만 스스로에게 박수를 보내고 칭찬할 때가 많다. 사건이 있은 지 13년째가 되는 요즘도 나는 길거리에서 군인을 마주치면 제일먼저 발부터 쳐다본다. 최전방 대대장으로 복무하고 있는 사위에게도 늘 군화 안부를 묻는다.

공무를 수행하는 과정에서 나타나는

수많은 장애는 피할 것이 아니라 돌파해야 할

대상일 뿐이다.

그러나 막무가내식 돌파가 아니라 지혜로 무장된

'용기' 있는 돌파이어야 한다.

공직자 한 사람의 판단이 정책과정에 미치는 영향은

실로 커서 큰 재난을 야기하는가 하면, 때로는

나라를 위기에서 구하는 주춧돌이 되기도 한다.

아내와 내가 만든 숫자 '둘'이 어느새 '열'이 되었다.

내가 이룬 가정, 마디마디 사랑으로 엮인 가족만 생각하면 행복한

웃음이 절로 나온다. 가족을 위해 할 수 있는 일, 해야 할 일이

무엇인지를 고민하다 보면 금방 하루해가 넘어간다.

제2막

(김앤장 재취업~퇴사: 9년)

『가족』을 위한 삶;

지혜(智慧)

가족들이 서로 맺어져 하나가 되어

있다는 것이 정말 이 세상에서의

유일한 행복이다.

- 마리 퀴리(Marie Curie)-

2010년 12월 31일, 고락을 나누었던 직원들의 환송을 받으며 정든 직장을 떠났다. 용산구 후암동 방위사업청 정문을 나서는 순간 33년 공직생활의 찰나들이 스치며 묘한 감정이 솟음을 느꼈다. 그야말로 시원섭섭함의 진수를 맛 봤다. '아, 자유다! 나는 이제 가고 싶은 곳, 하고 싶은 말, 먹고 싶은 것 마음대로 선택할 수 있다!' 그 긴 세월을 아무 탈 없이 한곳에서 근무하고 무사히 떠날 수 있도록 기도하고 도와주신 많은 분들에게 감사하는 마음이 떠오르며 눈가에 살짝 물방울이 맺힘을 느꼈다. 집 현관문을 열고 들어서자 자유라는 생각은 어느새 눈 녹듯 사라지고 뭔가 이루고 난 후의 허탈감, 그리고 내일부터 펼쳐질 또 다른 미래에 대한 근심이 밀려왔다. 지금까지는 열심히 살아야 하는 목적, 대상, 이유가 분명했지만 내일부터는 그것이 명확하지 않다는 것이 불안했다.

2011년 1월 1일, 새해가 밝았다. 퇴직 후 맞이한 첫날은 무척 기쁘고 희망에 찰 줄 알았는데 막상 닥치니 기쁨, 행복, 걱정, 근심…. 온갖 잡생각이 뒤섞여 머리가 무척 복잡해졌다. 나는 무엇보다도 앞으로 펼쳐질 제2의 인생이 추구해야 할 가치에 대해 곰곰이 생각하고 정리해 보기로 했다. 이제부터 누구를 위해, 어떻게 살 것인가? 별다른 긴 고민 없이 '가족'을 최고의 가치에 두기로 정했다. '가족'을 위해 살아보자고 마음을 다지니 또 다른 열정과 의욕이 솟아올랐다.

1.
제2의 직업,
일거리를 찾아라.

- 노후 인생의 행복은 경제와 심리적 안정에서 나온다 -

얼마 전 어느 케이블 TV에서 은퇴한 남자들의 삶에 대한 특집 방송을 본 적이 있다. 방송의 내용을 한마디로 요약하면, 일 없는 '남자로 살기가 너무 힘들다'는 것이다. 어느 유명 탤런트의 친구 5명이 출연자로 나섰는데 퇴직 후 정신적 공황이 심하다는 사람, 그 옛날 우쭐대며 풍미했던 아버지의 위엄은 사라지고 스스로 초라함을 느낀다고 했다. 아내에게 하루 세끼 밥 달라 소리도 힘들어서 두 끼로 줄이고 반찬은 스스로 만들어 먹는다고 했다. 하루 종일 집에 틀어박혀 있기도 어려우면 산을 찾는데 바쁠 때 틈틈이 시간을 내서 갈 때는 즐거웠던 등산도 할 일이 없어서 갈 때는 지겹다고도 했다. 33

살에 은퇴한 어느 야구선수는 아무 대책도 없이 자신만만하게 은퇴를 했는데, 여러 곳에서 자신을 찾을 줄 알았지만 막상 아무 곳에서도 연락이 없으니 거의 멘붕 상태라고도 했다. 은퇴한 남자들의 외로움이 구구절절이 느껴졌다. 비참함까지 느껴졌다.

퇴직 후 두 달 만에 새로운 직장을 얻은 나는 얼마나 운 좋고 행복한 사람인가! 새삼 느껴졌다. 그것도 우리나라 최고의 로펌인 김앤장에 고문으로 취업했으니 은퇴한 모든 선배·동료들이 부러워할 정도였다. 그때는 그것이 얼마나 고마운 일인지를 잘 몰랐지만 시간이 갈수록 그 감사함을 절감했다.

새 직장에서 겪은 새로운 갈등

공직을 나와 시작한 새 직장에서의 생활은 그리 녹녹치 않았다. 스무 살 되던 해, 군에 입대하면서부터 엄격한 상하관계의 조직생활에만 익숙했던 터라 수익 창출과 생산성 위주의 기업문화에 적응하는 것은 쉽지 않았고 단시간 내 극복될 수 있는 문제도 아니었다. 하루 한시도 제대로 쉬지 못할 만큼 바삐 살아오다가 출근을 해도 할 일이 없는 날에는 내가 밥값이나 제대로 하고 있는 것인지 걱정스러울 때도 적지 않았다. 옆사람이야 어찌되든 자신의 일과 성과에만 몰두하는 듯한 개인주의적 문화 역시 쉽게 적응하기 어려운 부분이었다. 그로 인해 자존심에 상처를 입는 경우도 적지 않았다.

그럭저럭 3년쯤 지난 어느 날, 아내에게 이런 나의 고민을 털어놓으면서 머지않아 사표를 낼지도 모른다고 했더니 아내는 수심에 찬 표정으로 중얼거리듯 이렇게 말했다.

"공무원생활 30년이 넘도록 월급날이 되면 이리저리 카드 틀어막기 바쁘다가 이제 퇴직할 때 남았던 은행대출도 다 갚고 좀 살만하니까 자존심 때문에 사표를 내겠다니…."
"30년 동안 못 느끼고 살아온 경제적 여유를 만끽하고 산다는 게 얼마나 행복한지 이제 좀 알만하니까 그 알량한 자존심 때문에 내 행복을 스스로 차 버리겠다니…."

원망스런 눈초리에 할 말이 딱 막혔다. 서울 면목동에서 단칸 월세방에 신혼살림이라고 시작했을 때, 어떤 일이 있더라도 가족의 행복을 위해 내 한 몸 다하겠다고 다짐했던 순간이 스쳤다.
"그렇지! 나 한 사람의 자존심이 뭐가 그리 중요하다고… 그래, 버리자! 이제는 아내와 두 딸을 위해서 살아야지."
"어떻게 해서든 가난과 불행을 대물림해서는 안 된다는 초심을 잊지 말자!"

'아! 열정과 성공이란 반드시 엄청난 인내를 동반하는 것이구나!' 라는 생각에 이르렀고, 그 생각은 내가 다시 새 직장에서도 전과 같이 희망과 즐거움으로 일할 수 있게 만들어 준 동력이 되었다.

내게 필요한 자존심(自尊心)은 무엇인가?

나는 '자존심'에 대한 내 중심의 사고와 가치관을 바꾸기로 했다. 내 여생에 꼭 필요한 자존심이란 무엇인가?

자존심이란 심리학적으로는 자기에 대해 일반화된 긍정적인 태도, 자신이 사랑받을 만한 가치가 있는 소중한 존재이고 어떤 성과를 이루어낼 만한 유능한 사람이라고 믿는 자아존중감(自我尊重感, self-esteem), 남에게 굽히지 아니하고 자신의 품위를 스스로 지키는 마음, 자기 또는 자기와 관련되어 있는 것에 대하여 스스로 그 가치나 능력을 당당하고 자랑스럽게 여기는 마음 등 실로 다양한 의미로 해석된다. 그래서 자존심에 관한 한 일반적이고 객관적인 기준에 따르기보다는 나만의 가치관에 따라 자기 나름의 정의가 필요하다는 생각에 이르게 된다.

자존심을 자신만의 생각으로 지나치게 강하게 내세우면 아집이
되며, 비이성적 행위의 원인이 될 수 있다. 내가 볼 때는 정말 사
소하고 하찮은 것이라 생각하지만 상대방은 크게 마음에 두고 상
처받는 일이 허다하다. 나이가 들어갈수록 그런 양상은 더 빈번히
강하게 나타나는 것 같다. 특히 가까운 사이일수록 더욱 그렇다.

내가 정의한 나만의 자존심을 지키며, 그렇게 하여 나는 공직에
서 퇴직 후 첫 직장인 김·장법률사무소(김앤장)에서 9년 1개월을
근무했다. 그 사이 두 딸을 결혼시켰고 아주 건강한 사위들과 손
자 둘과 손녀 둘을 얻어서 10명의 단란한 가족을 이루었다. 첫째
딸 부부는 나와 같이 모두 공직의 길을 걷고 있다. 첫째 사위는 직
업군인으로서 지금은 최전방 부대 대대장이다. 둘째 사위는 세무
사 사무소를 운영하고 있다. 내가 만일 내 고집대로 행동했다면
과연 지금과 같이 안정된 가족을 이루고 모두가 나름 여유 있는
생활을 즐길 수 있었을까? 그렇지 못했을 것이다.

일 해야 할 이유; 여유

내 나이되면 친구들이나 과거 직장동료들이나 대부분은 하루 세
끼를 꼬박 집에서 챙기는 삼식이다. 생활수준은 점점 높아지고 기

대수명 역시 매년 높아지고 있다. 돈이 필요한 이유다.

신한은행이 최근 실시한 조사에 따르면 60세의 기대여명은 남자 23.4년, 여자 28.2년으로 정년퇴직 후에도 20년 이상을 살아갈 노후자금이 필요하다고 응답한 것으로 나타났다. 필요한 노후자금의 규모에 관하여 응답자의 51%는 월 200만 원~300만 원, 23.7%는 300만 원~400만 원이라고 답했으며, 400만 원 이상이라고 응답한 사람도 15%에 달했는데, 대략 평균으로 따지면 291만 원 정도로 나타났다. 이 수준은 국민연금연구원이 발표한 매달 적정 노후생활비로 부부기준 평균 268만 원, 개인기준 평균 165만 원과 비슷한 수치이다. 은퇴 후 가장 걱정되는 점으로는 역시 돈이라고 답한 사람이 가장 많았고 그다음이 건강이었다. 이렇게 보면 공무원으로 퇴직 후 받는 연금은 겨우 생활자금 수준에 그친다. 그마저 준비되지 못한 은퇴자들에게는 배부른 소리로 들리겠지만, 내가 살아보니 기본생활 이외에 다른 여유를 찾기에는 부족한 것이 사실이다.

내가 공직을 마친 후 가장 하고 싶었던 것은 가고 싶은 곳 생각나는 대로 가고, 먹고 싶은 것 뜻대로 먹고, 만나고 싶은 사람 마음대로 만나는 것이었다. 30년이 넘도록 틀 속에 갇혀 자제하며 살다 보니 그간 억눌린 자유를 최대한 만끽하고 싶었다. 그렇게 하자면 무엇이, 얼마나 필요한지에 관해서는 생각해 보지도 않고 무작정…. 나름의 자유를 만끽하며 얼마를 지내보니 마음은 편한데, 적지 않은 돈도 필요했고 생각해야 할 것이 한두 가지가 아니었다. 공직을 떠난 후 대기업 사장으로 들어가서 10여 년간 일하다 은퇴한 어느 선배의 말이 생각났다.

"혹시 골프채 한 개라도 새것으로 바꾸고 싶으면 지금 돈 벌 때 저지르게. 은퇴하고 나서 돈 못 벌면 단돈 만 원 짜리라도 요리저리 생각하게 되고, 그러다 보면 도무지 살 수가 없어요."

그분은 내가 보기엔 꽤나 여유 있는 여생을 보내고 있을 것으로 생각했는데 막상 은퇴하고 나니 실상은 그렇지 못하더라는 것이다. 지금 나와 아내는 풍족하지는 않지만 내 나이 다른 사람들에 비해 적어도 경제적으로는 비교적 걱정 없는 삶을 살고 있다. 여기에는 나의 노력과 인내가 큰 역할을 했다는데 의심의 여지가 없다. 경제권은 아내가 쥐고 있었으니 지금껏 알뜰하게 챙기고 키운 공은 당연히 아내의 몫이다. 예쁜 손주들이 놀러 왔다가 갈 때 만 원 짜리 용돈 한 장씩이라도 쥐여 주면 돈이 무엇인지도 모르는 막내 손녀가 좋아서 폴짝폴짝 뛰는 모습에 행복한 웃음이 터진다. 사위가 진급했다고 인사 오면 축하와 격려금을 주는 여유를 부리기도 한다. 모두 돈 없이는 이루어질 수 없는 일들이다. 어떤 이는 가족 간에 마음이 중요하지 재물이 뭐가 중요하냐고도 한다. 살아보니 맞는 말이지만 그건 이상이지 현실은 아닌 듯하다.

코로나로 인해 여행이 규제되는 바람에 기회가 없었지만 그 전에는 가끔 해외여행을 다녀오는 여유도 생겼다. 공무원연금만으로는 어림도 없는 일이다. 코로나 이후에는 국내여행을 많이 다닌다. 우리나라가 얼마나 아름다운 나라인지, 가는 곳마다 뻥 뚫린 거미줄 도로망, 울창한 산림, 사계절의 아름다움을 주는 꽃과 단풍과 풍경을 즐기는 기쁨, 눈부시게 발전된 지방시대를 피부로 느끼면서 대한민국에서 태어나 대한민국의 국민으로 산다는 것이 얼마나 큰 행복인지를 절감한다. 얼마 전에는 제주를 다녀왔다. 매년 한라산 백록담을 오르면서 건강을 다져왔는데 올해는 잘 알려진 오름 몇 개를 섭렵하는 것을 목표로 했다. 틈나는 시간에는 최근 아내와 같이 시작한 파크골프를 즐기기로 했는데, 골프채와 공을 대여해 주는 곳이 한 곳밖에 없어서 충분히 즐기지는 못했다. 그곳에서 82세 되신 어르신과 조인한 적이 있다. 그분께서 내 나이를 물어보시더니 그때가 제일 좋은 때이니 실컷 다니고 마음껏 즐기라고 조언을 주셨다. 그 어르신도 공기업에서 은퇴한 후 제주에 내려와 살기를 11년째인데 고혈압과 당뇨 때문에 즐기던 골프도 못하고 대신 파크골프로 바꿨다고 하시면서 인생 선배로서 여러 가지 삶의 지혜를 알려 주셨다. 그런데 만일 그 어르신이 조언한 대로 산다면 우선 '적지 않은 돈이 필요하겠구나'라는 생각이 들었다.

일 해야 할 이유2; 갈등

끼리끼리 논다고, 내 주변 인사들은 대부분 공직자 출신들이다. 은퇴 시기는 다르지만 퇴직 후의 방향은 한결같다. 우선은 법적으로 제한을 받지 않는 일자리를 찾아가는 유형인데 대체로 대학 초빙교수, 연구소 연구원, 취업제한 대상이 아닌 작은 기업의 임직원, 학교나 회사 또는 아파트 경비원 등이다. 다음은 창업 또는 귀농으로 자기 일을 하는 경우이다. 그도 저도 아니면 집에서 놀거나 가끔씩 들어오는 용돈벌이 정도로 소일하는 경우이다. 대학 초빙교수나 연구원 자리와 같이 제법 명예까지 보장되는 직업은 요즘 하늘에 별따기 수준이다. 그나마 2~3년 임기가 끝나면 어김없이 떠나야 한다. 자리 비기만을 기다리는 사람들이 뒤에 고드름처럼 주렁주렁 매달려 있기 때문이다.

어떻게 해서든 소일거리라도 찾아서 활동하는 경우에는 그런대로 괜찮지만 집에서 노는 사람들의 모습은 안쓰러울 때가 많다. 가끔씩은 일하는 것보다 노는 것이 더 좋다면서 그런 생활을 오히려 즐긴다는 사람도 있다. 그런데 얼굴에는 그림자가 드리워져 있다. 어두운 표정으로 봐서는 즐기는 것이 아니라 즐기고 싶은 마음을 그렇게 표현하는 것으로 보인다. 어떤 때는 그런 모습이 더 안쓰럽게 비춰지기도 한다. 퇴직 후 일자리를 찾지 못하고 연금에 의존해 사는 것은 가족에게도 적지 않은 고통을 주기도 한다. 그로 인해 가정이 파탄지경에 이르는 경우도 주변에서 심심찮게 접하게 된다. 가끔 '내가 만일 은퇴 후 삼식이가 되었다면'하고 상상해 볼 때가 있다. 나 역시 쉽지 않은 노후를 보내고 있을 것 같다.

작년 이맘때쯤 신문에 게재된 기사를 보고 충격을 받은 적이 있다. 요즘 50대 여성들의 가장 큰 고민은 남편이 퇴직한 후 온종일 같이 있을 생각을 하니 못 견딜 것 같아서 이혼을 생각하고 있다는 것이다. 남편이 직장에 다닐 때는 아이들만 보고 살아야 했고 거기에는 남편의 경제적 능력이 매우 중요했기 때문에 어떤 불만이라도 참고 지냈어야 했지만 그런 능력도 없는 남편과 더 이상 같이 살 이유가 없다는 것이다. 인간적으로 어떻게 그럴 수 있느냐고 반문하지만 실제로 그런 경우를 많이 본다. 물론 과거나 지금이나 부부가 변함없이 사랑으로 감싸주고 격려하며 행복하게 사는 경우도 있다.

은퇴를 한다는 것은 황혼 부부에게 중대한 위기가 되기도 하고 행복한 부부사이를 불행하게 만들 수 있는 계기도 된다. 많은 남성들은 은퇴 후 하고 싶은 일을 하면서 아내와 함께 행복하게 사는 꿈을 꾼다. 연금만으로도 충분치는 못하나 부부가 행복을 나누기에는 부족할것 없다는 생각도 한다. 그러나 실상은 그렇지 않다는 걸 곧 깨닫게 된다.

통계청에 따르면 2020년 한 해 동안 4만여 쌍이 부부의 연을 끊었다고 한다. 황혼 이혼에 대한 사회적 인식 또한 크게 변했다. 어떤 여론조사에서는 10명중 7명이 황혼 이혼에 공감하며 '행복하지 않다면 이혼하는 것이 필요하다'고 응답했다고 한다. 이웃나라 일본에서도 황혼 이혼이 하나의 트렌드로 자리 잡은 지 오래라고 한다. 많은 남편들은 은퇴 후에 집안에서 편안한 생활을 보내기를 기대하지만 남편을 오랫동안 뒷바라지해 온 아내는 남편이 생각 없이 마냥 푹 쉬는 것을 그리 달가와 하지 않는다는 것이다.

이혼까지는 아니더라도 졸혼(卒婚), 결혼관계를 졸업한다는 것도 하나의 사회적 트렌드가 되어가는 듯하다. 이혼이든 졸혼이든 그 원인은 경제적 문제가 가장 크다. 은퇴로 인하여 부부관계에서 남편은 경제능력이 없어진 반면에 아내의 경제능력은 재산분할로 상대적으로 커질 가능성이 높아졌기 때문이다.

준비해야할 것들

그렇다면 은퇴에 앞서 무엇을 준비해야 할 것인가?

그 답은 명확하다. 또 다른 형태의 경제적 능력을 갖추어야 한다. 일자리가 있어야 한다는 것이다. 새로운 일자리는 아내가 가장 우려하는 부분, 은퇴하면 하루 종일 같이 붙어 있어야 한다는 걱정을 해결하는 유일한 방법이다. 그 일은 시간을 보낼 수 있는 소일거리면 충분하다.

지인 가운데 공직을 나와서 어느 중학교의 보안안전요원으로 취업한 사람이 있다. 수입이라고 해 봐야 월 100만 원에도 못 미칠 정도로 작지만, 대화를 하다 보면 그 만족도는 나보다 훨씬 높다는 것을 느끼게 된다. 매일 새벽 5시에는 출근해야 한다니 9시나 돼서야 집을 나서는 나는 말하기도 미안할 정도다. 교장선생님보다 나이가 많으니 모든 선생님들이 자신을 존대한다고 한다. 수업에 늦어 담벼락을 넘다 들키는 학생, 수업에 들어가지 않고 담벼락에 붙어 담배를 뻐끔거리는 학생 등 문제아들을 따뜻하게 선도하면 그 만족감은 생각보다 크다고 한다. 퇴직한 직후 어느 공항 경비업체에 잠시 취업했다가 자존심에 엄청난 상처를 받고 나와 다시 찾은 일자리인데, 자신이 지금까지 해온 어느 직장생활보다 가장 즐겁고 만족한다고도 했다. 그러면 된 것 아닌가!

은퇴 후 일자리 준비는 적어도 퇴직 5년 전쯤 부터는 착수해야 한다. 자기가 해 왔던 일의 경험을 되살려서 같은 분야에 일할 수만 있다면 좋겠지만, 공무원들의 행정경험이란 것이 사회에서도 널리 통용될 만큼 굉장한 기술이나 기법을 요구하는 것이 아니기 때문에 그런 자리를 얻는 데는 한계가 있다. 다양한 형태로 방향을 정하고 그에 필요한 준비를 해 두어야 한다. 퇴직 5년쯤 남은 후배들을 만나서 이런 조언을 하면서 무엇을 준비하고 있는지 알아보면 의외로 맹탕인 사람들이 많다. 자신의 지식이나 경력만으로도 뭔가 되겠지 하는 안이한 생각에 빠진 것이다. 세월이 많이 흐르다 보니 요즘에는 과거 부하직원이 어느새 정년이 되어 퇴직한다는 소식을 종종 전해 온다. 지난해 초의 일이 생각난다.

　한 퇴직 후배를 만나서 식사를 나눈 적이 있다. 내가 상관이었을 때 과장급으로서는 그런대로 능력이 있다고 보았지만 특출하다는 생각을 해 본적은 없는 후배였다. 현직에 있을 때 별다른 도움을 준 적도 없고 동료나 부하들에게도 썩 좋은 평을 받지 못했던 후배라서 다소 연민의 정도 있던 차에 은퇴 축하도 할 겸 사회선배로서 조언도 해줄 의도로 내가 마련한 식사 자리였다. 놀랍게도 그 후배는 내가 퇴직한 후 무슨 일이 있었는지 엄청 똑똑해져 있었다. 쌓은 지식과 전문적 경험에 대한 자신감은 하늘을 찌를 듯 철철 넘쳐흐르는 사람으로 변해 있었다.

"저는 퇴직은 했지만 뭐 크게 걱정은 하지 않습니다. 아마 업체나 연구소에서 저 같은 사람을 필요로 하는 곳이 많을 것이기 때문에 곧 여기저기서 연락이 꽤 올 것 같고… 어떤 곳을 선택해야 할지, 보수는 어느 수준으로 요구할지를 고민하고 있습니다."

그 후배는 내가 무슨 얘기할 겨를도 주지 않고 두 시간여 식사시간을 혼자 떠들었다. 속으로 불쾌하기도 했지만 머지않아 크게 실망하고 고개 떨굴 모습을 상상하니 측은한 생각이 들었다. 그 후 5년여가 지나도록 그 후배가 잘됐다는 소식을 들은 바도 없고 어디서 무엇을 하는지도 모른다.

옛말에 '우는 아이 젖 준다'는 아주 흔한 속담이 있다. '하늘은 스스로 돕는 자를 돕는다'는 말도 있다. 처분만 바라는 사람보다 청하는 사람에게 더 기회가 주어진다는 뜻이고, 어떤 일을 이루기 위해서는 스스로의 적극적인 노력이 중요하다는 의미일 것이다. 허튼 자만심에 빠져 공직에서 하던 버릇으로 사회를 접하면 크게 실망할 수밖에 없다. 공직의 울타리 밖에 존재하는 사회에는 생각보다 날고 기는 사람들이 많다. 공직에서 갈고 닦은 지식과 경험이 별것 아니고 쓸모도 별반 없다는 생각을 한 적이 많다. 내 것이 최고라는 생각, 나만이 갖고 있을 것이라는 생각은 일찌감치 버리는 게 좋다.

세상은 생각하는 것처럼 그렇게 만만치 않다.

우리나라의 은퇴 후 노년의 삶에 대한 만족도는 OECD 최하위 국에 속한다. 인터넷 검색어로 은퇴라는 말을 넣으면 재미있는 말보다는 슬픈 얘기들이 훨씬 더 많다. 은퇴 후 비참한 삶, 은퇴 후 불행의 시작, 은퇴 후 삶에 대한 고민 시작, 은퇴 후 패가망신, 졸혼, 이혼… 부정적인 단어와 말들이 도무지 한이 없다. 해결방법은 일 밖에 없다. 현직에 있을 때 충분한 시간을 두고 여유 있게 준비해야 한다.

건강한 삶, 질 높은 여생을 위해서….

공직에서 떠난 후 찾는 제2의 일자리는,

평생 힘들게 내조를 다 해 온 아내를 위해서,

어려운 가정환경에서도 씩씩하게 자라 준

자녀들을 위해서 꼭 필요하다.

그 일자리가 큰 수입을 얻거나,

명예를 주는 거창할 일일 필요도 없다.

물론 그렇게 될 가능성도 거의 희박하지만…

아내가 아침에 일어나 오늘도 종일

같이 붙어 있을 사태를 걱정하지 않고,

행복한 웃음으로 시작할 수 있는 여유를 주는

것이면 충분하다.

아침에 일어나 어딘가 갈 곳이 있다는 기쁨을

주는 곳이라는 것만으로도 족하다.

2.
공직에서 얻은
사고와 관념의 틀을
부수라.

- 그렇지 않으면 평생 갈등의 가시밭을 벗어나지 못한다 -

　얼마 전 오랜 친구의 경험담과 고백을 듣고 깊이 공감한 적이 있다. 그 친구 역시 30년 이상 공직을 마치고 나와 거의 같은 시기에 은퇴한 사람이다. 일 밖에는 모르고 살아 온데다 워낙 꼼꼼하고 틀림없는 친구여서 어떤 물건이든 각지게 정리하지 않고는 못 배기는 성격이었다. 나름 성실하게 공직을 마쳤다는 사람들에게 공통적으로 나타나는 현상이기도 하다.

갈등의 시작

친구는 은퇴한 첫날밤을 오랜 구속에서 해방된 느낌에 푹 자고 느지막이 일어났다. 늦은 시간이라고는 하지만 아침잠이 없는 친구라서 가족이 모두 꿀잠에 빠진 새벽 5시쯤이었다. 아침 운동이라도 해볼까 하고 밖으로 나가려는데 현관 바닥을 내려다보니 무질서하게 널려 있는 아내와 아이들의 신발들에 순간 신경질이 났다. 이어 신발장을 열어보고는 쓰레기장을 방불케 할 만치 어지럽게 널려 쌓여 있는 더 많은 신발들을 보는 순간 자신도 모르게 울컥 화가 치밀어 올랐다. 큰소리를 꽥 질러 잠자는 식구들 모두를 깨워 집합시켰다. 그리고 분노와 함께 일장훈계를 퍼붓기 시작했다.

"신발장이 도대체 이게 뭐냐? 이게 신발장이야, 쓰레기통이야! 빨리 깨끗이 정리 정돈하지 못해!"
"도대체 당신은 뭐야! 애들이 신발을 맘대로 벗어 놨는데도 가만히 놔두고 말이야!"

아내와 아이들은 잠이 덜 깬 상태에서 아주 불쾌한 표정을 지으며 억지로 성의 없이 정리하는 체하더니 제 방으로 휙 돌아갔다. 다시 불러서 소리 한 번 더 칠까 하다가 참고 넘어갔는데, 그보다 더 심각한 문제는 다음날 일어났다. 아침에 일찍 일어나 냉수 한

잔 마시려고 냉장고 문을 연 순간 무질서하게 쌓인 반찬 그릇, 아무렇게나 쑤셔 박은 음식물을 보고 아연실색하지 않을 수 없었다.

"어이! 당신 말이야! 냉장고가 도대체 이게 뭐야? 이게 냉장고야! 잔반통이야! 당장 정리하지 못해!"

친구의 아내는 왜 쓸데없는 참견이고 잔소리냐고 투덜대면서 싸우기 싫어서 하라는 대로 대충 정리했다. 그날부터 부부 갈등, 자식들과의 갈등이 본격적으로 시작되었다. 딸, 아들도 결혼은 안 했지만 불혹이 머지않은 나이인데 신발 잔소리라니.... 그날부터 부부·부자·부녀간의 대화는 완전히 단절되고 서로 눈치만 살피는 사이가 되었다. 하루 종일 냉랭한 분위기가 집안 가득했다.

수십 년 동안 아무 일도 없다가 왜 그런 일이 퇴직 후에 생긴 걸까? 무질서한 신발과 어지러운 냉장고는 수십 년간 이어 온 모습이었는데 현직 때는 보이지 않다가 왜 퇴직 후에는 보였을까? 공직생활 때는 아이들이 자는 시간에 출근하고 퇴근하는 시간이 많다 보니 집안이 어찌 돌아가는지 신경 쓸 여유는 물론 관심조차 없었다. 늘 바쁘다는 이유였다. 저녁에는 야근 아니면 회식으로 취해서 들어오는 때가 허다했으니 집안이 어지러운지 잘 정돈되었는지 살필 시간이 없었다. 주말에는 피곤하다는 핑계로 늘어지게 자거나 TV 채널에 매달려 하루를 보내기 일쑤였으니 집안이라고는 돌아보는 것조차 귀찮았을 정도였다. 그런데 어느 날 갑자기할 일이 없어진 것이다. 나이 들어 아침잠도 없으니 새벽 4시면 일어나 여기저기를 두리번거리게 되었다. 일어나서 제일 먼저 들르게 되는 화장실에서부터 문제가 시작됐다. 비누, 치약을 비롯해서각종 세제의 위치가 그야말로 엉망진창! 치약은 허리부터 꾹 잘려있고 샴프, 바디워셔액은 뚜껑 따로 몸통 따로… 새벽부터 울화로시작을 하니 하루종일 기분 좋을 리가 없었다. 아내와 자식과의심각한 갈등은 거의 7년 동안이나 지속되었다. 가족과의 삶을 최대한 70년으로 본다고 해도 생애 10%를 따뜻한 대화 한마디 없이숨 막히는 갈등 속에서 지낸 것이다. 아무런 즐거움도, 행복도, 밝은 미래도 없이 그 소중한 기간을 실랑이로 허송했다니! 친구는 7년이라는 긴 시간을 냉장고 정리, 신발장 청결 검사관 역할로 보냈고, 가족들은 남편과 아버지 눈치 살피기에 여념이 없어서 밖에나갔다 들어오면 제 방으로 각각 들어가서 아예 밖으로 나오지를않았다. 제대로 된 대화가 있을 리 없다.

갈등의 해결

어느 날 친구는 이래서는 안 되겠다는 생각이 번뜩 머리를 스쳤다. '내가 생각을 바꾸고 먼저 변하자, 더러우면 내가 치우고 화내거나 잔소리하지 말자!'라고 다짐하면서 바로 실천에 옮기기 시작했다. 그날 이후 집안에는 웃음이 회복되고 아내, 자식과의 대화가 복원되었음은 물론이다. 요즘 그 친구는 모임에 나왔다가도 아내와 장 보러 가는 선약이 있다고 중간에 빠지는 것을 아주 자연스럽게 한다. 어떤 때는 딸이 운영하는 가게 문을 닫아 줘야 한다고 급히 뛰어나가기도 한다. 딸·아들과의 통화를 엿듣자면 그렇게 다정할 수 없다. 모두 자신이 먼저 변했기 때문에 가능한 일이라고 인정하면서 7년여 인생을 헛살았다며 깊이 뉘우치는 것을 보았다.

요즘 방송에서는 자녀문제 특히 자녀와의 갈등문제를 다루는 프로그램이 아주 인기다. 지금의 나는 별로 해당되는 것이 없다고 생각되지만 과거에 겪었던 문제들을 상기하며 공감하는 마음으로 방송을 보게 된다. 그런데 그 프로그램을 쭉 보다 보면 모든 문제에서 공통된 현상을 하나 발견하게 된다. 문제의 원천은 아주 여러 곳에 산재한 것이 아니라 대체로 한 곳에서 발원한다는 것이다. 그 한 곳은 남편 또는 아내, 즉 부모의 문제로 결집된다. 문제아이가 그렇게 된 이유를 밝혀 나가는 과정을 보면 결국은 대화부족인데, 그 대화 부족은 가장의 힘을 앞세운 강압적·폭력적 행태 또는 무관심, 육아와 살림에 지친 아내의 짜증, 아이의 입장은 고려하지 않는 일방적이며 강요 형태의 교육에 기인하는 것으로 집약된다. 해결방안은 사실 간단한데 공연히 방송국까지 찾아가서 가족 모두 신상이 공개되고 경우에 따라서는 비난의 대상이 되기도 해서 안타깝다. 부부 문제라면 남편이나 아내가 상대의 입장을 먼저 생각해서 변하면 되고, 아이 문제라면 부모가 아이의 입장에서 변하면 된다.

조직에서도 마찬가지라고 본다. 나는 공직을 포함한 모든 형태의 조직에서 소속직원의 문제는 모두 관리자의 책임이라고 생각한다. 공무원 사회를 예로 들어 보자. 공무원이 된 사람들은 거의 대부분 대학을 졸업한 고등교육 이수자들이다. 기본적인 지식과 이해능력과 실행능력을 갖췄다는 얘기다. 관리자가 소관업무를 모두 잘 이해하고 합리적인 의사결정으로 수행과정을 리드하고, 소속 직원의 능력과 소질에 따라 임무를 잘 배분하며 부족한 부분은 관리자가 메워 준다면 아주 즐거운 분위기에서 일할 수 있을 것이다. 그런데 우리 공직사회는 위로 올라갈수록 경험은 많을지 몰라도 지식과 열정, 합리적 사고와 문제해결 능력, 설득 능력이 융합된 관리자로서의 리더십이 부족한 사람이 적지 않다.

나는 업무상 선진국의 고위 관리들 또는 대기업 CEO들과 접촉할 기회가 많았는데 그때마다 놀라는 것은 어떻게 소관 업무를 저리도 소상히 잘 알고 설명을 잘 할수 있을까 라는 것이다. 어떤 질문이든 막히는 것이 없고 표현력도 하나같이 뛰어나다. 국회 국정감사나 방송에 나와서 브리핑하는 고위공직자들을 보면 한심하다고 느낀 적이 한두 번이 아니다. 대체로 문제 있는 상관들은 잘못되면 부하 탓으로 돌리는 경향이 있다. 문제 직원들은 어느 조직에나 존재한다. 그러나 유능한 관리자는 그러한 사람을 문제 직원이라고 칭하지 않는다. 가정에서도 마찬가지다. 훌륭한 부모는 절대 자신의 자녀를 문제라고 칭하지 않는다.

  공직문화는 매우 정형화되어 있다. 사고의 자유가 허용될지라도 자기의 생각을 자유롭게 표출하는 것은 용인되지 않는다. 설혹 가능하더라도 일정한 틀이 있다. 사전에 승인 내지 동의를 받아야 하고 정해진 룰에 따라야 한다. 모두가 법과 규정에 정한 대로, 즉 주어진 틀에 맞추어 적응하기가 강요된다. 이렇게 30~40년을 구조화된 틀 속에서 살아왔으니 정해진 틀을 벗어나 흐트러진 상태를 보면 견디지 못한다. 눈앞에 보이는 모든 사물은 자기의 생각대로 잘 정돈되어 있어야 한다. 다름을 인정할 줄 모르고 자기의 생각과 주장이 항상 옳다고 생각한다. 관료의식이 만든 관료문화는 그래서 경직될 수밖에 없다. 융통성이란 남용이며 사치품의 장식 정도로 치부되기도 한다.

아주 오래전에 어느 선배가 겪은 일이다. 그때만 해도 취업제한 제도라는 것이 아예 없어서 그 선배는 퇴직하자마자 작은 중소기업의 사장으로 들어갔다. 부임 첫날부터 문제가 생기기 시작했다. 사무실 곳곳을 인사차 둘러보다 어느 사원의 캐비닛을 열어보니 서류의 놓인 상태가 엉망진창이었다. 파일 표지에 적힌 제목은 일관성 없이 삐뚤삐뚤 제멋대로이고, 파일 크기도 제멋대로인데 표지를 제쳐보니 서류정리가 사각이 아니고 들쭉날쭉…. 그날부터 그 선배는 '파일과의 전투'로 일상을 시작하고 끝냈다. 제품의 제조공정관리, 품질관리, 재무관리 및 경영실적을 높이는데 주력하는 것이 아니라 캐비닛과 싸운 것이다. 물론 제품이나 경영관리를 특별히 전공한 것도 아니어서 지식이나 경험이 없으니 할수 있는 일이 그것 밖에 없어서 그렇게 되었는지도 모르겠으나 아무튼 그 선배는 그러다가 몇 년을 견디지 못하고 곧 퇴사했다. 들리는 얘기로는 그 후 사기를 크게 당했고 서울역 노숙자로 전락해서 비참하게 살다 타계했다고 한다.

내가 변해야 한다

은퇴 후 제일 먼저 접하는 곳은 가정이다. 처음에는 늘 보던 사람, 놓인 물건들인데도 어색하게 느껴질 때가 있다. 그동안 대충 보며 살았던 내 가정의 모습을 진지하게 살피고 변화를 시도할 것이 아니라 있는 그대로에 자신이 적응해야 한다. 자신에게는 새롭게 보일지언정 가족들에게는 이미 익숙할 대로 익숙해진 환경이기 때문이다. 그러기 위해서는 공직에서 몸에 밴 사고방식과 경직된 문화를 하루라도 빨리 지우고 자신과는 다른 모습을 인정하고 받아들여야 한다. 조직이든 가정이든 구성원 간에 생기는 모든 갈등이란 '다름'을 인정하지 않고 자신의 것만을 주장하고 앞세우는데 원인이 있다. 남성과 여성이 다르며, 어른과 아이가 다른데 어떻게 자신이 홀로 정한 기준에 맞지 않는다고 부정할 수 있는가?

남성의 뇌는 여성보다 평균 15% 정도 크다는 점에서 남성과 여성의 뇌구조가 근본적으로 차이가 있다는 주장이 과거 오랫동안 통설로 알려졌다. 최근의 과학적 연구결과는 약간의 차이 외에는 거의 같다는 이론이 정설로 굳어진 듯하나 나는 아직도 과거의 통설을 믿는다. 이스라엘 텔아비브대 연구진은 1400명의 자기공명영상(MRI) 결과를 분석한 결과 '남성적 특성'을 보이거나 반대로 '여성적 특성'에 치우친 경우는 6%에 불과하여 매우 드물다는 결론을 내렸다고 한다. 반면에 미국 펜실베니아대 연구팀은 1000명의 젊은이를 대상으로 연구한 결과 여성은 뇌의 좌반구와 우반구 간의 연결이 남성보다 더 촘촘한 반면, 남성은 뇌의 반구 내에서의 연결망이 여성의 뇌보다 촘촘한 특징을 보이고 있어서 남성은 혼자서 하는 자전거 타기나 비행기 조종에 능숙한 반면, 여자는 여럿이서 같이 문제를 해결하거나 멀티태스킹을 하는 일에 더 능숙한 특징을 보인다고 설명했다.

뇌의 특성이론에서는 왼쪽 뇌는 논리적·언어적 기능을 맡고 오른쪽 뇌는 보다 직관적이고 창의적인 기능을 맡는다고 한다. 따라서 왼쪽 뇌는 어휘를 다루고 부분과 세부적·개별적 분석을 다루는 반면에 오른쪽 뇌는 이미지를 다루고 부분을 종합하며 전체적으로 보는 역할을 한다. 사람들은 양쪽 뇌를 모두 사용하지만 개인에 따라 어느 한쪽이 더 발달돼 우세한 쪽을 선호하는 성향 때문에 더 발달된 쪽의 뇌기능에 편함을 느끼고 안주하게 되어 모든 상황을 한쪽 뇌의 사고방식대로 처리하게 된다는 것이다. 인간의 이러한 성향을 잘 표현한 말이 아브라함 매슬로의 "망치를 잘 다루는 사람은 모든 것을 못이라고 생각한다."이다.

인간 개체는 생물학적·본능적 차이가 있고, 선천적·후천적 감성과 사고·인지능력의 차이가 있으며, 성장환경이 다름으로 인한 세대적·문화적 차이가 있다. 필연적으로 다를 수밖에 없음을 인정하는 인식의 바탕위에 인간관계를 이해하고 이루어나가지 않으면 솟아나는 갈등을 해소할 수 없게 되는 것이다. 인간관계에 존재하는 기본적인 차이가 이렇듯 다양한데 매사를 동일한 기준으로 재

단하고 같은 방향으로 나아가기를 요구하는 것은 무리가 아닐 수
없다.

　다름을 인정한다고 해서 차별적 대우를 정당화하는 것은 아니
다. 다름을 인정하는 것은 나와 다른 생각, 표현, 행동을 이해하는
것이지 반드시 수용해야 하는 것도 아니다. 냉철하고 적극적인 판
단력을 요구하는 사안에 대해 감성적이며 방어적인 표현을 내세
우는 사람을 비정상적이라거나 부족하다고 배척할 것이 아니라
그 표현도 판단력의 일부로 받아들이면 되는 것이다. 그것을 최종
적으로 수용하고 안 하고는 그다음 문제이다. 가정에서는 나의 세
대와 다른 자녀들의 사고방식, 남편보다는 자녀를 늘 우선시하는
아내의 모성애를 당연하게 받아들이고 나는 나대로 살아가는 방
식을 찾아서 적응해 나가면 된다.

　공직에 오랫동안 몸담은 사람들, 특히 고위공직자 출신의 공통
된 특징은 '자신만의 틀'을 만들고 그것에 고착되어 있다는 것이
다. 자신의 틀을 벗어난 것은 정의롭지 않다고 여기며, 누구든 그
틀 안에 들지 않으면 같은 편이 될 수 없다고 생각한다. 가장 심각
한 문제는 다른 사람을 평가할 때도 오직 자신만의 틀에 끼어 맞
추려 한다는 것이다.

이제 그 틀을 깨부수어야 한다. 권위 있는 주도자가 되려 하지 말고 '책임 있는 조정자'가 돼야 한다. 앞에서 끌려 하지 말고 뒤에서 밀어주는 사람이 되어야 한다. 내가 하고 싶은 일이 아니라 상대가 원하는 일을 먼저 챙기는 습관으로 바뀌어야 한다. 상대가 어떻게 해주기를 기대하지 말고 내가 다른 사람을 위해서 무엇을 하고 어떻게 변해야 할지를 먼저 생각하면 그렇게 마음이 편할 수 없다.

편견(prejudice)은 한쪽으로 치우친 생각으로 인해 상대에 공감하지 못하는 태도이며, 고정관념(stereotype)은 잘 변하지 않는 행동을 주로 결정하는 확고한 의식이나 관념이다. 편견은 대체로 부정적 의미를 갖는 것이나 고정관념은 그 자체로 좋고 나쁨을 규정할 수는 없다. 깨어야 할 고정관념, 즉 관념의 틀은 '잘못된 고정관념'이 그 대상이다. 사람들은 공직을 속세적 표현으로 철밥통이라 하고 공직자는 우물안의 개구리라고 한다. 모두 변하지 않으려는 자세와 경직된 사고에 기인한 것으로 생각된다. 실속 없는 자존심과 허황된 자만심을 버리고 현실적인 감각과 자세로 탈바꿈하지 않는 사람에게는 비참한 노후가 기다리고 있을 뿐이다.

공직자들은 '자신들만의 틀'을

만드는데 아주 능숙한 사람들이다.

심지어는 그 틀에 스스로 갇히기를 두려워하지

않으며 갇힌 환경에도 곧 적응한다.

그들의 문제는 공직을 떠나서도

자신의 틀을 잊지 못하고, 버리지 않는데 있다.

때로는 자신의 가정과 그 구성원들에게도

자신의 틀에 갇히기를 강요하며

그 틀을 벗어나면 정의롭지 못하고

비윤리적이라고 비난을 퍼붓기도 한다.

이제 더 이상 틀을 만들지도, 갇힐 이유도

없음을 깨닫고 벗어나고 탈출하라!

3.
대인관계를
다시 정리하라.

- 내 여생에 진정으로 동반자가 될 사람은 의외로 많지 않다 -

'대인관계'라면 내가 그동안 쌓아 온 모든 인간관계를 의미한다. 동료 관계, 선·후배 관계, 친구 관계, 가족 관계 등 내가 만나는 모든 사람과의 관계를 말한다. 공직을 떠날 때 내 핸드폰에 저장된 수천 명의 명단을 보면서 흐뭇해했던 기억이 있다. 내 딸 아이는 그 명단을 보고 "우리 아빠 인생 잘 살았네!"라고 말하기도 했다. 내 인생의 역사이고 커다란 자산이라는 생각으로 저장된 거물급 인사들을 남에게 자랑하듯 소개하기도 했다. 딸아이 결혼식 날 밀려든 하객들을 맞으며 상대적으로 사람들이 적은 맞은편 사돈댁과 비교해서 내심 흐뭇해하기도 했다. 그때는 결혼식장 하객 수로 그 사람의 대인관계를 평가하는 경우가 흔했다. 지금도 마찬가지이긴 하지만 생각하면 웃음이 나온다. 공직을 떠난 지 만 12년이 지난 지금도 같은 생각일까? 아직 그 틀에서 완전히 벗어나지는 못했지만 이제는 많이 바뀌었다. 그런 허접한 가치관에 몰두해 온 나 자신이 부끄러울 때도 있다. 다다익선이라고 생각했던 대인관이 정예화 된 소수관(小數觀)으로 바뀐 지 오래다. 간혹 과거의 나처럼 핸드폰 인명수를 자랑삼아 얘기하는 인사들을 보면 나오려는 헛웃음을 참을 수 없다.

믿음과 불신의 차이

상관과 부하의 관계를 떠난 지 오랜데도 전화 응대하는 목소리나 말투가 여전히 변함이 없는 사람이 있다. 혹시라도 만나기를 청하면 잠시의 머뭇거림도 없다. 새해, 명절이나 특별한 날(추운 날, 더운 날)이라도 되면 건강을 기원하는 한 줄 문자라도 꼭 보내온다. 어떤 때는 내 생일까지도 기억해 두었다가 축하 문자를 챙기는 사람도 있다. 학연·지연이나 특별한 인연이 있는 사람을 빼고 이런 의리(?) 있는 사람이 과연 몇 명이나 될까? 그리 많지 않다. 좁히고 좁히면 손가락으로 셀 정도로 좁혀진다. 오늘도 나는 그런 사람의 문자를 받았다.

"2022년 한 해도 얼마 남지 않았습니다. 요즘 기온이 떨어지고 눈이 많이 내려 많이 춥습니다. 건강 유의하시고, 따뜻한 성탄절 보내세요. 오OO올림."

내가 방위사업청 계약관리본부장 할 때 부하 직원이었다. 계급은 육군 소령. 나와는 워낙 간격이 있다 보니 깊이 있는 대화 한번 나눌 수 있는 사이도 아니었고 내가 특별히 무슨 배려를 한 바도 없다. 그런데 변함이 없다. 계절이 가고, 세월이 흐름을 오 소령의 문자로 느낄 때가 한두 번이 아니다. 때가 되면 어김없이 날아오니 그렇다. 반면에 오라는 말도 안 했는데 스스로 내 방을 찾아와서 묻지도 않은 얘기를 조잘거리던 사람이 10년이 넘도록 전화 연락 한번 없다. 어쩌다 물어볼 것이라도 있어서 연락을 하면 전화기 너머의 목소리가 별로 달갑지 않은 듯 들린다. 허리 굽혀 간드러지게 응답하던 목소리는 어디로 갔는지….

한 번은 이런 적도 있다. 내가 현직에 있을 때는 더 없이 충성스러운 사람이었다. 나를 존경한다고 하면서 '롤모델'이라고까지 치켜세우기도 했었다. 부하직원 어느 누구든 특별히 개인적인 관계로 친교하는 것은 관리자로서 가능한 금해야 할 원칙으로 생각했기 때문에 현직 때는 식사 한번 나누지 못하다가 퇴직 후 궁금하기도 하고 해서 식사 한번 할 것을 내가 먼저 제안했고 조촐한 한식당에서 만나게 되었다. 방에 들어서니 상석에 몸을 뒤로 홀렁 젖히고 앉아 있었다. 이어서 술을 시켜 마시고 취하더니 서빙을 하는 직원에게 유머를 한답시고 희롱성 발언까지 서슴지 않았다. 현직 때 같으면 내 앞에 앉기는커녕 함부로 설 직위에 있지도 않았던 사람이 감히 찐한 농담 따먹기까지 하다니! 식사시간 내내 불편함을 꾹 누르고 있다가 마지막 식사가 끝나자마자 자리를 떴다. 다시는 그 직원을 보거나 연락한 적이 없음은 물론이다.

공직을 떠난 후 인간의 간교함과 표리부동함에 혀를 내 두른 때가 적지 않다. 믿었던 몇몇 동료, 후배들로부터 자존심에 상처를 받은 적도 있다. 처음 몇 번은 '나한테 어떻게 그럴 수 있는가!'라며 마음속으로 섭섭함을 토로하기도 했다. 그게 반복되면서 나름 방법을 찾았다. 그때마다 하나둘씩 핸드폰에 저장된 명단에서 지워버리는 것이다. 삭제 버튼을 누르는 순간 섭섭함보다는 나름 후련함이 느껴진다. 이제는 내 삶을 의지하고 동반할 수 있는 사람과 절대 신뢰할 수 없는 사람의 기준이 나름대로 세워졌다. 현직에 있을 때는 없었던 기준인데 퇴직 후 12년간 겪어 오면서 저절로 만들어진 것이다. 믿을만한 후배들을 만나면 이런 사람들은 피하라고 가끔 조언하기도 한다.

첫째. 개인사 늘어놓기를 즐기는 사람

둘째, 충성심과 친근감을 나타내려 애쓰는 사람

셋째, 남의 사정에 유난히 밝은 사람

넷째, 자기과시를 멋으로 생각하는 사람

　10년이 지나도 변하지 않고 진실 된 사람은 자기 개인적인 사생활의 영역을 잘 드러내지 않으며, 특별히 내게 충성스럽거나 가깝게 지내려고 애쓰지도 않는다. 자기관리에도 시간이 모자라니 남의 얘기에 귀 기울일 여유가 있을 리 없고, 늘 겸손하게 자신을 낮추며 남을 높이는 자세로 살아간다. 이런 유형의 대인관계를 늘 염두에 두면, 사람으로 인해 실망하거나 마음의 상처를 받지 않아도 될 것이다.

진짜 친구 감별법

　언제 어디서나 만나서 인생을 얘기할 수 있는 절친한 친구라면 일단 모든 면에서 추구하는 가치관이 최소한 비슷하고 서로 공감할 수 있어야 한다. 만나다 보면 정치, 사회, 국가관, 세계관, 윤리관 등 다양한 이슈에 관해 의견을 나누기도 하고 대선이나 총선이 치뤄지는 시기에는 각자의 견해를 내세워 격한 토론도 서슴지 않는다. 이런 때는 죽마고우 관계라도 정치관이 달라서 다투는 경우를 많이 본다. 나이 들어갈수록 자기의 생각이 완전히 고착되다 보니 아집으로 표출되는 경우가 점점 심하고 빈번해진다. 요즘 같은 양극화 사회에서 가치관의 충돌은 인간관계 자체를 엉망으로 만들기도 한다. 굳이 공감할 수 없는 사람을 친구로 하고 자주 만날 필요는 없는 것 같다.

관계심리학 전문가인 한양대 박상미 교수가 제시한 논어와 명심보감에서 얻었다는 '진짜 친구 판별법 11가지'는 전적으로 공감하지는 않지만 참고할 만 한 것 같다. ①착한가, ②배우는 것을 좋아하는가, ③좋은 사람들을 사귀고 있는가, ④상대의 마음에 공감해 주는가, ⑤타인을 돕는가, ⑥의리 있는가, ⑦오래 사귀어도 변함없이 상대를 존중해 주는가(내 말을 잘 경청해 주는가), ⑧선을 잘 지키는가, ⑨정직한가(겉과 속이 같은가), ⑩절제를 잘 하는가, ⑪칭찬을 잘 하는가(험담을 많이 하는지, 칭찬을 많이 하는지).

논어와 명심보감의 진짜 친구 판별법은 반대로 하면 가짜 친구 판별법이 된다. 이 내용은 친구 관계뿐만 아니라 모든 대인관계에서 적용할 수 있을 것으로 생각된다. 절친이 많을 필요도 없는 것 같다. 나이가 70대에 이르니 사람을 만나는 것도 피곤하게 느껴질 때가 많다. 그만큼 모든 면에서 열정의 폭도 좁아지고 체력도 약해지니 매사에 안주를 추구하게 되는 것 같다. 그렇다면 꼭 필요한 절친의 수는 어느 정도가 적당할까? 내 생각으로는 10~20명 내외 정도면 충분할 것 같다.

　89세의 나이로 작고한 이어령 교수가 세상을 뜨기 몇 달 전에 출간한 '이어령의 마지막 수업'이라는 책에 적은 친구의 의미가 새삼 떠오른다. 그분은 친구가 없다는 이유로 자신의 인생을 '실패한 삶'이라고까지 규정했다. 유명한 문필가로, 교수로, 장관으로 모르는 사람이 없을 만치 성공했으니 존경은 받았어도 사랑은 받지 못했다고 했다. 다정히 얘기를 듣고, 나누고, 조용히 미소 짓는 친구가 없어서 무척 외로웠다고도 했다. 그분이 얘기하는 친구란 매우 지성적이고 감성적인 친구를 일컫는 것 같다. 보통사람들의 친구라면 만나면 술잔 기울이고, 떠들고, 장난하고, 때로는 막말과 욕설도 서슴지 않는 사이쯤은 되어야 절친이라고 한다.

　나의 친구는 세 가지 부류이다. 첫째는 언제든지 만나서 내가 좋아하는 등산, 당구, 골프, 파크골프를 즐길 수 있는 부담 없는 친구다, 둘째는 모든 가치관을 공유하며 먼 여행을 동반해서 세상 얘기를 거리낌 없이 나눌 수 있는 친구다, 셋째는 마음속 깊은 고민을 나누고 가진 것을 나누며 진심으로 희로애락을 같이 할 수 있는 친구다. 대부분은 첫째 그룹에 속해 있고 이어령 교수가 얘기하는 그런 진지한 친구들은 손가락으로 꼽을 정도다. 그런데도 나는 친구에 관한 한 아주 만족한다. 친구들에 대한 나의 가치관도 세 가지 그룹에 맞추어 잘 정리되어 있다. 그래서 다소 친구관계가 어긋나도 크게 실망할 일이 없다. 더욱이 친구의 많고 적음으로 내 삶의 성패를 규정할 것도 아니라는 생각이다. 어차피 인생이 끝나는 순간에는 대부분 만족스런 지난날 보다는 후회되는 과거가 더 앞설 것 같기 때문이다.

선·후배 관계

선·후배 관계는 더욱 재정립할 필요가 있다. 만나서 그냥 밥 먹고 시간을 보내는 것이 전부인 관계는 내 여생에 잠깐의 즐거움을 나누는 것 외에 별로 도움이 되지 않는다. 의미 있는 선·후배관계라면 서로 궁금해야 하고 적어도 1년에 몇 번은 만나서 대화하고 즐기는 정도는 되어야 한다. 몇 년이 지나도 안부 문자하나 없는 선·후배라면 아예 잊고 사는 것이 편하다. 의미 있는 선·후배관계를 식별하는 방법은 의외로 간단하다. 전화를 했을 때 현직 때와 전혀 다르지 않으면 의미 있는 관계로 봐도 된다. 부재 중 콜에 응답 전화도 없고 어쩌다 연결된 통화에서 목소리를 내리 깔거나 말투가 예전과 다르다면 역시 잊어도 좋은 관계로 보면 된다. 그러면 내게는 문제가 없는 것인가? 아주 심각한 문제가 있음을 발견하게 된다. 나도 모르게 마음속 깊이 자리 잡은 기대심리가 그것이다. '당신은 나에게 최소한 이 정도는 돼야 해'라는 기대 말이다. 그 기대수준이라는 게 상대방과 의논해서 정한 것도 아닌데 내가 임의로 정해 놓고는 거기에 맞지 않는다고 배신자, 의리 없는 자로 낙인 찍어버리는 것은 아닌지, 깊이 생각해 봤다. 공직을 떠난 지 10년이 훨씬 지났다. 아주 옛날 우리 속담에 '10년이면 강산도 변한다'고 했다. 하물며 화살같이 빠른 속도로 변하는 시대에 10년이 지나도록 변하지 않는 무엇을 기대하고 있다는 것이 말이 되는가! 퇴직 후 4~5년은 그나마 아는 후배들이 많이 있고 남은 정이 있는 탓인지 그들에 대한 일말의 기대를 완전히 지우기란 쉽지 않았다. 10년쯤 지나니 아직도 현직에 남아서 나를 알아볼 만한 후배들이라고 해봐야 셀 수 있을 정도에 불과한데 무슨 기대인가 말이다. 나의 고민은 어느 순간 깔끔히 정리되었다. 나에게 필요한 대인관계란 무엇이며 어느 범위까지인지….

가족 관계

이러한 생각은 가족 관계에서도 마찬가지다. 퇴직한 남편은 가정을 위해 평생 고생했으니 가족들 모두 자신을 받들어주기를 기대하고 무슨 일을 하든 안 하든 존중해 주기를 바란다. 아내라고 생각이 없고 기대가 없을리 없다. 남편이 공직에서 성공하도록 목구멍까지 치밀어 오르는 불만도 꾹 참았고, 아이들은 거의 혼자 키우다시피 자신을 희생하며 평생을 내조에 힘써 왔는데 이제 할 일도 없으니 자신이 했던 것처럼 남편의 떠받침을 받고 싶다. 부부의 서로 다른 기대심리가 충돌하니 남는 건 갈등이다. 모든 대인관계는 소망으로 받들되 기대는 내려놓아야 한다. 기대수준이 낮을수록 대인관계의 만족도는 높아짐을 수시로 느낀다.

부모와 자식사이의 관계에서 문제라고 하면 갈등으로 대표되며 그 대부분 기대수준에서 야기된다. 통계청 자료에 의하면 부모가 기대하는 자식의 교육수준은 대부분 대학교이며, 교육의 목적은 '좋은 직업을 갖기 위해'라는 대답이 가장 많다고 한다. 대학을 못 가거나 대학을 졸업해서도 좋은 직장을 찾지 못하는 상황이 되면 그때부터 갈등관계가 시작된다. 거의 모든 학술기관, 연구논문에서는 갈등의 해결방법으로 부모의 기대수준을 낮추어야 한다고 결론짓는다. 세계 최고수준의 학구열에 불타는 우리나라에서 그게 어디 쉬운 문제인가! 해결을 위해서는 기대수준을 내려놓고 자유롭고 상호 존중의 소통을 통해 합리적으로 정리하는 수밖에 없다.

우리 인생에서 '사람과의 관계'를 빼면

할 얘기도 없고 살맛나는 일도 없을 것이다.

사람을 대하고 사귀고 하는 대인관계는

특히 집단 구성원 상호간의 관계로

들어가면 복잡하기 이를 데 없다.

모든 갈등이 거기에서부터 시작되고 끝난다.

대인관계의 문제는 의외로 단순한 문제에서

발원되는 경우가 많아서 해결을 위한 솔루션도

아주 간단하게 끝날 수 있다.

필요한 것은 진심이 담긴 신뢰와 공감이고,

다름을 인정하는 것이며,

내 맘대로 정한 상대에 대한 기대수준을

내려놓거나 포기하는 것이다.

4.
가족을 위해
존재하라.

- 내 삶의 최후를 지켜줄 평생 동반자다 -

50대, 60대 중반까지만 해도 직장 외에 가장 많이 가는 곳은 결혼식장이었던 것 같다. 그런데 몇 년 전부터 장례식장 출입이 부쩍 잦아졌다. 태어나고 맺어지는 인연보다 영원히 헤어지는 사별이 훨씬 더 많아졌기 때문이다. 장례식장에 가서 고인의 영정 사진을 보면 문득 이런 생각이 떠오를 때가 있다. '내가 죽으면 과연 몇 사람이나 찾아와서 진정으로 슬퍼할까? 진심으로 슬퍼서 울어주는 사람은 누구일까?' 부모가 살아 계신다면 당연히 부모이겠지만 모두 돌아가셨으니 아내밖에 없을 것 같다. 그야말로 내 여생 최후까지 내 곁을 지켜 줄 동반자인 것이다. 요즘 한 해 한 해 나이를 먹어갈수록 아내를 바라보는 내 눈이 더욱 그윽해짐을 느낀다.

'가족'은 내게 무엇인가?

열심히 살려고 아등바등하다 보면 어느 순간 갑자기 '내가 왜 이렇게 살아야 하지?'라는 의문이 생길 때가 있다. 누구를 위해, 왜 살아야 하는가의 답을 얻으면 어떻게, 무엇을 하며 살아야 하는가에 관한 답이 얻어진다. 그런데 누구를 위해, 왜 살아야 하는가라는 첫 질문부터 답이 안 나온다면 목표도 희망도 없는 무의미한 삶이라는 증거이다.

공직에 충실하다 보면 대체로 가정에는 불충할 수밖에 없다. 이제 그간 못다 한 가장으로서의 자리에 충실하기 위해서라도 남은 여생은 가족을 위해서 산다는 목표를 가지기로 했다. 가족이란 부부를 중심으로 한, 친족관계에 있는 사람들의 집단을 의미하므로 남편과 아내의 부모 형제가 포함됨은 물론이다. 그 가운데 핵심은 당연히 '부부'가 되어야 한다. 부부관계가 안정되지 못한 가정은 그 자체로 불행이기 때문이다.

가족은 사회의 최소단위로서 개인과 사회를 연결시킨다. 공직자가 공무를 수행할 때는 당연히 국가와 국민이 우선되어야 하지만,

일단 개인적 관점으로 돌아오면 항상 가족이 먼저가 되어야 한다. 공직자가 국가와 국민을 먼저 생각해야지 어떻게 자기 가족이 먼저냐고 비판할 수도 있겠지만 그럴 필요가 없다. 가정이 잘되면 사회가 발전하고 사회가 잘 되면 국가가 부흥하는 것이니 국가와 국민 먼저라는 오랜 공직관에 계속 몰입하기보다는 적어도 사적 영역에 속하는 가정에 돌아와서는 가족우선주의를 주장하고 실천하는 것이 당연하지 않나 싶다.

누구를 위해 사는가?

나의 개인적인 삶은 오직 아내와 두 딸을 위해 살아왔다고 해도 과언이 아니다. 더 좁히라고 하면 당연히 아내다. 지금 이 순간에 누구를 위해 사느냐 라고 물으면 서슴없이 '아내와 나'를 위해 산다고 답할 것이다. 산다는 것은 그냥 먹고 자고, 동물적인 삶이 기본이긴 하지만 '왜' 사느냐라는 문제로 들어가면 한 단계 높은 차원의 사고와 실천적 삶이 필요하게 된다.

20대 어린 나이에 결혼해서 가정을 꾸리기 전의 나는 정신적으로 나약하기 짝이 없는 사람이었다. 그나마 군대를 다녀오고 나서 많이 강해졌지만 인생의 가치에 관해 특별히 고민해 본 적도 없고 그럭저럭 하루하루를 살아가는 맥 빠진 삶이었다. 그런데 갑자기 강한 사람이 되었다. 결혼 후 10여년 정도 겪은 지독한 경제적 어려움과 가족에 대한 책임감이 여린 나를 강하게 만들었다. 퇴근해서 아내와 어린 두 딸이 곤히 자는 모습을 보며 눈물이 핑 돈 적이 한두 번이 아니다. 가족에 대한 책임감은 내 삶의 목표이자 동력이 되었다. 아내와 두 딸이 없었다면 내가 누구를 위해 그렇게 노력했을까 싶다. 내 천성이 그저 무사태평이었으니 되면 좋고 안 돼도 그만이라는 생각으로 그럭저럭 살아왔을 것 같다.

자녀들과 추억 만들기

내게는 두 딸아이가 결혼하기 전에 가족이라는 테두리에서 만든 기억에 남는 추억이란 게 거의 없다. 두 딸 모두 우리 부부 곁을 떠나 가정을 이루고 나니 제일 먼저, 가장 크게 후회되는 점이다. 여행 한 번 제대로 다녀온 곳이 없다. 모두 바쁘다는 이유였다. 그 점에서 아내는 내게 썩 많은 불만을 가지고 있다. 요즘은 골프를 거의 안 하지만 3년 전만 해도 빈번하지는 않았지만 가끔이나마 누가 가자고 제안해 오면 거절한 적이 거의 없었다. 가족 아닌 다른 사람과의 관계가 늘 우선이었다. 가족과의 추억보다는 대인관계에 더 많은 신경을 쓰다 보니 자연히 그런 쪽으로 흐른 것이다. 다행히 군 골프장(체력단련장)을 이용할 수 있어서 경제적으로 큰 부담이 되지는 않았다 치더라도 가족과 함께 보내야 할 시간을 나 혼자만을 위해서 소비한 날들이 너무 많았다.

 열심히 대인관계에 치중했지만 별로 남은 게 없다. 10년쯤 지나니 가족은 그때나 지금이나 제자리에 있는데 골프로, 회식으로 맺어진 그 많은 사람들 대부분은 곁에 없다. 나와는 20년 이상 차이 나는 어느 선배의 얘기가 생각난다. 그분은 술, 담배를 무척 즐겨서 친구가 많기로, 그래서 '왕발'이라고 불릴 만큼 대인관계가 활발했었다. 그런데 퇴직하고 몇 년 안 지나서 아내가 아주 짜증스럽고 퉁명스럽게 쏘아 붙이더란다.

 "당신은 직장 다닐 때 허구헌날 그 많던 술친구들은 도대체 다 어디로 간거요? 일주일 내내 점심 먹자는 친구 하나 없으니… 아이구 참~~."
 그리고 보니 어느새 자기가 그 유명한 삼식이가 됐더란다.

 직장이나 사회에서 맺어진 인간관계의 유효기간은 길어야 10년 정도인 것 같다. 강산이 한번 변하는 정도가 되면 뿔뿔이 제 갈 길을 간다. 물론 그렇지 않은 경우도 있지만 대부분은 길어야 그 정도로 끝난다고 보면 된다. 더 유지된다고 해도 연대성이 매우 약해져서 인생을 동반한다는 느낌은 거의 갖지 못한다. 지금 생각하면 소중한 삶의 시간들을 효율적으로 사용하지 못하고 엉뚱하게 낭비했다는 생각이 들 때가 많다. 자녀들 결혼하기 전에 가족과 함께 보낼 수 있는 시간을 소중하게 활용해야 한다. 다시는 돌아올 수 없는 그 시간, 그 시기에 가족 모두가 기억하는 아름다운 추억을 최대한 만들기를 권한다. 추억을 만들 곳은 멀리 가지 않아도 가까운 주변에 얼마든지 널려있다.

나는 미국 주재관 근무시절에 휴일이면 아이들을 데리고 주변 공원에 가서 같이 놀아 주고, 가족 여행도 틈틈이 했기 때문에 그것만으로도 남편, 아빠로서의 의무는 다했다고 생각했었다. 어느 날 딸아이들에게 미국 근무시절 여행 다닌 추억을 들추어내며 이것저것 생각나느냐고 물으니 큰딸은 아주 희미하게나마 기억하고 있었는데 작은딸은 거의 백지상태가 되다시피 한 것을 보고 크게 실망한 적이 있다. 그때는 '아빠가 어떻게 만들어준 추억인데 그걸 벌써 다 까먹냐!'라고 다그치며 섭섭해 했지만, 초등학생 시절의 경험을 아직도 기억하고 있을 것이라고 생각했으니 얼마나 어리석은 아빠였는가!

퇴직하자마자 1월 추위에도 불구하고 부랴부랴 여행계획을 짰다. 그래서 다녀온 곳이 겨우 홍콩과 마카오… 그것이 딸아이들과 가진 추억여행의 전부다. 자녀들과의 추억만들기는 자연스런 대화 수단이자 보다 친밀해질 수 있는 좋은 기회를 만들어 준다. 방 구석에 앉아서 과일, 빵 쪼가리나 뜯으며 아이들과 대화한다고 수선 떠는 것보다는 가까운 관광지나 바닷가라도 다니며 다양한 대화의 소재 속에서 가족애를 나누면 얼마나 좋을까! 조금만 신경 쓰면 가능할 일을 자기중심적 사고에 젖어 사는 남편들은 잘 모른다. 안타깝고 후회스럽기 짝이 없다.

부부 공통의 취미 찾기

나는 요즘 아내와 함께 국내 여행에 흠뻑 빠져 있다. 여행이랄 것도 없으니 그냥 나들이라고 하면 좋을 것 같다. 1주일에 하루나 이틀은 가능하면 차를 몰고 교외로 나간다. 코로나가 준동하기 시작하기 전만 해도 가끔은 해외여행을 다녀왔으나 그렇게 할 수 없게 되니 국내 여행으로 방향을 돌리게 된 것이다. 나는 우리나라가 이렇게 아름다운 다운 나라인 줄, 곳곳마다 이렇게 멋지게 변한 줄은 미처 몰랐다. 가는 곳마다 시원하게 뚫린 교통망, 잘 다듬어진 관광지, 지역마다 특색 있는 먹거리 등 너무 좋고 멋지다. 왜 지금까지 돈 쓰고, 시간 버리며 외국 관광지를 찾아다녔는지 후회스러울 정도다. 물론 다른 나라의 역사와 문화를 보려면 해외여행을 통해서만 가능하겠지만, 풍경을 즐기기 위해서라면 국내 여행으로도 좋은 추억 만들기에 충분하다.

내 아내는 별명이 '산다람쥐'로 불릴 만큼 등산을 아주 좋아한다. 우리 부부가 즐겨 찾는 곳은 전국 곳곳 지방자치단체와 유명한 산속마다 가꾸어져 있는 자연휴양림이다. 인터넷으로 국립자연휴양림 포털서비스 '숲나들e' 홈페이지를 활용하면 된다. 주말에는 예약하기가 힘들지만 주중에는 조금만 부지런하면 희망하는 날짜에 어려움 없이 예약하고 다녀올 수 있다. 자연휴양림은 지자체마다 갖가지 고목과 삼림이 우거진 깊은 산속에 제일 경치 좋은 곳에 마련되어 있고 숙소 시설도 제법 고급스럽게 잘 꾸며져 있다. 그 야말로 가성비 만점의 여행지며 휴양지이다. 금년 들어 아내와 내가 새롭게 발굴한 즐거움은 텃밭 가꾸다. 씨를 뿌리거나 모종을 심어 놓으면 하루하루 자라나는 모습이 신기하기까지 하다. 텃밭에서 돌아오는 길에는 가까운 파크 골프장을 찾기도 한다. 예약도 필요 없고 경로우대까지 받아서 3000원 입장료만 내면 무제한으로 즐기는 가성비 최고의 운동장이다.

눈물로 걷는 인생의 길목에서

가장 오래, 가장 멀리 배웅해 주는 사람은

바로…우리 가족이다.

- H. G. 웰스 -

노후의 즐거움은 부부가 같이 나눌 수 있어야

행복하다.

60대, 70대가 인생황금기라고 하지만,

혼자만의 즐거움을 누려도 괜찮으리만치

충분한 시간이 남아있지는 않다.

부부가 같이 취미활동을 즐기는 것은

노후 갈등을 예방하고 해결해 주는

만병통치약이다.

서산에 늬엇늬엇 저무는 해, 단풍나무 가지 사이로 퍼지는 햇살을 보는 감정

이 해마다 다른 것은 무슨 이유인가! 점점 연약해지는 몸과 마음의 감성인가?

아니면 저무는 인생에 대한 회한인가? 사진을 바라보는 나의 눈빛과 느낌이 예

전 같지 않다.

제3막

(창업~현재; 3년)

『나』을 위한 삶;
자아(自我)

자아는 이미 만들어진 것이 아니라

선택을 통해 계속해서

만들어 가는 것이다.

- 존 듀이(John Dewey) -

'인생 2막'이 한창 무르익어 갈 즈음, 어느 날 문득 이런 생각이 떠올랐다. 나는 누구이며 무엇인가? 내게 자아는 존재하는가? 자아의 실현이 곧 삶의 만족이고 완성인가? 평소 내가 정한 가치관에 대해 철학적으로 깊이 있게 짚어 볼 생각도 여유도 없었던 내게는 당황스런 자문이었다. 자문에 대한 답은 '내가 이제 좀 먹고 살만하게 됐나 보다. 쓸데없이…'였다. 두 딸 모두 결혼해서 집을 나가고 아내와 둘만 덩그러니 집안에 남으니 어떤 날은 서로 마주 보아도 눈동자만 굴릴 뿐 특별히 할 말도 없다. 그러다가 별것 아닌 일로 아내와 사소한 일로 다투기라도 하는 날엔 느닷없이 철학자모드로 변한다. 땅콩 한 줌에 맥주 한 캔을 놓고 혼자 앉아서 인생을 주절거리기 시작한다. 어느 날 번뜩이는 생각이 떠올랐다. '그래, 월급쟁이 생활은 여기서 끝내자!' 공직을 떠날 때 느꼈던 동물적이고 본능적인 자유가 아니라 내게 존재하는 무의식의 자아를 일깨우고, 내 의지대로 행하는 기쁨을 더 늦기 전에 느껴 봐야겠다는 욕망이 끓어올랐다.

2020년 4월 1일, 내 '인생 3막'은 그렇게 시작됐다. 내게 있어서 자아는 내가 갖는 모든 인식 작용의 주관자가 바로 나라는 원론적 가치에만 치중하는 것이어서 오직 자기중심의 이기와는 다르다. 내 자아실현의 중심에는 내가 세운 작은 사업체가 존재한다. 거기로부터 나는 내 의지대로 산다는 것이 얼마나 중요한 가치인가를 매일매일 느낀다.

1.
오너가 돼 보라.

- 자아의 '나'를 찾는 길이다 -

 '자아'의 의미는 일반적으로 사고·감정·의지 등의 여러 작용의 주관자로서 이 여러 작용에 수반하고 이를 통일하는 주체를 뜻한다. 자아를 철학적으로 해석하고 논하자면 너무 복잡하고 난해하다. 70대에 접어들어 이제야 생각하게 된 나름의 자아를 너무 깊게 성찰하고 싶지는 않다. 아주 원론적 관점에서만 보면, 자아는 내가 갖고 있는 모든 정신적인 사고와 행동을 내가 주관하는 것이다. 누구의 속박이나 지배도 받지 않고 오로지 나의 사고와 감정과 의지대로 결정하고 행동하는 자아를 실현하고 싶은 것이다.

자아의 발현

나는 2020년 4월에 내 전공과 경험을 살려 작은 컨설팅회사를 설립해서 지금까지 운영하고 있다. 회사 이름은 '주식회사 댑컨설팅 코리아(DAPP[21] Consulting Korea, Inc.)'. 정부조달, 특히 방위사업 입찰참여, 계약체결, 사후관리와 방산수출에 관한 자문업무를 주로 한다. 그 해 3월 말에 김앤장에서 퇴직한 직후 설립한 회사다. 직원이라고는 나를 포함해서 달랑 두 명뿐이니 회사랄 것도 없다. 그냥 내 개인 사무실이라고 봐도 무방하다. 그런데 내가 하는 일은 대기업 회장 못지않게 다양하다. 소화해야 할 업무의 범위는 오히려 훨씬 더 넓을지도 모른다.

창업을 하고 나서 배우고 느낀 것이 참 많다. 기업을 운영한다는 것이 얼마나 어려운 일인지…. 수익을 창출하는 것도 쉽지 않은데 매달 월급날은 왜 그렇게 빨리 돌아오는지, 세금고지서와 대금청구서는 사흘이 멀다 날아들고, 수입은 거의 변화가 없는데 돈 쓸 곳은 여기저기 시도 때도 없다. 고객의 요구는 시시각각 변하며 만족시키는 것이 점점 어려워진다. 그런데 재미있고 보람 있다. 내가 구상한 것을 나의 의지대로 행동에 옮길 수 있고, 상대방의 제안을 수용할 것이냐 말 것이냐도 내 주관대로 결정하면 된다. 출퇴근 시간까지 내가 알아서 정한다. 21세에 군에 입대해서 24세에 전역하고

---

21) Defense Acquisition and Public Procurement; 국방획득과 공공조달을 의미하는 영문 명칭의 약자이다.

5개월여 짧은 공백기간에 이어 바로 공직생활을 시작했고 33년이 지나 퇴직 후 2개월 만에 다시 취업해서 9년을 보냈으니 월급쟁이 생활만 꼬박 42년을 했다. 그 긴 세월을 나의 뜻대로, 의지대로 행동할 수 있었던 적이 과연 몇 번이나 있었던가? 자아보다는 통제에 익숙한 나, 어떤 때는 자유로움이 오히려 부담스러울 때가 있을 정도로 피동적인 생활! 그런 모습에서 벗어나 작은 기업의 오너로 내 인생의 한 장을 기록한 것은 자아성취에 큰 의미가 있다. 3년여 오너 생활동안 열심히 일하고 절약한 덕분에 회사계좌에 조금씩 이익잉여금이 쌓이는 걸 보는 즐거움도 적지 않다.

어려움도 없지 않다. 수익만을 목표로 한다면 그 어려움은 고통이 됐을 것이다. 나는 소수의 정기 자문계약으로 수익을 얻는 것 외에는 '재능 기부'라는 생각으로 일한다. 그렇지 않으면 수시로 접하게 되는 업무상 어려움은 스트레스가 되어 자아와는 거리가 먼 자괴감으로 변할지도 모른다. 그 때문에 나는 이 일 역시 목을 매지 않는다. 당연히 차선책이 서 있기 때문이다. 미래에 어떤 환경이 닥치든, 내일 당장 오너의 끝이 되더라도 걱정할 바 아니다. 열정과 욕심을 구별할 줄만 알면 오너가 되어 나름 정의된 자아를 실현하는 것은 어렵지 않다. 모든 어려움과 부작용은 능력에 맞지 않는 욕심에서 비롯된다는 점을 잊지 말고 분에 넘치지 않는 자제력을 유지하면 된다.

오너가 되는 길

 영어로 소유자를 뜻하는 '오너(owner)'는 일반적으로 기업의 소유자를 말한다. 내가 말하는 오너란 기업을 소유한 사람뿐만 아니라 상업, 농업, 축산 등 어떤 형태로든 수익을 창출하기 위한 조직체의 소유자, 즉 주인을 뜻한다. 자기가 경영하는 사업이라면 조그만 음식점이나 상점, 카페 무엇이든 세무서에서 발급한 사업자등록증에 따라 자기 이름으로 일정한 생산설비, 점포, 농지, 축사 등에서 수익사업을 영위하고 법에 따라 세금을 내면 오너다.

 공직 퇴직자의 창업에 대한 부정적인 의견도 적지 않다. 어떤 유튜브 강의는 공직 퇴직 후 창업하면 99% 망한다는 제목도 봤다. 99%는 아닐지라도 망하기 쉽다는 데는 공감한다. 일반적으로는 공직 퇴직 후 창업자 10명 중 9명은 망한다고 한다. 공직 퇴직자가 망하는 이유는 공직문화와 기업문화는 너무도 다르기 때문이다. 공직에 있을 때는 특별히 업무 수임노력을 하지 않아도 할 일이 들어온다. 공직은 갑의 위치에 있어서 을이나 병의 위치에 있는 기업체의 누구에게든 아쉬운 소리를 하지 않아도 된다. 오히려 만나는 사람마다 잘 부탁한다고 머리를 조아린다. 공직에서는 할 일만 하면 되고 일이 없다고 월급을 깎거나 체불하지 않는다. 공직에서는 승진만 포기하면 상관에게 특별히 잘 보이려고 노력하지 않아도 된다. 상관에게 밉보였어도 시간이 지나서 운만 따라주면 승진이나 영전도 할 수 있다. 공직문화가 이런 분위기에서 형성되다 보니 그 문화에 젖은 공직자들은 대체로 사회를 만만히 보는 경향이 있다. 그러나 일단 창업을 해서 을이나 병의 위치에 서면 모두 반대의 입장이 됨을 꼭 기억해야 한다. 자존심 따위는 일찌감치 버려야 하고 온갖 모멸 감수도 각오해야 한다. 만나는 사람마다 머리를 조아려야 하고, 잘못하면 가진 돈을 모두 날리고 망한다. 얼마나 다른 환경인가! 모든 업무와 수익은 경쟁에서 승리해야만 얻을 수 있는데 2~3년 정도 사업수주를 받지 못하고 허탕 치면 투자한 명퇴금을 흔적도 없이 날리는 것은 시간문제다. 기업의 고정비만도 매월 수백에서 수천만 원 이상 쓰이기 때문이다. 공직 퇴직자의 창업은 많은 투자금을 요하는 분야는 피해야 한다. 나의 경우와 같이 초기 투자금은 사무실 집기류 확보 비용과 임대료 정도의 수준으로 감당할 수 있다면 창업을 해서 오너가 돼 보는 걸 생각해 볼 수 있다. 최근 각광을 받는 사업분야는 온라인 창업이다. 나와 거의 같은 시기에 은퇴한 공무원 임용동기도 온라인 쇼핑몰을 창업해서 5년째 운영 중인데 큰 수익을 올리지는 못하지만 용돈벌이로는 충분하다고 한다. 부동산 중개업이나 행정사 사무소 창업도 초기 투자금이 거의 없다는 점에서 권고 할 만하다.

공직에 있는 동안, 퇴직 후 제2의 직장에서
일하는 동안 늘 머릿속을 벗어나지 않은 생각이 있다.
'정녕, 내 인생은 월급쟁이로 끝나는가!'

어느 날, 이건 아니다 싶어 42년 월급쟁이
생활을 접고 내 일을 시작했다.
언젠가 이 일도 접겠지만 내가, 내 생각과 의지대로,
내 일을 결정하고 행하는 기쁨에 행복하다.

'아~이것이 진정한 자아인가?'

2. 열정과 욕심을 구별하라.

- 건강하고 지혜로운 삶의 출발점이다 -

절친의 권유로 서울시에서 제공하는 친환경농장(텃밭) 한 뙈기를 분양받아서 불과 5평 정도의 땅에 농사라는 것을 지어 봤다. 진짜 농부들이 보면 소꿉장난 같아 보였겠지만 봄에는 고추, 상추, 토마토, 딸기를 심고 여름과 가을에는 배추와 무를 심었다. 작은 땅이었지만 소출이 생각보다 많았다. 채소는 자급자족을 하고도 남아서 이웃과 나누어 먹을 정도로 풍족했다. 농약은 물론 유기질 비료 외에는 일체 사용하지 않은 친환경 재배라서 정말 싱싱하고 맛도 그만이었다.

문제는 생각보다 무척 힘이 들었다. 여름 장마철에는 1주일만 걸러도 잡초가 금방 무성해졌다. 어려서 시골에 살 때 부모님들이 작은 농토에 작물을 재배하셨기 때문에 따라다니며 김매기, 추수 작업을 도와 드린 적은 있는데 그때와는 사뭇 달랐다. 쪼그리고 앉아서 10분만 지나면 허리가 끊어질 듯 아파왔다. 1시간 작업을 하면 최소한 20번은 일어났다 앉았다를 반복해야 했다. '아 이것도 나이 들어서 할 일이 아니구나! 내 나이가 이런 일 할 때는 이미 지났구나!' 그제서야 깨닫고 지금껏 초원 위에 집을 그리며 귀농의 꿈을 꿔 왔던 내가 얼마나 허황됐는지 절감했다.

올봄까지만 해도 나는 복잡하고 시끄러운 도시생활을 마감하고 아담한 전원주택에 사는 꿈을 키워 왔다. 집을 짓는데 필요한 설계도 내가 직접 만들어 놨다. 복잡한 도시에서 멀리 벗어나 산을 끼고 있는 300평 정도의 적당한 땅을 여기저기 수소문하고 다녔었다. 살림집 옆에는 작은 오락실을 만들어서 내가 좋아하는 당구대, 탁구대, 스크린골프 시설까지 갖추고 뒷마당에는 닭장도 만들어서 달걀 정도는 자가생산해서 먹을 계획을 세웠다. 앞마당에는 강아지도 키우고 돈을 좀 투자해서라도 멋들어지고 아름다운 조경계획까지…. 아주 한 편의 영화이고 소설이었다. 그런데 친환경 농장 텃밭 한 고랑이 농사 경험으로 그 오랜 꿈이 흔들리기 시작했다. 노후의 삶을 자연에 묻혀 살아보겠다는 생각은 마지막 열정이 아니라 끝 모르는 욕심의 일부라는 걸 깨달았기 때문이다.

내 나이의 많은 사람들은 열정과 욕심을 혼동하는 경우가 많은 것 같다. 나름 정의해 보면, 열정은 글자 그대로 내가 세운 목표, 하고자 하는 일에 대해 '깊은 애정을 가지고 열중하는 것'이다. 문제는 깊은 애정과 열중의 정도이다. 일반적으로는 통상의 생활을 벗어난 수준이 아니면 열정으로 인정받기 어렵다. 8시간 잠을 한두 시간 줄이는 것으로는 안 되고 3~4시간 이상 줄여서 일에 몰두할 정도는 되어야 할 것이다. 과거 내 생각과 기준이 그랬다. 지금의 생각과 기준은 어떨까? 자신이 할 수 있는 정도, 다시 말하면 신체적(건강 정도, 체력 수준)으로 감당할 수 있는 수준까지는 열정으로 볼 수 있지만 그 이상은 욕심이라고 생각한다. 오랜 전원 생활의 꿈도 이 기준에 맞추어 다시 정리했다. 내가 부담할 수 있는 체력의 허용한계치까지 줄이기로 하니 십 수 년을 꿈에 그리던 300평이 30평으로 쪼그라들었다. 허탈한 웃음이 절로 나온다.

불과 5평 정도의 밭뙈기에서 얻은 큰 깨달음이었다. 그 깨달음이 없었다면 10년이 넘도록 망상에서 헤어나지 못하고도 정신을 못 차리고 또다시 10년은 더 깊은 망상에 빠질 뻔했다. 내 나이 80이 되도록 말이다. 그때 가서 그것이 헛된 망상임을 깨달으면 이미 때는 늦으리라.

매사 정리할 때이다.
열정은 내려놓고, 욕심은 버리고…

얼마 전 운전면허증 적성검사 갱신한 걸 찾으러 서울 종로경찰
서에 다녀왔다. 지난번 받은 면허증은 유효기간 10년짜리였는데
어느새 법률상 '고령운전자' 범위에 해당되어 유효기간이 절반으
로 줄어든 5년짜리를 받아왔다. 앞으로 5년 후 75세가 되면 유효
기간은 더 줄어들고 절차는 훨씬 복잡해져서 치매 선별검사를 따
로 받아야 하며, 면허증 갱신 후에 '고령 운전자 의무 교통안전교
육'을 이수해야 한단다. 나도 모르게 갑자기 슬퍼졌다. 나라에서
도 '이제 당신은 늙어서 운전하는 것도 미덥지 않으니 일단 5년만
해 보고 다시 봅시다'…. 뭐 그런 것 아니겠는가? 마음도 씁쓸한데
그날따라 날씨는 영하 10도를 오르내리고 찬바람이 몰아치니 체
감온도는 영하 20도쯤 되는 듯, 잔뜩 웅크린 어깨가 더 좁게 느껴
졌다. 다음 날, 선배 한 분과 점심식사를 하며 인생 얘기를 나눌 기
회가 있었다.

"선배님 저도 이제 열정을 내려놓고 욕심은 버리고 뭔가 정리를
시작할 때가 된 것 같습니다. 면허증을 갱신했는데 10년짜리에서
절반으로 뚝 잘라서 5년짜리를 주네요. 허~참."

그래서 씁쓸했다고 하자, 75세를 갓 넘긴 그 선배는 이렇게 말했다. "이 사람아 그래도 그때가 좋은 거여. 난 얼마 전에 3년짜리 받아 왔어. 허허." 내가 안전하게 운전을 할 수 있는지에 관해 나라에서도 공식적으로 믿지 못하는 나이가 된 것이다. 이제 5년 후 75세가 되면 조건부 품질보증기간(?) 3년짜리 인생이 된다. 그쯤 되면 열정은 내려놓고 욕심은 버려야 할 때가 된 것 아닌가!

60~75세가 인생의 황금기라고 하신 103세 김형석 교수님께서 들으시면 잘못된 생각이라고 꾸짖으실 지도 모르지만, 요즘 들어 장례식장 조문이 잦아지면서 '나도 어느 날 갑자기 세상을 떠날 수 있겠구나!'라는 생각이 불현듯 찾아든다. 갑자기 몸이 아파서 병원에 갔더니 얼마 안 남았다고 사형선고를 받는다고 가정할 때, 지금의 나를 인생의 황금기로 생각하고 더 오래 아흔 살이 훌쩍 넘도록 살 것이라고 믿어왔다면 얼마나 억울하고 분할까 싶다! 그때 가서 사실로 받아들이고 허둥지둥 인생 마무리를 준비한다면 제대로 될 리도 없고 무척 비참할 것 같다. 칠순이 되는 2023년에 꼭 할 일이 있다. 첫째 유언 쓰기, 둘째 연명치료 거부 확인서 제출하기, 셋째 시신기증서 작성하기다. 이쯤만 해 놓으면 갑자기 생을 마감하기 직전의 상황이 닥쳐도 미련이나 후회 따위는 없을 것 같다. 나는 부모님의 병환으로 20여 년 넘도록 요양원과 요양병원을 드나들었다. 그때마다 아무 의식도 없이 침대에 누워 죽음을

기다리고 있는 수많은 말기 환자들을 보며 저분들은 과연 얼마나 죽음을 준비해 두었을까 하고 생각했었다. 언젠가 신문에서 우리 나라의 노인들이 가장 후회하는 것은 '죽음에 대한 준비가 없다' 라는 것이라는 기사를 읽은 적이 있다. 누구에게나 찾아오는 죽음에 관해 미리 생각해 보고 자기만의 준비를 해 두는 것은 꼭 필요하다. 삶을 품위 있게 마감하기 위해서….

후배들에게 이런 얘기를 하면 '뭐 벌써 그런 얘기를 하냐'고 비웃는다. 내가 젊었을 때 어르신들이 인생을 자동차에 비유하면서 60대는 시속 60km, 70대는 70km, 80대는 80km라고 해서 '뭐 그렇게까지…. 과장도 유분수지'라면서 흘려들었다. 그런데 요즘 그 말의 의미를 매일 절감한다. 빠르게 흘러가는 세월을 생각하면 하루, 한 시간, 1분, 1초가 얼마나 귀한지 모른다. 누구와 다툴 시간이 어디 있는가? 하루에 먹고, 자고, 움직이고, 동물적 본능으로 행동하는 시간을 빼고 순전히 인간이라는 존재가치로 사는 시간은 불과 10시간이 채 안될 것 같다. 늘 웃으며 긍정적인 생각과 즐거운 마음으로 살아야 한다. 비록 내가 가진 것 없고 여유 없다고 해도 현재에 항상 감사하며 행복하다는 생각으로 살아야 한다. 사람이 행복하지 않은 이유는 행복의 기준을 남에게서 찾기 때문이다. 주변을 둘러보지 않고 절대적인 가치관으로 행복을 재단하면 누구나 행복할 수 있다.

이 세상에서 열정 없이 이루어진 위대한 것은 없다.

- 게오르그 빌헬름(Georg Wilhelm) -

적어도 60세까지의 삶은 무조건 열정적이어야 한다.

배움을 추구하고 달성해야 할 목표가 있기 때문이다.

열정이 나의 신체적·정신적 허용한계를 초과하면

그것은 '욕심'이다.

열정의 결과로 결국 성공에 다다르지만 최선을 다했기 때문에

설혹 실패하더라도 후회하거나 실망하지 않는다.

그러나 욕심의 결과가 실패하면 좌절과 절망의

문으로 들어가는 것이다.

그래서 열정은 내려놓고 욕심은 버려야 한다.

3. 다 필요없다.
「건강」외에는….

- 행복한 삶을 좌우하는 것, 결국은 건강이다 -

인생의 내리막길도 어느덧 중반을 내달린다. 무척 빠르다. 쉬운 내리막길임에도 쉽게 내 달릴 수가 없다. 머리는 옛것 그대로인데 몸이 말을 듣지 않기 때문이다. 속도를 누그러뜨리고 주변을 둘러보니 세상은 행복한 사람과 불행한 사람으로 나뉘어져 있다. '행복'을 두고 이것도 아니고 저것도 아닌 어정쩡한 사람은 없는 것 같다. 내 나이 사람들에게 '행복하냐'고 물으면 '그저 그렇다'라는 답변보다 의외로 예스, 노가 명확하다. 특히 황혼의 아내와 남편일수록 더 분명한 것 같다.

다 이뤘다

2022년 2월에 성균관대 국정전문대학원에서 행정학 박사학위를 받았다. 입학한지 7년, 과정을 수료한지 4년만이다. 칠순을 코앞에 둔 나이에 받은 학위이니만큼 자랑스러움은 말할 것도 없어서 늘 딸, 사위, 손주들 앞에서 당당하게 박사모를 쓰고 기념사진 찍는 걸 꿈꿨었다. 게다가 내가 제출한 학위논문이 우수논문으로 선정되어 상까지 받게 되었으니 그 기쁨과 자랑스러움은 이루 말할 수 없었다. 이제나저제나 수료식 날짜 오기를 손꼽아 기다리던 중 코로나 상황이 더 나빠져서 대면 수료식은 없단다. 아쉽게도 코로나 때문에 수료식이 온라인으로 대체되는 바람에 폼 나게 학위 받는 꿈은 허망하게 사라지고 말았지만, 박사학위 받는 날은 그야말로 모든 걸 다 이룬 것 같았다. 마음 속으로 이렇게 외쳤다.

"다 이뤘다!"

마치 예수님이 십자가에서 하나님의 구원 사역이 완성되었음을 외치셨듯이….

시골에서 고등학교만 겨우 나온 내가 단 한 푼 누구의 도움도 받지 않고 내 힘만으로 박사가 되다니! 9급 공무원에서 직업공무원이 올라갈 수 있는 최고의 자리인 1급 고위공무원, 차관보급까지 오르다니! 내 절친은 자식들 나이가 40세가 넘도록 결혼을 못 시켜서 전전긍긍인데 나는 벌써 손주 넷이 초등학교 고학년인 할아버지라니! 그저 모든 것이 꿈만 같고 이제 죽어도 여한이 없을 것 같다.

60대 이상 노인층에서 경제적으로 노후 생활 준비가 어느 정도 갖춰진 비율이 18.5% 밖에 되지 않는다는데, 나는 풍족하지는 않지만 현재 생활수준을 죽을 때까지 유지할 수 있는 기반은 마련했으니 모든 것에 만족하고, 행복하고, 감사할 따름이다. 특히 박사학위는 아주 오래전부터 목표했던 것이라서 더욱 그러했다.

그런데 요즘 들어 그 반대의 생각이 들 때가 있다. 과연 그래서 무엇을 얻었다는 것인가? 내 삶이 뭐가 달라진 것인가? 박사학위를 얻고 확연하게 달라진 것이 하나 있긴 하다. 남의 글을 읽고 비평하거나 잘못된 부분을 집어내는 능력이 확실히 달라졌다. 요즘 남의 글이나 논문을 보면 무엇이 잘못됐는지 눈에 바로 들어온다. 신문 사설을 보더라도 예전에는 그저 아무 생각 없이 읽었지만 지금은 습관적으로 잘못된 부분을 찾아낸다. 전에는 논문심사 의뢰가 오면 아무리 내 전문분야라도 어떻게 접근해야 할지 걱정부터 했지만, 이제는 족집게 도사라도 된 듯 능숙하게 파헤친다. 호칭이 달라졌다. 그동안은 퇴직 후에도 과장, 국장, 본부장, 고문, 대

표, 사장 등 내가 다 혼란스러울 정도였는데 '박사' 하나로 깨끗이
통일됐다.

반은 잃었다

박사학위를 얻고 나서 '다 이뤘다'는 나만의 만족과 성취감은 그
리 오래 가지 않았다. 살아오는 내내 열정적인 목표와 싸워 왔는
데 이제 대상이 없어졌으니 갑자기 허전함과 무기력함이 몰려오
기도 했다. 그렇다고 내가 죽을힘을 다해 연구한 결과가 무슨 세
상을 구한 것도 아니다. 국가와 사회 발전에 큰 기여를 한 것은 더
욱 아니다. 그저 얻은 것이라고 학위장 종이쪽지 하나뿐이라는 생
각에 이르면 나도 모르게 '잃은 것'들이 하나둘 떠오른다.

우선 건강에 대한 자신감이 많이 위축되었음을 느낀다. 강철 같
은, 지치지 않는 체력으로 늘 자신했던 나였는데 박사학위 공부와
논문 작성에 빠진 7년의 결과로 요즘에는 가끔 쇠함을 느낄 때가
많다. 학위과정 마지막 과목 마지막 발표 PT를 1주일간 거의 밤을
새워가며 준비하던 중에 심한 목 디스크 증상이 나타났다. 그 후
거의 1년간 매일 한방, 양방을 오가며 치료를 받아야 했고 2년간
이나 논문 작성도 포기했었다. 허리가 아프고 다리까지 이어지는

심한 통증으로 3개월 넘게 고생했다. 돌을 삼켜도 좋을 만큼 선천적으로 튼튼했던 위장도 작년부터 소화불량이 생기는 때가 빈번해졌다. 최근 수년간 겪은 이석증, 이명증, 비염 등 모두 전에 없던 것들이다. 모두 박사 후유증이라고 볼 수밖에 없다. 삶의 질이 나도 모르게 많이 떨어져 있음을 느낀다. 무엇이든 다 할 수 있다는 자신감 역시 건강을 생각하면 예전 같지 않다. 나이 탓만으로 돌리기에는 석연치 않다. 학교 수업이나 시험일정을 항상 우선하다 보니 어머니 병 수발에 소홀한 적도 한두 번이 아니다.

내가 박사학위를 받은 지난해 2월은 어머니가 요양병원에 계실 때다. 수료식 날 어머니 모시고 박사모 씌워 드리겠다는 꿈은 버린 지 오래다. 어머니는 심한 치매에 사지를 못 쓰시는 데다 코로나 때문에 얼굴조차 뵌 지 오래다. 내가 딴 박사학위는 우리 어머니에게는 아무 의미도 없는 것이 되어 버렸다. 그 어머니는 내가 박사학위를 받고 6개월 후 세상을 떠나셨다. 아버지와 어머니를 잘 모시지도 못했으면서 오랜 병수발이 힘들고 짜증스럽다고 생각한 것이 얼마나 후회되는지 모른다. 살아계실 때 어머니 모시고 병원 한 번 더 가고 그렇게 가고 싶어 하셨던 강원도 화천 살던 시골집에 같이 다녀오지 못한 것이 늘 죄스럽다. 그 가난에 찌든 시골집이 내게는 다시는 보고 싶지 않은 아픈 추억임을 아시는지 모르시는지 어머니는 늘 고향 얘기를 내게 들려주셨다.

모든 일에는 '때'가 있는 법

만사에 때가 있다는 것은 영원한 진리인 것 같다. 공부야 말로 정말 때가 있는 것 같다. 후배들에게 꼭 당부하고 싶다. 학위공부는 아무리 늦어도 40대까지는 마치고 그 이후는 머리에 들어 있는 지식을 업그레이드하는 정도에 그쳐야 한다고 말이다. 나는 학부를 40대 중반에 시작해서 칠순이 될 때까지 거의 25년을 틈만 나면 공부로 시간을 보냈다. 말이 좋아 주경야독이지 완전히 올빼미생활이었다. 건강을 위해서라도 단잠으로 푹 쉬어야 할 시간에 불을 밝히고 신경을 곤두세웠으니, 그러고도 건강에 아무런 문제가 없기를 바란 것 자체가 어불성설이다. 공부한답시고 아내와 가족에게 소홀했음을 더 말할 나위도 없다.

박사학위는 내 건강수명을 짧게는 5년, 길게는 10년 정도 단축시킨 것 같다. 지금껏 어디 한 곳 아픈 곳 없이 지내왔기 때문에 모든 질병은 남의 일이었다. 그런데 어느 날 갑자기 목에 문제가 생겼고 심각한 디스크가 되어 버렸다. 머리도 제대로 들지 못하고 땅만 쳐다보며 병원에 가서 난생처음 목 엑스레이 촬영을 해 봤다. 완전히 앞으로 쭉 나온 일자형 거북목이었다. 의사선생님은 완치될 수 없는 병이니 통증이나 빨리 없애서 일단 정상적인 생활이 가능하도록 만들고, 차후에 더 악화되지 않도록 물리치료에 병행해서 운동요법을 쓰라고 일러 줬다. 그렇게 1년여를 치료받는 동안 삶의 질이 완전히 바닥에 떨어지는 느낌을 받았다. 질병이 우리 삶을 얼마나 열악하게 만드는지 크게 절감하면서 늘 들어 온 얘기지만 한 번도 실감하지 못했던 말 '삶에서 건강만큼 중요한 것이 없다'를 체감했다. 물론 디스크가 박사공부 때문만이 아니고 칠순쯤 되면 자연히 찾아오는 노화현상의 하나라고는 하나 무리하게 몸을 남용한 탓이 보다 결정적인 것 같다. 남달리 강한 체력의 소유자였던 나로서는 그 자연적 노화가 많이 앞당겨졌다고 믿을 수밖에 없다.

2014년에 박사과정을 입학하기 전에 서울대 행정대학원 석사과정 지도교수님에게 조언을 구했었다. 그때 그분이 몇 번이나 쉽지 않을 텐데, 어려울 텐데라고 우물거리신 이유를 후에 깨달았다. 내가 워낙 열정적으로 접근하니까 대놓고 그만두라 소리는 못하고 그렇게 얼버무리셨다는 걸 아프고 나서야 알게 되었다. 그러시면서 정 하고 싶으면 좀 수준을 낮추어서 쉽게 하는 방법을 찾는 것이 좋겠다고 조언하셨다. 그때는 그게 얼마나 기분 나빴는지 모른다. 아니 나를 어떻게 보고 그런 말씀을….

입학 면접시험 때도 마찬가지다. 두 분의 교수님이 질문은 안 하시고 한참 동안 난감한 표정만 짓고 있었다. 나는 뭔가 잘못 돼 가는구나 싶어서 잔뜩 긴장하고 있는데, 첫 질문이 나의 자존심을 긁었다. "영어는 좀 하세요?" 이어서 다른 교수님은 "젊은 학생들 따라 가기가 쉽지 않을텐데 할 수 있겠어요?"

내 귀에는 '늙은 주제에 영어도 안 되면서 감히 박사학위를 넘보다니….' 그렇게 들렸다. 자연히 나의 답변은 아주 적극적이고 공격적이 되었다. 얼굴은 잔뜩 상기된 표정으로 말이다.

"저는 영어와 관련되는 일이라면 안 해 본 것이 없습니다. 주미 대사관 소속 기관에 3년간 주재관으로 일했고, 국내외의 영어권 교육기관에서 두루 연수를 받았고, 록히드 마틴, 보잉, 에어버스 등 전 세계적인 방산업체와 30여 년 계약협상업무를 수행했고, 사무관, 서기관 때는 기본업무외에 통역업무까지 담당했고. 그래서 영어에는 문제가 없습니다. 그리고 40대부터 만학을 해 왔기 때문에 젊은 학생들과 어울려 공부하는데 매우 익숙한 편입니다. 저는 이미 학위논문도 개략 준비된 상태이기 때문에 과정 수료 후 늦어도 2년 이내에 학위를 받는다는 목표를 갖고 있습니다. 합격만 시켜 주시만 절대 실망시켜 드리지 않을 자신이 있습니다."

다행히 합격 통지를 받았다. 한 과목만 이수하면 되는 영어수업은 두 과목을 했다. 특히 내게 영어 되냐고 질문하신 그 교수님의 과목은 빼놓지 않았고 다른 과목보다 훨씬 더 열심히 했다. 2년 반과정을 이수한 결과 평점 4.21을 받았으니 성적은 아주 괜찮은 편이나 그 후 학위를 받기까지는 거의 5년이라는 세월이 더 필요했다. 익은 벼는 머리를 숙이고 속이 찬 사람은 겸손할 줄 안다는 옛 성인의 말씀이 새삼 떠올랐다.

인생의 황금기?

요즘 나는 50대 이상의 나이에 박사공부를 하겠다고 누가 나서면 대체로 말리는 편이다. 의외로 박사과정을 수료만 하고 그만둔 사람이 많아서 그런 경우에는 꼭 마칠 것을 권유할 때도 있지만…. 내가 만류하게 된 이유는 노후의 삶을 보다 가치 있게 보내는데 중요한 것은 학문보다 건강에 더 무게를 두기 때문이다. 박사공부를 통해서 내 지식이 기대한 것만큼 향상되었다는 걸 느끼지 못한 것도 이유이긴 하다. 여기서 다시 한 번 건강에 관한 격언을 되뇌어 본다.

"재물을 잃으면 조금 잃는 것이요,
명예를 잃으면 많이 잃는 것이요,
건강을 잃으면 전부를 잃는 것이다."

나의 부모님은 모두 오랜 요양병원 생활 끝에 뼈만 앙상히 남은 상태로 돌아가셨다. 그래서 나는 인간 삶의 마지막이 얼마나 비참할 수 있는지를 잘 안다. 요양병원을 가보면 도저히 살아있는 사람이라고 보기 어려운 분들이 정말 많다. 통계청에 따르면, 우리 국민의 기대수명은 83.5세인데 2020년 기준 질병·부상으로 고통받은 기간(유병 기간)을 제외한 건강수명은 66.3세에 불과하여 자그마치 17.2년을 병으로 고생하면서 살아간다고 한다.

건강하다는 의미를 '가고 싶은 곳을 걱정 없이 다닐 수 있고, 하고 싶은 일을 힘들다 생각하지 않고 즐기며 할 수 있는 정도의 몸상태'라고 한다면, 통계에서 보듯이 70대 초·중반은 건강수명의 끝마디로 보면 틀림없는 것 같다. 그저 오래 사는 것은 의미가 없다. 건강한 삶이어야 의미가 있는 것이다. 103세가 되도록 건강하게 강의와 집필활동을 하시는 김형석 교수님은 '백년을 살아보니'라는 저서에서 '인간의 육체성장은 늙고 병들어도 한계가 있지만 정신적 성장과 인간적 성숙은 한계가 없다'고 주창한다. 사람은 성장하는 동안 늙지 않아서 '인생의 황금기는 60~75세'라고도 하였다. 김형석 교수님의 성장은 물리적 성장이 아니라 당연히 정신적 성숙을 의미하는 것이겠지만, 2022년 통계청이 발표한 75세까지 생존확률 54%, 85세 15%, 90세 5%를 생각하면 너무 늦춘 것 아닌가 싶다.

우리나라 71세 이상 노인 인구 약 240만 명 가운데 81세 이상은 23.3%인 56만 명 정도이고, 91세 이상 삶을 유지하는 사람은 7.8%에 불과한 4만 3000명 정도이다. 그 가운데 건강한 몸으로 목표를 갖고 열정을 불태울 수 있는 사람은 또 얼마나 될까? 아마 2000~3000명이나 될지 모르겠다. 나는 김형석 교수님의 지론에 전적으로 공감하지만 40, 50대들에게 인생의 황금기가 되려면 아직 멀었다는 인식을 줄까 봐 걱정된다. 인생은 짧고 시간은 충분치 않으며 우리를 기다려 주지도 않는다.

'인생의 황금기'에는 두 가지의 필요충분조건이 있다.
물론 내 생각이다. 하나는 당연히 '건강'이고 그다음은 '돈'이다. 당장 경제적으로 어려운 상황에서 정신적으로 성숙된 것만으로 인생의 황금기를 얘기할 수 있는 것은 인생을 철학적·이상적 가치관에만 중점을 둔 경우로 생각된다. 보다 현실적 삶으로 들어가면 은퇴자들이 겪는 갈등의 대부분은 경제적인 문제에서 생긴다는 점을 간과할 수 없다. 물론 100세를 넘도록 인생을 살면서 철학자로서 인간의 삶과 가치에 관해 평생을 연구하신 김형석 교수님으로서는 당연히 물질보다는 가치가 중요하고 현실세계보다는 이상세계에 더 많은 관점이 주어졌을 것이라는 점에서 삶에 관해 주장하시는 내용에 이의를 제기하는 것은 아니다. 관점의 차이를 얘기할 뿐이다.

이제 나도 70대 노인이다. 나의 인생은 황금기에 있는가? 공직자로서 내 인생의 황금기는 언제였는가? 황금기가 있기나 했는지 헷갈린다. 가만히 생각해 보니 40대에서 50대 중반까지가 내 인생의 황금기였던 것 같기도 하다. 매사에 열정적이어서 힘든 줄도 모르고 일했다. 적지 아니 힘들었지만 정말 많은 것을 경험했다. 힘든 것 이상으로 성취하고 얻은 것도 많다. 이제는 공직자가 아닌 성숙한 인간존재로서 황금기를 맞이하고 있다는 생각이 든다. 그래도 건강한 편이며 작으나마 열정이 남아 있고 왠지 행복하다는 느낌이 들 때가 많기 때문이리라!

인간세상 만사에는 모두 적당한 '때'가 있다.

공부해야 할 때, 직장생활을 열심히 해야 할 때,

부모님께 효도해야할 때, 아내와 자녀에게

아름다운 추억을 만들어 줄 때… 모두 때가 있다.

인생의 황금기를 기다리지 마라.

내가 열정을 다해 가꾸어 놓은 지금이

바로 그 황금기임을 깨닫고 1분, 1초라도 헛됨에

빠지지 마라.

나의 모든 말과 행동에 의미를 두고

그에 맞추어 가치 있는 일을 할 때 삶은 즐겁고

행복하게 된다.

4. 타인과 더불어
행복한 삶

– 삶의 마지막 가치를 실현하는 길이다 –

 이 책을 끝으로 내가 평생 하고자 하는 목표는 모두 이루었다. 이제 남은 것이라면 내 삶의 마지막 가치를 실현하는 것이다. 전 세계적으로는 말할 것도 없고, 우리나라가 선진국에 진입했음에도 불구하고 불우한 어린이, 희망 없이 절망 속에 사는 젊은이들이 아직도 많다. 그들이 지금 그냥 스치듯 보내고 있는 소중한 시간들이 너무 아깝고 안타깝다. 누군가는 손길을 주어야 한다. 내가 어렸을 때 누군가의 손길을 간절히 고대했듯이….

자아는 다른 사람과 구별되는 자기 자신을 발견하는 것이지만 타인을 배척하는 이기(利己)의 개념은 아니다. 자아는 자신이나 타인에게 해를 끼치지 않아야 한다. 더 나아가 타인을 위한 삶은 자아실현에 있어서 중요한 역할을 한다. 타인을 위한 삶의 행동은 결국 봉사로 귀결된다. 봉사하는 삶! 누구를 위해 봉사할 것인가? 내가 할 수 있고 필요한 곳이 있는 봉사는 무엇인가? 나는 지금 봉사하는 삶을 살고 있는가? 나이 들어서 부쩍 생기는 고민 중의 하나다.

불행한 과거는 덮자

나의 학창시절은 너무 힘들고 불행했다. 그 시대의 대부분이 그랬다지만 나와 우리 형제들은 늘 배고픔의 고통을 참으며 지내야 했다. 그것까지는 참을 수 있는데 어렵게 들어간 중학교에서 공부를 제대로 할 수 없는 것이야말로 감당하기 어려운 시련이었다. 학교 교실 뒤편 게시판에 붙은 수업료 미납자 명단에는 늘 내 이름이 들어 있었다. 누나, 동생들도 마찬가지다. 그런데 우리 남매들은 머리는 좋아서 공부를 썩 잘했다. 나는 그저 상위권 정도였지만 누나와 동생은 늘 1등 아니면 2등이었다. 변변한 참고서 하나 사본적도 없는데 열심히 하는 우리를 부모님들은 무척 대견스러워하시면서 어려운 환경에서도 공부는 꼭 시키겠다는 결의로 우리를 키우셨다.

이런 날도 있었다. 시험 보는 날 아침이었다. 몇날 며칠을 밤을 새우다시피 공부해서 초조한 마음으로 시험지 배부를 기다리고 있는데 담임선생님이 나와 몇몇 친구들의 이름을 부르시더니 이렇게 말씀하셨다.

"너희들은 수업료를 내지 않았으니 시험 볼 자격이 없다! 지금 당장 교실에서 나가거라!"

수업료 내지 않았다고 쫓아내는 것도 그런데 다른 학우들 앞에서 망신을 당했다는 생각에 창피해서 바로 교실을 뛰쳐나왔다. 하늘이 노랗게 다가왔다. 어디 갈만한 곳도 없고, 학교 운동장 버드나무 벤치에 앉아 있는데 저기 멀리서 누나도 책가방을 힘없이 들고 축 늘어져서 걸어오는 게 보였다. 누나와 나는 6km쯤 떨어진 집을 향해 터벅터벅 걷기 시작했다. 5원 정도인 버스요금 낼 돈도 없어서 우리는 매일 왕복 12km를 걸어 다녔기 때문에 걷는 데는 자신 있었다. 가는 길에 개울을 따라 쭉 만들어진 뚝방 길에 털썩 주저앉아 누나와 나는 한없이 울면서 이렇게 다짐했었다.

"우리는 아무리 힘들어도 꾹 참고 견디어서 꼭 성공해야 해! 돈을 벌어야 해!"
"그래 누나, 우리 꼭 성공하자!"

당시 수업료는 월사금이라고 해서 매월 내야 했다. 한 달은 왜 그렇게 빨리 돌아오는지, 누나와 나는 졸업할 때까지 매달 이런 고통을 겪어야 했다.

어렵게 고등학교까지 마치고 누나는 졸업도하기 전에 농협 행원으로 취직했고 승승장구 끝에 최초의 여성 지점장까지 오른 후에 정년퇴직했다. 나 역시 직업공무원으로서는 최고의 직위까지 올라갔으니 누나와 내가 성공을 다짐했던 결의는 목표를 달성한 셈이다. 이제 둘 다 70대 노인이 되었다. 오늘 통화하면서 그때 얘기를 또 나누었다. 그 얘기만 나오면 우리는 누가 먼저 랄 것도 없이 늘 울먹인다. 반세기가 넘은 과거의 얘긴데도 그때의 장면 하나하나가 오래된 추억의 흑백영화처럼 생생하게 남아 있다.

그런데 요즘 들어 반세기도 넘은 슬픈 과거에서 아직 벗어나지 못하는 나를 발견하고는 흠칫 놀라는 때가 있다. 이내 잊어버리기는 하지만 아직도 그런 불행한 과거에 묶여 있는 나의 감성에 웃픈 생각이 든다. 슬픈 과거는 내게 살아야 할 이유, 성공해야 할 자극이 된 것으로 충분하다. 늙도록 슬픈 과거에 얽매이는 것만큼 불행한 일도 없다. 웃고, 즐기고, 앞날을 얘기하기에도 부족한 여생이기 때문이다. 어떤 친구들은 만나자마자 초등학교 시절 얘기부터 시작해서 군대 가서 축구하던 얘기까지 해야 끝이 난다. 그런 친구일수록 기억력이 무척 좋은데 얘기 중간 중간에 같이 한 친구들의 기억력테스트까지 섞어가며 열변을 토한다. 늙어갈수록 필요한 것은 하찮은 과거로 머리를 채우기보다 만족한 현재와 밝은 미래를 얘기하는 데서 즐거움을 찾아야 한다.

후회없는 삶은 가능한가?

'죽을 때 후회하는 스물다섯 가지'라는 책이 있다. 일본의 호스피스 전문의 오츠 슈이치가 1000명이 넘는 말기 암환자들과 나눈 대화 가운데 공통점을 발견해서 2015년에 책으로 엮은 것인데, 인생을 마무리하는 마지막 시점에 '후회없는 삶과 죽음'이 무엇인지를 알려주는 키워드가 정리되어 있다. 죽음을 목전에 둔 극한 순간에 사람들은 무엇을 후회하고 괴로워하는 것일까? 그 가운데 앞부분에 정리된 10가지만 소개한다.

첫째, 사랑하는 사람에게 고맙다는 말을 많이 했더라면….

둘째, 진짜 하고 싶은 일을 했더라면….

셋째, 조금만 더 겸손했더라면….

넷째, 친절을 베풀었더라면….

다섯째, 나쁜 짓을 하지 않았더라면….

여섯째, 꿈을 꾸고 그 꿈을 이루려고 노력했더라면….

일곱째, 감정에 휘둘리지 않았더라면….

여덟째, 만나고 싶은 사람을 만났더라면….

아홉째, 기억에 남는 연애를 했더라면….

열째, 죽도록 일만 하지 않았더라면….

그밖에 여행, 결혼, 자식문제, 유산정리, 건강, 금연, 신의 가르침 등이 있다.

사람은 죽음을 앞두고 무슨 생각을 할까? 나만 궁금한 것이 아닐 것이다. 슈이치 박사가 발견한 인생 마지막 순간 '후회의 키워드'를 보면 의외로 단순한 것이라는 느낌이 든다. 누구나 일상에 시시각각 접하는 일이며 언제든지 실천 가능한 일임에도 왜 하지 못하고 죽음을 목전에 두고서야 후회하는 것일까? 후회의 대부분은 할 수 있는데도 불구하고 하지 않은 데서 생긴다. 자기의 능력 밖이라면 그것이 이루어지지 않았다고 해서 후회할 일이 아니라는 것이다. 여기에 답이 있다. 자신을 먼저 살펴보자. 분명히 할 수 있음에도 불구하고 하지 않는 것이 있다면 지금이라도 당장 시작해야 한다. 눈을 감는 순간에 사랑하는 가족들이 보는 앞에서 후회 가득한 얼굴로 자신의 인생을 마감한다고 생각해 보라! 끔찍하지 않은가?

슈이치 박사의 후회 키워드 가운데는 이런 것도 있다.

'내가 살아온 증거를 남겨 두었더라면….'

내가 이 책을 쓰게 된 이유와 들어맞는 것이어서 공감이 된다. 그런 점에서 나로서는 후회할 일 한 가지가 없어졌으니 무척 다행스럽다. 더 다행스러운 것은 나 아닌 공직자가 이 책을 읽고 실천해서 삶의 마지막 순간 후회를 더는데 도움이 될지도 모른다는 점이다. 나의 책 한 권으로 인간이 죽음을 앞두고 마지막으로 접하는 대표적인 후회를 조금이라도 만족한 미소로 바꿀 수 있다니, 그것이 저작의 직접적인 목적이 아니었음에도 갑자기 가슴이 벅차오름을 느낀다. 그런 점에서 나는 삶을 마감할 때 어느 정도는 미소 지을 준비가 된 것 아닌가 싶기도 하다.

이제 생각해야 할 것은 여생을 어떻게 살 것인가이다. 지금까지 오직 한 방향만 바라보고 뛰어 왔다면 이제는 사방을 둘러보는 여유와 마음가짐이 필요함을 매일 매일 일상에서 절감한다. 이제부터 해야 할 일은 내가 어떻게 하면 타인과 더불어 행복한 삶을 살아갈 수 있을 것인가? 무엇으로 나다운 자아를 실현하는 삶을 이룰 것인가? 하는 문제에 몰두하려고 한다. 거창할 필요도 없다. 재능이든, 무엇이든 나누는 삶이면 될 것 같다. 내가 학창시절에 겪은 어려움보다 훨씬 힘든 나날을 보내고 있는 청소년들의 길잡이가 되고 싶다. 내가 국가와 사회로부터 얻은 지식과 경험을 필요한 곳에 나누어 주고도 싶다. 그리고 내가 이 세상을 떠날 때 '다 이루었다'가 아니라 '다 베풀었다'는 생각으로 만족하며 엷지만 지긋한 미소로 눈감는 모습을 상상해 본다.

자아의 실현이란 말을 모르는

사람은 없다. 그러나 그 의미를 제대로

이해하고 행동하는 사람은 많지 않다.

자아는 나를 중심으로 한 사고와 의지와 관념이지만

타인을 배격한 이기와는

단호히 구별해야 한다.

타인을 위한 삶은 봉사로 가능하다.

거창한 봉사가 아니라도 내 손길을 기다리는

많은 사람들에게 내가 가진 재능이라도 나눌 수 있다면,

그래서 누군가 행복해진다면….

그것이 곧 자아의 실현 아닐까?

공직자의 성공공식

1판 1쇄 발행 2023년 5월 15일
1판 2쇄 발행 2023년 6월 8일

지은이 | 송학
펴낸곳 | 동아일보사 등록 | 1968.11.9(1-75) 주소 | 서울시 서대문구 충정로 29(03737)
편집 | 02-361-1069 | 팩스 02-361-0979
인쇄 | 도담프린팅
저작권 | ⓒ 송학
편집저작권 | ⓒ 2023 동아일보사

979-11-92101-23-1 03990
값 18,500원